改訂版
民法改正対応

民法がわかると会社法はもっと面白い！

京都産業大学法学部教授
木俣由美

第一法規

〔改訂版〕はじめに

二〇一七年（平成二九年）六月、一二〇年ぶりの民法大改正がありました。それを受けて、関連する商法、会社法の条文も一部改正されました。そこで、本書でも内容を一から見直し、最新の情報に基づく大幅な改訂を行うことにしました。同時に、これまでの記述や図表を、より理解しやすいものに差し替えました。もちろん、ダジャレにも磨きをかけ、古くなったギャグはアップデートを試みています。これらダジャレ・ギャグの部分も含め、楽しく読んで学んでほしいというのが、著者の願いです。

今回も出版にあたり編集部の工藤真澄さん、荒巻順子さんにお世話になりました。この場を借りて、感謝の気持ちを申し上げます。

平成三〇年八月吉日

木俣由美

〔初版〕はじめに

本書は、月刊『会社法務A2Z』の連載「ユミ先生のオフィスアワー日記　民法から理解する会社法」（二〇〇七年六月号～二〇一一年五月号）に加筆修正を行い、さらに、わかりやすい入門者向けテキストとなるよう、解説部分を新たに書き加えたものです。

もともと、上記の連載は、会社法務に携わる人たちが意外にも会社法や商法だけにとらわれ、基礎となる民法を網羅的にきちんと勉強していない、という事情を聞いたことに端を発します。例えば、会社役員の善管注意義務について知りたければ、会社法のテキストではなく民法債権法のテキストの委任契約の頁の方が、詳しく説明されていて、よくわかりますし、株主名簿記載の対抗力も、民法上の物権移転・債権移転の対抗要件主義を理解していないと、すっきりとはわからないでしょう。このことは、とりも直さず、日々私の研究室に質問にやって来る学生にも同じことが言えます。大学のカリキュラムが自由化され前倒しとなっている昨今、民法をきちんと勉強したことのない新入生や法学部以外の学生が会社法をはじめとするビジネス法の講義を受け、消化不良を起こしているのです。そこで、学生から実際に受けた質問を参考に、会社法や商法のどこが民法と深くつながっているか、民法のどの知識が特に重要か等を、オフィスアワー（注：研究室での質問受付時間）日記という形で紹介することにしました。味気ない法律の説明だけでは眠くなってしまうので、実際の研究室でのやりとり同様、笑いを満載した会話形式になっています。

本書は、入門者向けのテキストですが、ある程度勉強が進んでいる人なら日記の部分だけを先に読んで、クスリと笑っていただければ良いでしょう。ゼロからスタートの人は、解説部分である「ユミ先生のワンポイントレッスン」を先に読み、その後、まとめとして関連する部分の日記を笑いながら読んでいただくと、効果的に勉強できるはずです。また、どこから読み始めても良いように、記述の仕方や順番などいろいろ工夫を施しました。

さあ、「民法を制する者は商法・会社法をも制す」、本書で楽しく勉強して、法務の苦手意識もホウムり去ってしまいましょう！

最後になりましたが、本書の出版にあたり、さまざまな工夫やアドバイスをくださった第一法規株式会社編集部の稲村将人さん、荒巻順子さんに、心からお礼を申し上げます。

平成二三年四月吉日

木俣由美

民法がわかると会社法はもっと面白い！　～ユミ先生のオフィスアワー日記～　◉目次

第1章　総　則

第2章 物権

第3章　債　権

凡例

◉内容について

平成三〇年八月末日現在の情報およびその時点で制定されている法律によっている。

◉略語表記について

大判……大審院判決
最判……最高裁判所判決
最決……最高裁判所決定
高判……高等裁判所判決
地判……地方裁判所判決
民集……大審院・最高裁判所民事判例集
判時……判例時報
金法……旬刊金融法務事情
民録……大審院民事判決録
会……会社法
商……商法
旧商……平成二九年改正前の商法
民……民法

旧民……平成二九年改正前の民法
手……手形法
小切手……小切手法
破……破産法

カバー・イラスト
／山下祐紀子
カバー・デザイン
／コミュニケーションアーツ
本文・デザイン
／㈱ペネット

第1章 総則

I ビジネス法の基礎は民法にあり！
～民法とは何か～

民法の（四大）基本原則

会社法や商法など、ビジネスに関する法律を勉強する際には、民法の知識が当然のように必要とされます。例えば、会社法で「定款による自治の拡大」と言うときは、前提知識として**民法の基本原則**である「**私的自治の原則**」が根底に横たわっています。日記①に出てくる**契約自由の原則**は、契約の世界での私的自治を表す原則です。平成二九年の民法改正で明文化されました（民521条1・2項、522条2項）。また、以前に起きたソフトウェア会社の架空売上事件（注1）では、リスク管理体制をとるべきかどうかを巡り、経営者の**過失**（一定の事実を認識すべき、あるいは一定の行為をすべきだったのに不注意によってそうしないこと）の有無が問われました。また、以前、スキャンダルになった証券会社の損失補填事件（注2）でも、同じく、顧客への損失補填が独占禁止法に違反すること

ユミ先生の
ワンポイント
レッスン

注1　最判平成21年7月9日判時2055号147頁日本システム技術事件。
注2　最判平成12年7月7日民集54巻6号1767頁野村證券事件。

を知らなかった経営陣に過失があったかが問われています。その根底にはいずれも「**過失責任主義**」が横たわっているわけです。このほか、民法の基本原則には「**所有権絶対の原則**」「**権利能力平等の原則**」があります。

日記①ではこの四つの基本原則が説明されています。これらの原則は民法に明文の規定はなくても、どれも、会話の中で説明されているように、封建社会から近代への転換を示す歴史的に重要な思想・理念です。フランス革命など一連の市民革命で、市民の自由がスローガンの一つとして強く掲げられたことを思い起こせばその重みがわかるでしょう。もっとも、その後の社会・経済事情の変化により、それらの理念をそのまま現代社会で貫くとかえって実質的な正義に反する事態が生じるようになったので、民法1条で修正が加えられています。

日記①　五月×日。晴れ。

ゼミの学生、ミヤコちゃんが天文同好会の部長で優秀なイケメン男子学生、荒木田君を連れて研究室にやって来た。商法勉強会のメンバーが少ないので、優秀な学生を勧誘するためオープンしたばかりのキャンパス内の天文台をたまたま訪ねたようだが、すばるを見たと興奮気味だ。

ミヤコ　先生、荒木田君を商法勉強会に誘いがてら、ゆうべ天文台を覗《のぞ》いてみたんです。予想外の大迫力に感激、とってもロマンチックだったわぁ！

荒木田　わが大学が誇る巨大望遠鏡は口径一・二メートル、火星でもバッチリ見えるのさ。

ユミ　素晴らしいわね。NASAのマーズ2020火星探査計画も報道されたことだし、今年の勉強会は商法の研究をやめて、宇宙の研究をするのはどう？　毎回、宇宙にいる気分でソーダ水を飲みながら議論よ。

ミヤコ　賛成！　火星で飲むなら「カセイソーダ」ってわけですね。ア～ハッハッハ。

荒木田　「商法」でなく「笑法」の研究だったのか……。

民法の四大原則は身分社会からの解放の理念

荒木田　二〇〇五年（平成一七年）、商法から独立した会社法は、民法の四大原則の一つである「私的自治の原則」を大きく取り入れたといわれているね。勉強会のテーマをそれにすれば？

ミヤコ　会社法は定款自治の拡大が大幅に認められ、強行法規性があるといえるのか不思議なくらいね。でも、民法の四大原則って、一体何なの？

ユミ　あら、「民法入門」の授業で習っているはずよ。条文にはなくても当然の精神として、歴史上、身分制社会に拘束されていた人々が解放されたことを示すスローガンとも言うべき基本理念ね。

荒木田　人の社会生活関係は、ほとんどが身分によって定まっていたという時代があったんですよね。

ユミ　文化の進展とともに、徐々に本人の意思で決められることが増えたの。イギリスの法制史家ヘンリー・メインは「身分から契約へ」と表現しているわ。

ミヤコ　へえ～、昔の人は自由じゃなかったのね。可哀想に。

荒木田　だからこそ、僕が今言った「私的自治の原則」、つまり権利や義務は封建的な関係からではなく個人の自由な意思に基づいてしか生じないとする考え方は、民法の四大原則の一つとしてとても重要なんだよ。

ユミ　契約の世界を主眼に「契約自由の原則」とも呼ばれるわね。平成二九年改正民法は契約自由の原則をきちんと明文化して条文に盛り込んだわ。

荒木田　契約自由の原則は詳しく言うと①契約を締結するか（締結の自由）、誰と契約するか（相手方選択の自由）、③どんな契約にするか（内容決定の自由）、④どんな方式にするか（方式の自由）が含まれますが521条1項で①②を、2項で③を、そして522条2項で④を明文化しましたね。

ミヤコ　自由、自由と言っても、現代では社会秩序や公益上の必要などから公序良俗違反（民90条）や強行法規（民91条反対解釈）による修正があるとも習ったはずよ。

荒木田　社会秩序や公益と言えば、この勉強会はその秩序も公益性もないのに、よく続いているなあ。

ミヤコ　失礼ね。商法の勉強こそ秩序なきビジネスのカオスの宇宙に飛び込む力

民法の四大原則

一、**私的自治の原則**　権利や義務は封建的関係ではなく個人の自由な意思に基づいてしか生じない。

二、**所有権絶対の原則**　所有権はだれからも拘束されない絶対不可侵の権利である。

三、**過失責任主義**　法的な責任を負うのは、過失がある場合に限る。

四、**権利能力平等の原則**　年齢、性別、社会的身分などによって差別せず、法の下では等しく取り扱われる。

を養えるのよ。

ユミ　いつも条文のブラックホールに飛び込んで出られないようだけどね。ウフフ……。

債務不履行に過失は不要？

ユミ　民法の四大原則の第二は「所有権絶対の原則」ね。封建的な土地支配から解放された人々が得た財産権は、その歴史的重みから絶対不可侵とされるの。

ミヤコ　でも、現代においては、やはり修正されていますよ。所有権と言えど、公共の福祉のために制限が加えられ、濫用してはいけません（民1条1・3項、206条参照）。

荒木田　四大原則の三つ目は「過失責任

主義」、つまり「法的な責任を負うのは、過失がある場合に限る」と言うものです。

ユミ　そう、自由で活発な経済活動を思う存分できるようにするため、たとえ相手に損害を与えても、過失がない限り賠償する責任はないとするのね。

荒木田　「過失責任主義」は「自己責任の原則」とも呼ばれているよね。

ミヤコ　「過失」と言えば、不法行為に基づく損害賠償責任（民709条）がその典型例ですね。確かこれも、製造物責任法などで修正されていますよ。

ユミ　そう、製造者の過失が立証されにくい複雑な現代社会を考慮して、立証責任が製造者（加害者）に転換されている法律ね（製造物責任法4条参照）。

荒木田　同じ損害賠償責任でも、債務不履行に基づく場合（民415条）には「過失」の文言はなく帰責事由の文言だけです。これが過失のことと解されるのですか。

ユミ　かつてはそれが通説だったけど、この文言が少し修正されたわよ（注3）。

荒木田　改正後の民法415条1項によると、帰責事由の有無が「契約その他の債務の発生原因及び取引上の社会通念に照らして」判断されることになりますね。そうすると、債務の発生原因が契約の場合は、契約の内容や性質など諸事情から免責されるかどうか決まる、つまり帰責事由＝過失ではないってことですね。

ユミ　そう、しかもその帰責事由がないことを債務者の側で主張立証した時だけ債務者は免責されるということが、但書の書き方から明確になったわね。

ミヤコ　それじゃ、債務不履行では過失がなくても責任を負わされるってこと？

注3　第5章番外編（債権法改正）の中の342頁を参照。

ユミ　契約の趣旨から債務者に帰責事由があるかどうかを見るのよ。「ある内容の債務を負うと契約で決めた以上、その内容通りにすべきであったのにそうしなかったことが問題」として、債務不履行責任を発生させるの。例えば、ある日時に貨物を必ず納入しなければならないと契約したのに道路が混雑して到着が遅れた場合、従来のような過失を必要とする考え方だと、道路の混雑を避けることができたかどうか、つまり遅れたことに対する過失の有無を検討するわね。

荒木田　わかったぞ。それに対して改正民法は「道路事情が悪い場合は車以外の手段も視野に入れてその日時に納入することが契約の内容であったか」を検討するんだ！

ミヤコ　ふ〜む。過失を論じる以前に、そもそもどのような義務を負うと合意していたか、つまり「契約の解釈」の問題とするわけね。

荒木田　債務不履行責任は「過失責任主

民　法

（債務不履行による損害賠償）

第415条　債務者がその債務の本旨に従った履行をしないとき又は債務の履行が不能であるときは、債権者は、これによって生じた損害の賠償を請求することができる。ただし、その債務の不履行が契約その他の債務の発生原因及び取引上の社会通念に照らして債務者の責めに帰することができない事由によるものであるときは、この限りでない。

2　（省略）

義」を持ち出さなくても、はじめに登場した「契約自由の原則」だけで説明可能と言えそうですね。

ユミ　もっとも過失は要件でないとしても「帰責」事由の文言はしっかり生き残っているわよ。これがホントの「キセキの生還」ね。

荒木田　「軌跡」を迷走したアポロ一三号の「奇跡の生還」をひねったんですね。ワッハッハッ！

ミヤコ　……。

忘れてはならない「平等原則」

荒木田　四つ目の原則は「権利能力平等の原則」です。「法の下の平等原則」とも呼ばれます（民2条）。

ユミ　「年齢、性別、社会的身分などによって差別せず、法の下では等しく取り扱われる」ということね。当然のようだけど、忘れてはならない重要な原則よ。

ミヤコ　重要な証拠に、現代でも、自然人について言えば権利能力の平等が修正されるなんてことは考えられませんね。

ユミ　でもそのうち、ロボットや宇宙人の権利能力をどう扱うか、議論されるかもしれないわよ。

荒木田　宇宙人の権利能力か……。僕も将来、キュートな火星人と結婚するなんて日が来るかもしれませんね。何だかワクワクするなぁ。

ミヤコ　宇宙の研究、ハンタ〜イ！

民法1条の「信義則」と「権利濫用」

ユミ先生の
ワンポイント
レッスン

一九世紀末に成立した日本の民法典も、個人主義、自由主義を基調としていますが、その後、市民間の経済格差が顕著になり、**私権**（＝私法上の権利。**私法**とは、一般市民（私人）同士の関係を規律する法のこと。これに対し、市民と国家・地方公共団体との関係を規律する法を**公法**と呼ぶ）の絶対性への反省が生まれました。日記②で取り上げられている「**宇奈月温泉事件**」はまさに、所有権絶対の原則を貫けば社会正義上、問題の生じる事件です。そこで、半世紀後の一九四七年、民法1条が追加されました。**公共の福祉**（1項）、**信義誠実の原則**（＝**信義則**。2項）、**権利濫用禁止の原則**（3項）です。これらは私権自体につき具体的に規定したものではなく、抽象的な価値基準として他の規定を修正、補充するのに使われるものです。このような規定を**一般条項**と呼びます。

会社法に関する裁判でも、日記②に出てくるように、株券発行を怠っていた会社自身が「株式譲渡には株券交付が必要」（会128条1項）として株式譲渡の無効を譲受人に主張した昭和四七年の事件や、旧会社の債務を免れようと新会社を設立した昭和四八年の事件で、信義則や権利濫用禁止の原則が判決理由として使われています。

日記②　六月×日。雨。
法学部三年生のたかし君は名前の通り背の高いバスケットボール部のキャプテン。新入生の時に履修相談に応じて以来、勉強方法や大学生活のことなどで時々研究室を訪ねてくるが、しばらくぶりにスーツ姿でやって来た。手には、判例集を持っている。

たかし　これからインターンシップに行くんです。ワクワクするなあ。

ユミ　それは何？　肩こりに効くの？

たかし　それは湿布でしょ。いきなり面白くない冗談はやめてください。就職前に体験入社できる、大学のプログラムですよ。念願の証券会社に行くんです。

ユミ　へえ。平日の午後と土日はバスケ、夜はバイト、授業中は熟睡の典型的体育会人間の君が、証券会社とはねぇ。

たかし　いまや証券・株は、学生の間で人気の的ですよ。先生、この謎掛けがわかります？　株と掛けてバスケと解く。

ユミ　ん？　その心は？

たかし　どちらもネットで稼ぎます、なぁんちゃって。それで、株の譲渡にまつわる判例を勉強しておこうと本を開いたのですが……。始めからつまずきましたよ。「信義則」って何でしたっけ？

ユミ　ああ、株券発行会社の株式譲渡には株券の受渡しが必要であるも（会128条1項本文）、その株券の発行を会社自身が怠っておきながら「株券なしにした譲渡は無効」などと会社が言うことは信義則上できない、とした判例（注4）のことを言ってるのね。

信義則とは、誠実な社会の一員として求められる原則

たかし　信義則って、調べるとほかにもあちらこちらで出てくるんですよね。ある会社から事業を譲り受け代金を分割で支払っていた者が、お金が支払えなくなってから「そちらの会社は譲渡に必要な株主総会の決議を経ていなかったから売買契約は無効だ」と主張するのを信義則違反とされたり（注5）……。

ユミ　株主総会や取締役会の決議を経ていないのをいいことに義務を免れようとする主張を、信義則違反で阻止するパターンは下級審を含めると確かに多いわね。信義則とは「社会の一員として相手の信頼を裏切らないよう誠実に行動すべし」という原則のこと。「信義・誠実の原則」を略して信義則と言うのよ。

たかし　僕たちが就職活動を「シューカツ」というのと同じですね。

ユミ　重みが違う気がするけど。ヨーロッパで一九世紀初めころから盛んに言われ、成文化されたのね。その後、日本も影響され、戦前から裁判所もこの原則を使うようになったの。もっとも日本で明文規定ができたのは戦後だけど。民法1条2項がそれよ。ちなみにドイツでは「Treu und Glauben の原則」と言うわ。

注4　最判昭和47年11月8日民集26巻9号1489頁。
注5　最判昭和61年9月11日判時1215号125頁。

たかし　先生、ドイツ語がわかるんですか？

ユミ　あたりまえよ。私はドイツ通なんだから。見た目はフランス人に間違われるけどね。

たかし　……。

一般規定である民法1条は権利濫用も定めている

ユミ　ところでこの規定は、具体的に法律をあてはめるとマズい結果になるときに、修正したり補充するのに使われる「抽象的価値基準」と言われているのよ。さっきの株券のない株式譲渡の昭和四七年判例で言えば「株券の受渡しがない以上株式譲渡は無効」と認めた上で、おかしな結論をその事件限りで修正したわけね。このような規定を「一般条項」と呼ぶわよ。

たかし　信義則とよく似た一般条項と言えば、その隣にある民法1条3項もそうですね。

ユミ　そう、これは「他人を害する目的で権利を行使してはいけない」ということ。こちらはローマ法の「シカーネの禁止」に由来する原則よ。この原則、シッてるカーネ？

たかし　本当につまらないダジャレですね。「権利濫用の禁止」でしょ。権利濫用といえば法学部生なら必ず習う、あの「宇奈月温泉事件」（注6）ですよね。

　宇奈月温泉を経営する会社が引く全長七・五キロの引湯管が、二坪ほど他人の土地を通っていた。それに目をつけた者がその土地を買い受けて、土地所有権に

注6　大判昭和10年10月5日民集14巻1965頁。

基づき会社に引湯管の撤去を求めたんでしたっけ。

ユミ　そう。あれは印象的な事件よね。宇奈月温泉の湯元が黒薙《くろなぎ》温泉だということを知ってる？

　宇奈月からトロッコ列車で足を伸ばした、夏の黒薙温泉はいいわね。もちろん冬の宇奈月も素敵よ。特に露天風呂から見る雪の渓谷が最高だわねえ。

たかし　先生、温泉談義に来たんじゃありません。

ユミ　あ、そうだったわ。ともかく、昔の最高裁である大審院は、あれこれ苦労して利益状況を精査しこの請求を権利濫用だとして斥《しりぞ》けているの。明文の規定がまだなかった、昭和一〇年の話よ。

たかし　ふ〜む。昔の裁判所も、イイとこあるじゃないですか。今なら、民法1条3項があるので裁判所は苦労しなくて済みますね。

ユミ　そうでもないわよ。数年前の裁判で、ビルを買った所有者が、元々そのビルの地下を借りて店を営業していた賃借人に対して地上一階の外壁に設置していた店の看板の撤去を求めた事件があったわ。所有者は見苦しい看板を取りはずしてほしかったんだろうけど、最高裁はこの所有者に生じる具体的な不利益、賃借人が看板を利用する強い必要性、看板が元オーナーの承諾を得て取り付けられた経緯など、かなり細かく比較して、ビルの所有権に基づく看板撤去の請求は権利の濫用にあたるとしたのよ（注7）。

たかし　ところで、さっきの「信義則」（民1条2項）と、この「権利濫用」（同条3項）って、どう使い分けられているん

注7　最判平成25年4月9日判時2187号26頁。

ですか？　条文を見ると、2項は権利の行使と義務の履行につき、3項は何も限定せず定められてますよね。契約関係の有無で区別するんですか？

信義則と権利濫用は重ねて使われることもある

ユミ　昔はそう考えられてたわね。でも、社会が複雑化してきて区別しにくくなったし、そもそも民法1条は一般条項なんだからということで、今は明確な区別はされてないわ。それどころか、援用するときに重ねて使われるくらいよ。

たかし　あぁ、それで、強制執行を免れるために新会社を作り旧会社の資産をそちらに移しちゃった会社法の事件で、最高裁は「そのような設立は制度を濫用するもので取引相手に信義則上別人格を主張できない」というように、濫用と信義則、両方の言葉を使っているんですね（注8）。

ユミ　法人格否認の法理を濫用事例にあてはめた有名な事件のことね。他の判例でも、こんなふうにごちゃまぜに使われていることは多いわね。

たかし　では、民法1条1項「私権は、公共の福祉に適合しなければならない」は、どうなんですか。

ユミ　同じ一般条項だけど、憲法29条の財産権の内在的制約を単なる理念として宣言するもので、実際の解釈に用いられることはほとんどなく、2項や3項との適用関係も問題にはならないわね。

たかし　なるほど、わかりました。それじゃ先生、インターンシップに行ってき

注8　最判昭和48年10月26日民集27巻9号1240頁。

ま〜す！

ユミ　頑張ってね。それから、会社が上得意客に勧めている株の銘柄を盗み聞きしたら、すぐに教えてちょうだい！

たかし　それこそ、信義則違反で権利濫用じゃないですか！

民　　法

第１編　総則

第１章　通則

（基本原則）

第１条　私権は、公共の福祉に適合しなければならない。

２　権利の行使及び義務の履行は、信義に従い誠実に行わなければならない。

３　権利の濫用は、これを許さない。

民法と会社法の関係

ユミ先生のワンポイントレッスン

そもそもなぜ、民法が会社法や商法の前提となるのでしょうか。それは民法と会社法、民法と商法が一般法と特別法の関係になるからです。つまり民法が私法の**一般法**であるのに対して、商法や会社法は、私人の中でも特に商人（商4条）や組織体としての商人である会社（会5条、商4条）に関わる特別な法律関係を規律する**特別法**なのです。そして、「特別法は一般法に優先する」とのルールがあるので、日記③の図にあるように、商人の行う取引やその法律関係には、商法や会社法が特別法として、一般法である民法に優先して適用されるわけです（商1条参照）。特別法に定めがない時は、一般法が適用されることになります。例えば、第3章Ⅱに出てくる契約の成立は、民法では申込みと承諾のあった時とされますが（民522条1項）、商法では、常日頃から取引する間柄であれば、申込みがあれば契約は成立してしまいます（商509条）。民法では無償で人のために何かをしてあげることはよくありますが（ex.委任は原則無償、民648条1項。寄託も同様、同665条）、商法では商人は常に報酬を請求できます（商512条）。また、金銭の貸し借り

（消費貸借）をしても、民法では無利息が原則ですが（民589条1項）、商人間では法定利息を当然に請求できます（商513条）。もっともその利率は、これまでずっと民法では五％（民事法定利率）、商法ではそれより高い六％（商事法定利率）が定められていましたが、平成二九年の民法改正で一律に三％に引き下げられ、三年ごとに見直す変動制となりました（民404条、商事法定利率を定める旧商514条を削除）。五～六％は低金利時代の現代と合わないこと、そして今や誰でもネット等で情報を得て容易に利回りの良い投資ができることから、商取引だから高い利率で利益を得るとは言えず、商事法定利率の意味がなくなったことが理由です。また、債権の消滅時効（「権利の上に眠る者は保護されず」との法格言の下、債権を一定期間行使しなければ消滅する制度）も、これまでは民法の一〇年（民事消滅時効）と商法の五年（商事消滅時効）が別に定められていましたが、平成二九年の民法改正により、一つにまとめられたことに注意が必要です。つまり、取引相手によってはどちらを適用するのかはっきりしないことが多く、五年の差を合理的に区別しにくいため、平成二九年、民法を新しく166～169条により整備し、商事消滅時効の規定（旧商522、523条）を削除しました。ただし、手形上の請求権の消滅時効は（満期の日から）三年という手形法の規定（手70、77条1項8号）はそのままです。手形法は特に迅速な手形取引（決済）を実現するための商法の特別法と言われるゆえんですね。

日記③では、会社役員等の会社に対する委任契約上の義務として、民法上の一般的な報告義務（民645条）とは違う会社法上にある報告義務（会357条など）が挙げられています。しかし、民法上にある一般法としての**善管注意義務**（民644条）を負うことも示されています。この他に、弱い立場の消費者を保護するため、民法の特別法として消費者契約法や特定商取引法があります。

なお、厳密に言うと、会社法は民法の特別法であるだけでなく、刑法の特別法でもあります。例えば、会社の役員等が背任行為をした場合、刑法の「背任罪」ではなく、それよりも重い会社法960条の「特別背任罪」により処罰されます。それだけ、会社経営者たちには会社に対して重い責任があると言うことですね。

日記③　四月×日。晴れ。

新学期が始まった頃、一昨年に大学を卒業し、大手電機メーカーに入社した鈴木君がひょっこり研究室を訪ねてきた。私が長年、顧問をしている落語研究会のOBだが、今回はどことなく、元気がない様子だ。

ユミ　やあ、鈴木君。しばらく見ないうちにすっかり落ち着いて……。孫でもいるみたいじゃない！

鈴木　そんな落ち着き方、嬉《うれ》しくないですよ。先生の方は、相変わらず研究室が散らかり放題ですね。

ユミ　鈴木君が学生だった頃は、よく片付けてくれて助かったけど。少し掃除していってくれない？

鈴木　僕はもう年収ウン百万円の忙しいビジネスマンなんです。掃除の報酬をもらえるなら、やりますよ。

ユミ　もちろん。愛の投げキッスを三回、一回数百万円分の値打ちよ。……それよりどうしたの？　前にメールで「法務部に異動になりました！」って張り切っている様子だったのに、元気なさそうね。

鈴木　いや～、株主総会の準備や資料作りに忙しくなるっていうのに、僕ときたら何もわからなくて、役に立つどころか法務部の足手まといみたいなんですよ。

ユミ　一体何があったの？

鈴木　最近、経営陣が株主代表訴訟を起こされるかもしれない、善管注意義務に違反する行為がなかったかと大騒ぎなんですけど、実はその意味自体、よくわからないんですよ。会社法のどこを見ても、そんな言葉載ってないし……。

ユミ　そういえばキミ、法学部じゃなかったわね。じゃ、説明しようか。取締役の善管注意義務というのはね、会社法330条「株式会社と役員及び会計監査人との関係は、委任に関する規定に従う」という規定から引き出される、民法644条が根拠となっているのよ。つまり会社が取締役を任用する際の契約は、民法中の一三の典型契約（注9）の一つである「委任契約」と見るわけ。

鈴木　さすが先生、専門は落語の研究だけじゃなかったんだ。

ユミ　失礼な。

鈴木　でも、取締役の義務なのに、なぜ唐突に民法が出てくるんですか。

ユミ　それは、会社法が民法の特別法だ

注9　詳しくは第3章Ⅲ（234頁）を参照。

からよ。ザックリ言えば、私的利益を調整する民事のルール（私法）の中で、広く一般的なところを定めるのが民法、その中でビジネスに関わる人（商人）や事項（商事）を扱うものが商法、特に企業組織体に関するものが会社法。会社法は平成一七年に商法第二編から、新しい「会社法」となって独立したけどね。

会社法に定めがないときは民法が適用される

ユミ　会社に関する法律関係は、商法、会社法や、それにまつわる法（商業登記法、手形法、小切手法、社債、株式等の振替に関する法律）などが特別法としてまず適用される。そして、それらに規定がなければ会社法の一般法である民法、場合によっては商慣習法が適用されるのよ。「特別法は一般法に優先する」という原則があってね。

鈴木　文字通り、特別法は特別ですね。

ユミ　そう。ある事柄について一般的に規定した法令（一般法）があるのに、同じ事柄についてそのうちの特定の「場合」や「人」「地域」を限って適用されるような法令（特別法）があるときには、法令の成立時期の前後に関係なく特別法が優先されるの。「商法、会社法は民法の特別法」というのは、そういう意味なのよね。例えば「代理」（注10）では代理人が本人のためにすることを示す「顕名」が民法では必要とされているけれども（民99条1項）、商法では商行為の代理人に「顕名」は必要でないというのが原則よ（商504条）。だからまず、「商行為が行

注10　第1章Ⅳ（78頁）参照。

民法と会社法の関係

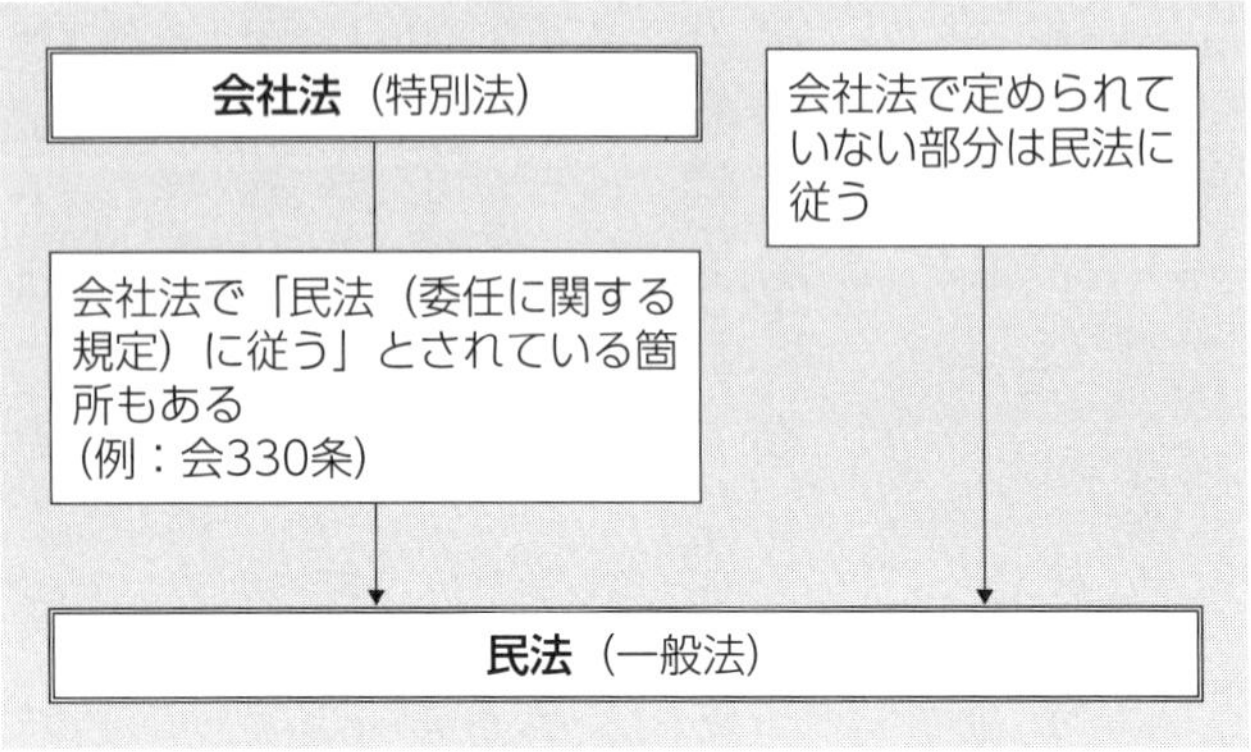

われる場合」の代理には商法が優先よ。

鈴木　でも先生、株式投資などは、最近、商人だけでなく一般人も情報を得て巧みに行うので、商法の一般法化とか民法の商化などと言って、その関係はあいまいになっていると聞きますよ。

ユミ　おっ、よく知っているじゃない。法定利率や消滅時効など、一般人（民法）と商人（商法）とでは、これまでは扱いが違っていたけれど、平成二九年民法改正により一本化されたわ（民404条、166～169条）。取引が取引時間に限られることにつき新たに規定を設けたし、指図証券など有価証券についても詳細な規定ができたわね（民484条2項、520条の2～520条の12）。それにより、商法の規定は大幅に削除されたのよ（旧商514条、522条、523条、517～520条など削除）。

鈴木　それにしても、会社法って奇妙な法律ですよね。1条に「会社の設立、組織、運営及び管理について（略）この法律の定めるところによる」と趣旨規定が置かれているのに、中身を見ると企業の内部関係を扱う面もあれば、債権者など外部との関係を扱う面もあって、わけがわかりませんよ！

ユミ　アハハ、それだけじゃないわ。私法のはずなのに訴訟法的な規定や、果ては刑罰規定まであるのよ。

鈴木　え〜っ？　会社法は民法だけでなく刑法の特別法でもあるのですか？　う〜ん、新しいことが洪水のように押し寄せて、もう頭がパニックですよ！

ユミ　これがホントの、洪水ケイホウね。

鈴木　ガクッ。

経営者には経営のプロとしての法的な権利と義務がある

鈴木　ところで、さっきの善管注意義務なんですが、民法644条に「善良な管理者の注意をもって、委任事務を処理する義務」とあります。これのことですね。

ユミ　そう。長いので「善管注意義務」とか、あるいは「善管義務」と略されているわけ。

　一般に「その人の職業や社会的地位などから考えて普通に要求される程度に注意すべき義務」を意味するんだけど、委任契約は、一方（委任者）が他方（受任者）に法律行為の処理を委託する内容の契約（民643条）なので、役務（サービス）を提供する契約の中でもとりわけ高度な専門知識を駆使して任された事務を行う義務と考えられ、その分、処理のために広い裁量もあると考えられるわけ。例えば弁護士や医師（準委任。同656条）など、いわゆる「プロフェッショナル」は受任者の典型と言われているわね。

鈴木　ふーん。高度な専門知識、広い裁量ねぇ。それじゃ、プロにはほど遠いヘボ弁護士やヤブ医者の場合はどうなるのですか？

ユミ　ヤブだなんて自分から絶対言わないで黙ってるわ。ほら「イニンに口なし」って言うでしょ。

鈴木　……。

ユミ　経営陣も、高度な専門性を持つ経営のプロと見込まれて会社に迎えられるでしょ。つまり会社はその人と任用契約を結んで、それによって委任関係（民643条以下）が発生するのよ。これによって受任者たる経営陣は、委任者たる会社に対して、善管注意義務以外に「報告義務」（同645条）や「費用請求権」（同649条、650条）などを持つわけね。その上で、より迅速な事務処理を目指すために会社法で特別規定を置いているの。例えば、取締役や会計参与、監査役などの報告義務（会357条、375条、383条、384条）、会計参与や監査役の費用請求権（同380条、388条）の規定が、それにあたるのよ。

鈴木　なるほど。特別法は理由があって設けられているんですね。先生、委任のことが少しわかってきました。今回だけは何とか、職場で乗り切れそうです。

ユミ　今回だけなんて言わず、毎回頑張って！　委任だけにフル・イニング、全力投球よ！

Ⅱ 法人はアンドロイド？ ～自然人と法人～

法人の権利能力

ユミ先生のワンポイントレッスン

会社法3条に「会社は、法人とする」と定められています。法人については、民法第一編第三章「法人」のところに載っています。そして、法人は法律の規定によらなければ成立せず（民33条1項）、法人が法律上の権利や義務を持つのは、定款などで定められた成立目的や事業目的の範囲内に限る（同34条）となっています。ついでに一つ前の第二章「人」のところを見て「法人」と比べてみましょう。「私権の享有は、出生に始まる」とあります（同3条1項）。人間は誰でも生まれたらすぐに**私権**を持ち、その範囲に制限はありません。この生身の人間を民法学上、**自然人**と呼びます。そして自然人は生まれながらに権利・義務の主体となる資格、つまり**権利能力**を持つのです。

自然人には権利能力の範囲に制限がないのに、なぜ法人には制限があるのでしょうか。それは、法人が便宜上作られたにすぎない、いわば人工の人格だからです。例えば、自然人が集まって団体を作る場合（**社団**）、いちいち全員で一つの物を所有したり、登記するのは不便です。そこで、あたかも一人の人間として権利・義務を持つかのように、法が認めるわけです。いわば、法が人そっくりの人造人間（アンドロイド）を作るようなものですね。まとまった財産（**財団**）についても、同じです。ただ、アンドロイドがしょせんは人型のロボットであるのと同様、法人も法が人為的に認めた人格にすぎないので権利能力の範囲も便宜上必要な範囲で十分、と民法の起草者は考えました。そして、会社も法人とされる以上、法人の権利能力の範囲は定款の定める目的の範囲に限定されると解釈されるわけです。ところが、そのことが今の企業活動の実態に合わないので、日記④で紹介されるような解釈論が試みられるのですね。

ところで、民法の第二章では第一節「権利能力」のあとで「**行為能力**」という言葉が出てきますが（第三節）、これは「自然人なら誰でも権利能力を持つからといって、当然に、法律行為を単独でして良いか」という問題に対応するものです。つまり、未成年者や認知症の高齢者、精神障害者など判断能力の低い者を制限行為能力者ととらえ、サポート体制を作って単独でできないようにするのです（単独でした場合は取消し可。（注11））。もっとも、判断能力が全くなく自分の行為の意味を理解できない者、つまり意思能力のない者の行う法律行為は当然に無効でしょう。このことは平成二九年の民法改正により明文化されました（第二章第二節3条の2。平成二九年新設）。

注11　民5条2項、9条本文。取消しについては「取消しと無効」50頁参照。

いずれにしても、これら行為能力、意思能力というのは、自然人特有の話なので、法人についてはこれらの能力は問題となりません。法人と関係があるとすれば、それは自然人である法人の代表者につき、行為の当時どうであったかが問題となるにすぎません。

日記④　八月×日。晴れのち夕立ち。

暑い昼下がり、採点をしていると、落研部員の阪神亭トラ吉君が、鉢巻にハッピ姿で窓の向こうを歩いている。阪神タイガースファンのトラ吉君、これから野球場へ応援に行くそうだ。

ユミ　こんな暑いのに、またナイター観戦？　あんなチームのどこがいいの？

トラ吉　あんなチームとは失礼な。今シーズンは、応援にも力が入りますよ。今夜はこの特製大うちわで応援仲間をあおいでやるつもりです。

ユミ　余計に暑苦しくなると思うなあ。どんな仲間なの？

トラ吉　アットホームなファンクラブ「トラホーム」の仲間たちです。

ユミ　病気がうつりそうな名前ね。

トラ吉　実はこのファンクラブのメンバーで出資し合って、会社にしようという話が持ち上がっているんです。

ユミ　みんなでビジネスでも始めるの？

トラ吉　応援グッズや選手から貰ったサインボールなどを売るんです。ほかに選手の使い古したソックス、下着……。

ユミ　貰《もら》ったんじゃなくて、盗《と》ってきたものじゃないの？

トラ吉　タイガースだけに「トラれたぁ～！」とか言ってるかなあ。

ユミ　冗談言ってる場合じゃないわ！

会社の「目的の範囲内」は無限大

トラ吉　ところで「トラホーム社」が儲《もう》かったら、球団支援のための寄付もドンドンしたいと思うんですが、会社法で習った「八幡製鐵政治献金事件」のことが気になるんですよ。

ユミ　あぁ、新日鐵の前身の八幡製鐵株式会社が政治献金をした事件ね（注12）。

トラ吉　最高裁は、会社に民法の法人に関する規定34条（当時は43条）を適用しましたよね。

ユミ　そうね、会社も法人なので「定款所定の目的の範囲でしか権利能力を持たない」、つまり事業目的の範囲でしか権利・義務を持たないと判断したわね。

トラ吉　そうするとトラホーム社としては、タイガース関連グッズの販売以外は何もできないってことですか？

ユミ　判決文をよく読んで。その後に続けて「目的を遂行するために直接または間接に必要な行為も目的の範囲内」と言ってるでしょ。そして、政治献金に関しては客観的・抽象的に観察し、会社の社会的役割を果たすためならやはり「目的の範囲内」としたわよ。

注12　最判昭和45年6月24日民集24巻6号625頁。

トラ吉　ということは、チームへの寄付もＯＫということですね。

ユミ　この研究室への寄付でも良いわよ。

トラ吉　先生はタイガース嫌いだからダメです。

ユミ　会社以外の団体の行う寄付については、税理士会の政治献金につき「目的の範囲外」としたり（注13）、群馬司法書士会が阪神・淡路大震災で被災した他の司法書士会に対し復興支援金を寄付する行為につき「目的の範囲内」としたり（注14）、ケースによって揺れ動いているわね。学説上も議論のあるところよ。

トラ吉　税理士会のような公益性のある法人なら、公益目的の範囲に能力を制限することに意味があっても、会社のような営利法人では意味はありませんね。

ユミ　だから判例は会社にも民法34条の適用を認めつつも、「目的の範囲」を広く解する手法を、早くからとってきたのよ（注15）。

トラ吉　要するに、民法34条を会社に適用する主眼は「目的の範囲」の点ではなく、法人として「権利を有し、義務を負う」というところにあるわけですね。

民　法

（法人の能力）

第34条　法人は、法令の規定に従い、定款その他の基本約款で定められた目的の範囲内において、権利を有し、義務を負う。

注13　最判平成8年3月19日民集50巻3号615頁。
注14　最判平成14年4月25日判時1785号31頁。

会社の「社団」性

ユミ　会社はこれまで社団法人とされてきたけど、会社法の制定で、会社の社団性はなくなったとも言われているのは、知ってる？

トラ吉　「社団」って、人の集まりのことですね。ちなみにお金の集まりは「財団」です。

ユミ　そう、ついでに花の集まりは「花壇」。

トラ吉　そんな洒落たことの言える、先生はモダン。

ユミ　さすが落研のプリンス！　これ、ジョーダン。

トラ吉　つまり、会社法では「社員が一人になっても解散しなくて良くなったので（会641条4号）、社団とは言いにくい」とする説が出てきたわけですね。

ユミ　「団」という字は丸いという意味を表すのよ。「会社の社員は増える可能性もあるんだから社団性あり」と考える説の方が丸く収まります、なんちゃって。君が持っている、そのうちわも「団扇」、つまり丸い扇ね。

トラ吉　扇だけにセンス良し！

「法人」は権利能力を持たせる便法

トラ吉　そもそもなぜ法人が権利能力を持つのですか？　人間（自然人）なら生まれながらにして権利能力がある（民3条1項）というのはわかるんだけど。

ユミ　社団や財団のままでは、誰の名前

注15　最判昭和27年2月15日民集6巻2号77頁。

で契約を交わしたり、財産を所有したりすれば良いかわからず不便だから、法技術上、自然人と同じような「人」を考えることにしたのよ。このような法技術上の人を「法人」というワケ。

トラ吉　あ、そうか。法人が始めから存在していたわけではなく、団体に権利能力を持たせる便法として、法人を考え出したんですね。

ユミ　そういうこと。会社以外に世間はいろんな団体があって、かつては「権利能力なき社団」には権利能力が認められる、などという奇妙な言い回しで解決が図られていたけど、今はずいぶん法整備が進んできたわよ。

トラ吉　確か、「町内会」は地方自治法260条の2第1項で権利能力が認められるんですよね。非営利団体に対しては、知事の認証を受ければ容易に法人格が得られる「特定非営利活動促進法」いわゆるNPO法ができましたよね。

ユミ　平成二〇年に一般法人法（一般社団法人及び一般財団法人に関する法律）と公益法人法（公益社団法人及び公益財団法人の認定等に関する法律）が施行されて、批判のあった中間法人法は廃止されたわ。ま、君のところは会社として利益が出るよう、頑張ってね。

トラ吉　みんながモメないように、うまく運営できるかなあ。

ユミ　大丈夫、うまくいくわ。あたってくだけろ、ダメでサカモト、いや、ダメでカネモト……ダメでモトモトよっ！

トラ吉　先生、本当はタイガースファンだったりして。

Ⅲ 効果をめざせ意思表示 ～意思表示とは何か～

法律行為と意思表示

ユミ先生の
ワンポイントレッスン

会社のような法人であっても自然人であっても、一定の**法律効果**、つまり法律上の権利・義務関係の発生・変更・消滅を望むときは、それをめざした行為を行わなければなりません。これを**法律行為**と言います。法律行為は一般に、売買など取引相手とともに行う**契約**（第3章で詳しく解説）、遺《い》言《ごん》や取消しなど一方的に行う**単独行為**、そして会社設立のような複数の者たちが集まって行う**合同行為**に分けられます。もっとも、重要なのは三つに分けることではありません。三つのどの形態であっても「意思表示」を要素としていることが大切です。**意思表示**とは、法律効果の実現を欲する意思（これを**効果意思**と呼びます）を外部に向けて表示すること（これを**表示行為**と呼ぶ）です。意思表示が形成される過程で何らかの良くない問題がある場合、それを意思表示の瑕疵《かし》と言い、**取消し**

や**無効**の対象となります。健全に意思表示が形成されなかった以上、法律効果を発生させるべきではないからです。例えば、商品AをBと勘違いして商品Aを買う意思表示をすれば、効果意思と表示との間に食い違いがあることになり**錯誤**により取消しの対象となります（民95条1項1号。(注16)）。

株式会社設立のような合同行為の場合は民法の意思表示の規定が適用されず、会社法の規定により大幅な制限を受けます（会51条、102条5・6項）。多くの利害関係人が出現するので、法的安定性を重視してその効力を確保することの方が大切だからです。

日記⑤　一〇月×日。曇り。

顧問をしている落語研究会の笑法亭冷奴部長が、今後の期待される法学部一年生の花札亭さくらちゃんを連れてやって来た。普段は仲の良い先輩と後輩が、今日は何やら揉めているようだ。

冷奴　先生、さくらときたら「二一世紀生まれの一八歳は、落語より漫才やコントの方が好き」だなんて生意気言うんですよ。

ユミ　ふ〜ん。「花も一八、番茶も出がらし」ね……。

さくら　「出がらし」じゃなくて、「出花」です！

注16　平成29年民法改正により、無効から取消しの対象に変更。詳しくは「取消しと無効」49頁参照。

冷奴　落研部員が漫才を好むなんて、落研設立以来の危機だわ。

さくら　先生！　私は「漫才やコントもしてみたい」と気軽に言っただけなのに、冷奴先輩ったら、漫才やコントを認めるとしてもメンバーを落語組と漫才・コント組に、明確に分けるべきだと言うんですよ。前世紀生まれの上級生は本当に頭が固いんだから。

ユミ　ふ〜む、世代間抗争にまで発展しているわけね。ところでさくらちゃん、漫才もいいけど授業に出ているの？　教室で顔を見ないわよ。

さくら　う〜ん、それが実は授業に出ても内容がわからないんです。今も「設立」という言葉が出ましたが、先生は企業法入門の時間に「会社の設立は法律行為なので、民法の法律行為のところを勉強しておくように」と言ってましたよね？

「法律行為」とは「意思表示」を要素とした行為の総称を指す

ユミ　そうね。「会社の設立」も「法律行為」の一つね。

さくら　ところが、民法の教科書を見ると「法律行為＝契約」と書いてあるんです。でもその「契約」につき、民法の授業では「契約は会社の設立のような行為とは異なるので注意するように」と言われたんですよ。おかしいと思いませんか？

冷奴　「会社の設立＝法律行為＝契約≠会社の設立……」ん？　確かにヘンね。

ユミ　ウフフ、「法律行為」のとらえ方が異なったために、矛盾が生じたようね。

さくら　「法律行為」って、内容の定まった法律用語ではないのですか？

ユミ　「法律行為」というのは「意思表示」を要素とする行為をひっくるめた総称なの。

さくら　「意思表示」ならわかりますよ。一定の法律効果の発生を意図し、欲するという「意思」を外部に向けて表現することですね。

ユミ　そうね。特に民事の世界では権利や義務の変動（発生・移転・消滅）を意図することが重要よ。

冷奴　「契約」の場合、例えば売買契約では、売主と買主が代金の支払いや商品の引渡しをめぐる権利義務関係を意図しているし、「会社の設立」なら株主になろうとする人たちが会社の成立をめぐる権利関係を意図していますよね。

ユミ　「契約」も「会社の設立」も「意思表示」を要素とするという意味ではどちらも法律行為よ。

冷奴　でも、売買契約なら売主と買主、賃貸借契約なら貸主と借主というように「契約」の当事者は互いに対立しているけど「会社の設立」では株主になろうとする人々が会社成立という同じ目的に向かっていて、対立関係にないわ……。

ユミ　そうね。だから同じ意思表示を要素とする法律行為と言っても、会社の設立は当事者が皆、同一方向を向いているので「合同行為」と呼ばれるのよ。

さくら　一人で法律行為を行うことはないのですか？

ユミ　あるわ。遺言や取消しといった「単独行為」と呼ばれるものよ。相殺《そうさい》もそうね。

冷奴　あら、相殺は契約なのでは？　普段、取引関係にある者の間で「互いに債権があれば対等額は消滅させましょう」と約束しておくことがよくあると聞きました。

ユミ　それは「相殺契約」のことよ。相殺は、契約自由の原則により契約によっても行えるし、契約によらなくても相殺できる状態、つまり「相殺適状」にあれば、単独でも行えるものなの。お笑いも、単独、複数どっちでもいいんじゃないの？

法律行為とは

「契　約」→「売買行為」
「合同行為」→「会社の設立」
「単独行為」→「相殺」
「遺言」
「取消し」

さくら　ユミ先生の言う通り！　冷奴先輩、落研の制度も相殺のスタイルと同じく、何人でも気ままにできるように変えましょうよ。政党の「ソウサイ」も気ままに何でも変えていることだし……。

冷奴　変えるなら民主的な手続が必要よ。「忖度《そんたく》」反対！

三つに分かれる法律行為

ユミ　これまで見てきたように、法律行為は、意思表示の結合の仕方によって「契約」「合同行為」「単独行為」の三つに分けられるわ。

さくら　でも先生、そもそも何のために三つに分けるのですか？

ユミ　意思表示の結合態様が異なる以上、異なる取扱いをした方がうまくいくからよ。例えば、一人の意思表示に問題があった場合、契約なら無効にできるとしても、会社の設立では簡単に設立全体を無効にすべきではないでしょ？

冷奴　う〜ん、確かに影響が大きすぎますね。

さくら　異なる取扱いをするためか……。そうすると先生、異なる三つの態様のままで、まとめなくていいのではないですか？　法律行為の用語で一つにまとめたのはなぜですか？

ユミ　まとめたかったからよ。

二人　えっ、それだけの理由で？

ユミ　日本の民法が影響を受けたドイツ法学というのは、概念をきちんと分類し、まとめるという特徴があるの。英米法にもフランス法にもみられない特徴ね。

冷奴　必要もないのに分けたり、まとめたりするなんて……。

さくら　まるで冷奴先輩のようね。

ユミ　そんな整理は無意味なので、実際「法律行為」は「意思表示」と同義だと説明されたり、さらには「法律行為」を「契約」に置き換えてしまって良いと言う学者もいるくらいよ。

さくら　なるほど。それで教科書に「法律行為＝契約」と載っていたわけですね。謎が解けました。

重要なのは具体的な原因と結果

ユミ　民法の勉強は、無意味な分類よりも、どんなことが原因で、どんな権利や義務が発生・変動する結果が起きるかを具体的に考える方が大切よ。

さくら　原因を法律要件、結果を法律効果、または単純に要件・効果と言うんですよね。

冷奴　売買なら、売買契約という要件により、契約当事者の間で代金支払請求権（支払義務）と商品引渡請求権（引渡義務）の発生という効果が生じるというふうに、説明できますね。

冷奴　落研でも、メンバーが一定の要件を満たしたときだけ漫才を演じることができるという効果を、きちんと決める必要がありそうだわ。

ユミ　そんな固いこと言わずに、力のある二人で漫才すれば？　花札のヤクにちなんで「盃亭　月見《ツキミ》・花見《ハナミ》」と華やかなコンビ名にすれば、実力と名前の相乗「効果」が狙えるわよ。

二人　その名前だけで人気が急「コウカ」しそうだわ。

取消しと無効

ユミ先生の
ワンポイントレッスン

意思表示に瑕疵《かし》がある場合、取り消すことができたり、無効となったりします。それではどのような場合に取り消すことができ、どのような場合に無効となるのでしょうか。民法の意思表示規定を見てみましょう。まず、**心裡留保**《しんりりゅうほ》（民93条。意思表示の表意者が表示行為に対応する真意のないことを知りながら相手に告げず意思表示をすること）は原則有効（相手が表意者の真意でないことにつき悪意または有過失のとき無効）、**虚偽表示**（同94条。相手方と通じて真意でない意思表示をすること）は無効、**錯誤**（同95条。表示と真意に食違いがあることに気づかないで意思表示をすること）や、**詐欺**（同96条。人を欺《あざむ》いて錯誤に陥らせること）は取消し可、**強迫**（同96条。相手を怖がらせ、それによって意思表示をさせること）も取消し可となっています。ちなみに、「法人の権利能力」のところで見たように、未成年者のような制限行為能力者が単独で意思表示をした場合は取消し可です（民5条。6条も参照）。さらに、幼児のように自分の行為の行く末もわからない場合は**意思能力**の欠ける者の意思表示として、平成二九年改正民法により無効とされます（民3条の2。平成二九年新設）。

　このように、**取消し**と**無効**が認められる場面は、重大性の有無、瑕疵ある意思表示をした者を保護する必要性の程度によって分かれているようです。しかし、現実の区別はそう簡単ではありません。特に現代のような複雑で慌ただしい取引社会では、無効よりも取消事由とした方が都合の良い場面が増えています。結局、取消事由にするか、無効事由とするか、無効を認めるにしても、日記⑥で話題にしている会社の設立無効や新株発行無効のように提訴期間や提訴権者を限定するかなどは、政策的に判断します。現に錯誤は、従来無効であるも、判例や学説で取消しと同様に解釈すべきとされてきましたが、平成二九年民法改正により、取消事由となりました。これにより、表意者の取消しを待って初めて意思表示は無効となります（民121条）。五年という取消権行使期間による制限に服することにもなります（民126条）。

　さらに、意思表示に至る事情についての認識に食い違いがあった場合（いわゆる動機の錯誤）も、相手に表示していれば取消し可能となりました（民95条1項2号、2項。平成二九年新設）。もちろん、表意者が錯誤につき重過失があったのなら取消しはできませんが、表意者の錯誤を相手方が知り（悪意）、または重過失により知らなかった場合や、相手方も同一の錯誤に陥っていたときは相手方には保護するに値する信頼がなかったのだから、やはり取消し可能となります（民95条3項1・2号。平成二九年新設）。さらに**取引の安全**、つまり本来の正しい権利関係よりも取引を行った者の利益の保護を図る方針（**動的安全**ともいう。逆に本来の権利関係を重視し、社会の静的秩序を維持する方針を**静的安全**という）を統一的に及ぼそうと、平成二九年改正民法は、瑕疵ある意思表示を前提として、取引行為を行った第三者を保護する規定を補充し整合的に取引の安全に配慮する姿勢を打ち出しています。例えば、心理留保や虚偽表示に基づく法律関係が無効となることを知らずに（**善意**という）新たな取引を行った第三者は保護されます（民93条2項、94条2項）。また、錯誤、詐欺、脅迫の場合には、意思表示が取消事由であることに善意かつ無過失の第三者は、やはり保護されるとしています（民95条4項、96条3項）。

日記⑥　七月×日。曇り。
ひときわオシャレな乙女ちゃんが素敵なバッグを手に研究室にやって来た。いつものようにファッション談義かと思いきや今日はちょっと様子が違うようだ。

乙女　先生、くやしい！　私、ボーイフレンドに騙《だま》されていたんです。高級ブランドGのバッグをくれたから多少の浮気性には目をつむって付き合うことにしたのに、バッグがニセモノだったんですよ。なんてゲスなヤツなの！

ユミ　どっちもどっちだと思うけど。

乙女　とにかく、私を騙したんだから許せません。これって詐欺でしょ？

ユミ　詐欺とは「人を騙す行為つまり欺《ぎ》罔《もう》（人を欺く）行為によって錯誤（人の認識したことと、その認識の対象である客観的事実とが一致しないこと）に陥らせ、その結果、瑕疵《かし》（欠陥）ある意思表示をさせること」よね。うーん、それが取引行為なら意思表示の取消しができるけど……。そもそもプレゼントの見返りで付き合うなんてヘンじゃない？

乙女　ヘンじゃありませんよ。プレゼントは愛情度を示すバロメーターです。あ、「瑕疵ある意思表示」で質問を思い出しました。会社法のテキストに、前から気になっている一文があるんです。

ユミ　おぉ！　ファッションじゃなく会社法の質問とは嬉しいなぁ。

乙女　会社もファッションも同じですよ。どちらもしっかりした法制（縫製）が大事です、な〜んちゃって……。質問は、株主総会の決議の瑕疵のところで、テキストには「株主総会の決議の内容や手続等が法令又は定款に違反している場合、その決議は民法の一般原則によれば無効のはずだが……」と書いてあるところです。総会決議を会社の意思表示と見るわけですよね。

ユミ　そうね。個人の意思表示ではないけれど、総会決議を団体法的な意思表示ととらえるわけね。

「取消し」と「無効」は異なるが似ている

乙女　そうするとその意思表示に瑕疵があるんだから「民法の一般原則によれば

取り消し得るはずだが……」とすべきではないですか？

ユミ　なるほど。確かに「取り消し得る」にしてもいいかもしれないけど、取消しの効果がよくわかっていないようね。無効というのは誰の主張が無くても当然に効力を生じないけれども、取消しはその行為によって初めて無効になるの。もっとも、取り消された行為は、初めから無効であったものとみなされるのだから（民121条）、結果は全く同じだけどね。

乙女　ということは、会社法によって、株主総会の決議に瑕疵があっても直ちに無効にならず、取消しによって無効となるのですね。

ユミ　そういうこと。つまり決議を取り消すか、それともそのまま有効とするかについては、表意者である株主総会の気持ちを尊重するということね。取消しという法律行為は、相手方を気にせず一方的に請求できるから「単独行為」と呼ばれているわ。

乙女　それじゃ、私から一方的に「もう付き合うのは取り消すわ」とメールすれば、法律行為完了ね！

ユミ　……。詐欺の場合、同時に錯誤にも陥っていたのならこれまでは錯誤による意思表示の無効（旧民95条）も主張できるとされていたわよ。でも、平成二九年の民法改正で、錯誤による意思表示も詐欺同様、取消事由となったので、「取消しと無効の二重効」と呼ばれていた効果がなくなったわ。錯誤に陥っていたからといって即座に無効とするようなむこう見ずな考えをやめたのね。……今のは「向こう」と「無効」を掛けたんだけど、わかったかな?
乙女　先生、ダジャレをいちいち解説するのはやめてください。
ユミ　ともかく「取消し」は、表意者に無効にするかどうか、選ばせるところがポイントよ。その分、相手方は不安定な地位に立つことになるけどね。
乙女　民法の中で「取消原因」は確か、未成年者などの制限行為能力者による意思表示(民5条2項、9条、13条4項、17条4項)と、詐欺・強迫による意思表示(同96条1項)そして平成二九年民法改正により錯誤に基づく意思表示(同95条)ですね。それに対し「無効原因」は、強行法規、公序良俗違反、意思無能力、心裡留保、虚偽表示などです。
ユミ　そう、無効は当然に法律行為の効力が生じないので、誰でもいつでもどんな方法でも主張できる。それに対して、取消しの主張はなるべく限定しようと取消権者も主張期間も限られる。期間が過ぎれば有効が確定してしまう。
乙女　さっき出た「会社の総会決議の取消し」も、提訴権者、提訴期間、主張方法すべて限られています(会831条)。……あれ?　そうすると、会社の設立や新株発行などの無効はヘンですね。こちらも提訴期間や提訴権者が限られているし、おまけに将来に向かってしか無効となりません(同839条)。これで無効と言えるのですか。
ユミ　よく気がついたわね。設立にしろ新株発行にしろ、会社の場合は利害関係人が多いので、迅速な法律関係の画一的確定をしないと、一般原則のままでは困るの。だから一定期間内で無効の主張を打ち切り、濫訴を封じるわけ。
乙女　会社を取り巻く関係が団体的法律

関係であることからくる修正ですね。

ユミ　そう。だけど、これは会社法に限らず、個人の法律関係を調整する民法でも、取引の安全を考えれば無効を制限的に解釈しようとするのが自然ね。

錯誤は無効から取消しへ

乙女　意思無能力者の意思表示では、表意者側の無効の主張しか認めるべきでないと考える学説が多いと聞きましたけど。

ユミ　主張権者や主張の相手を限定した無効のことを、これまでの「絶対的無効」に対して「相対的無効」と言うわ。主張期間も取消しの主張期間制限の規定（民126条）を類推適用して早期に取引を確定しようという学説があるくらいね。

乙女　解釈で取消しにどんどん近づけていこうとしているわけですね。

ユミ　これを「無効の取消化」と言うわ。そもそも意思表示を無効にするか取消しにするか自体、法政策的な判断ね。例えば、錯誤はアメリカやドイツでは早くから取消しとされてきたわ。日本もそれにならって、平成二九年民法改正で無効事由から取消事由としたわけね。

乙女　へぇ～。無効といっても自然科学の無と同じに考えてはいけないということですね。騙された私も早く取消しの主張をしなくちゃ。

ユミ　そうすると、そのバッグの原状回復義務を負うことになるわよ（民121条の2）。その素敵なバッグ、返すの？

乙女　う～ん。それほど悪いヤツじゃないしぃ、別れるのはよそうかなぁ……。

強行法規と任意法規／取締法規と訓示規定・効力規定

ユミ先生の
ワンポイントレッスン

法律行為が有効に行われるには、いろいろな法的前提条件（要件）をクリアする必要があります。一つは、これまでに見てきた意思能力、行為能力、意思表示など行為者個別の事情である「当事者に関わる有効要件（**主観的有効要件**とも言う）」のクリア、もう一つは、行為そのものに着目した「法律行為の内容に関する有効要件（**客観的有効要件**とも言う）」で、具体的には法律行為の内容の①**確定性**、②**実現可能性**、③**適法性**、④**社会的妥当性**です。

①については、例えば「良い商品を一万円で売る」と言っても、商品の内容がはっきりせずどんな権利や義務が生じるかわからないので、内容の確定性が要求されるわけです。①以上に、②、③も、説明するまでもなく当然に必要ですね。しかし③については、およそすべての法律に違反する法律行為が無効というわけではありません。法律の中には民法物権編の多くの規定のように守らなければならない**強行法規**と、債権編の多くの規定のように守らなくてもどちらでもよい**任意法規**とがあるからです。また、会社法のように強行法規性が強いといっても、日記⑦の中でゲーテ君が指摘す

るように、当事者の意思を尊重する**片面的強行法規**の場合も少なくありません。

さらに、行政的な理由で取引を取り締まる法律を、強行法規とは区別して**取締法規**と呼びますが、取締法規違反があった場合に私法上の効力を無効としてしまうものを**効力規定**、そうでない規定を**訓示規定**と呼びます。もっとも、効力規定違反があったとしても、違反の態様や程度によっては、無効とされない場合もあります。結局、強行法規違反だから無効、効力規定違反だから無効とするのではなく、今では④の社会的妥当性を基準に有効・無効を決めることに落ち着いてきています。社会的妥当性を欠く行為は許されないものであるとして、民法90条は「公の秩序又は善良の風俗（**公序良俗**）」に違反する行為を、無効としています。公序良俗の言葉自体、漠然として解釈の余地の大きいものなので、抽象的な価値基準として使われています。つまり、本条は日記②に登場した民法1条2項、3項と同様、**一般条項**の一つなのです。

日記⑦　三月×日。曇り。

ドイツ法哲学研究サークルに所属する、真面目なドイツ大好き青年、自称ゲーテ君が、大きなカバンを抱えて研究室にやって来た。一年生のときに入門基礎演習で教えて以来、時々顔を見せる学生で、確か今年の四月から三年生になるはずだ。

ユミ　あら、ゲーテ君ね。春休みは帰省しないの？

ゲーテ　サークルの勉強合宿がようやく終わったので、このカバンを持ってこれから広島へ里帰りします。とはいえ、すぐに就職活動が始まるので、故郷でゆっくりしていられませんが。

ユミ　企業もひどいわね。近頃は三〜四年生が企業訪問で大学に来ないから、こちらも授業が成り立たないわ。

ゲーテ　先生、僕は本当は、大学院で一人じっくりとカントに没頭したいんです。

ユミ　ん？　一人コント？　渋い笑いを目指すわけね。

ゲーテ　違いますよ。カント哲学から法実証主義を極めるんです。でも、就職もしたいし旅もしたい、恋もしたい、ついでに広島球場は鯉のシーズン……。若きヴェルテルのように、僕は悩みでいっぱいだ！

ユミ　やっぱり、一人コント、向いてるわよ。それより、サークルでどんな勉強をするの？

公の秩序に関しない任意法規なら変更可能

ゲーテ　ドイツの法実証主義者の思想で議論になったので質問にきたんです。先生、実定法における「無」とは、そもそも何なのでしょうか。

ユミ　そんなくだらないことを言うのはドイツのどいつ？　法律に無なんかないわよ、無効はあるけど。

ゲーテ　会社法も「強行法規であるからその違反は許されない」と言われますよね。違反行為は無いものとして厳しく扱うわけでしょ。ところが、厳しく「無い」とする「強行法規」自体が、そもそもどこにも無い。あぁ、無いと言う条文が無いとは！

ユミ　あるわよ。さっさと民法91条を見なさい。

ゲーテ　「公の秩序に関しない規定」、つまり任意法規は自由に変更可能という条文ですね（次頁91条参照）。……あっ、この条文の反対解釈をして「公の秩序に関する規定」が強行法規というわけですか。

ユミ　そう、公の秩序に関する規定とは主に、経済的弱者や利害関係者を保護して社会秩序を守る公正な規定のことを指すわ。会社法も、株主や会社債権者などの会社を取り巻く利害関係者の利益を公正に調整する使命を帯びているから、強行法規とか強行規定と呼ばれるのよ。

ゲーテ　人の意思で自由に変えられない運命を持つ規定ってことですね。

ユミ　そう、だから君の好きな「運命」も「キョウコウ曲第五番」と言うわね。

ゲーテ　交響曲でしょ。僕の尊敬するベートーベンを愚弄《ぐろう》しないでください。

ユミ　あら、ごめんなさい。それじゃ、民法91条はなぜ、任意法規ならそれと異なる意思表示をしても有効だと認めるのか、わかる？

民　　法

（公序良俗）

第90条　公の秩序又は善良の風俗に反する法律行為は、無効とする。

（任意規定と異なる意思表示）

第91条　法律行為の当事者が法令中の公の秩序に関しない規定と異なる意思を表示したときは、その意思に従う。

ゲーテ　健全な社会秩序とは関係ないので、当事者が自由に取決めをするなら、むしろその意思を尊重するほうが良いからです。民法91条は、契約自由の原則からすればあたり前の注意規定ですよね。

ユミ　これは交響曲第九番ね。「注意カンキの歌」。

ゲーテ　「歓喜の歌」でしょ！　ベートーベンの名曲に大詩人シラーの詩をつけたものなんですよ。

ユミ　シラーんかったなあ……。

強行法規違反でも、無効とすべきでないものも多い

ユミ　ところで、強行法規に違反するとどうなる？

ゲーテ　民法91条の反対解釈から、その意思に従わない、つまり無効となるわけですよね。

ユミ　これまではそう考えられていたけれど、強行法規だからといって即座にその違反を無効とすべきでないものも多いため、近頃は、無効にすべきかどうかは民法90条の「公の秩序又は善良の風俗」つまり公序良俗に反するかどうかの観点から、実質的に判断しようという見解が多数を占めているわね。もっとも、従来の学説でも、強行法規違反があってもその規定が保護しようとする者が守られる範囲内でしか無効としない、と解しているわよ。

ゲーテ　それが条文に明記されているのを知っています。借地借家法9条が「この節の規定に反する特約で借地権者に不利なものは、無効とする」と、限定付きの無効を定めています。

ユミ　このような強行法規をヘンメンリッヒ強行法規と言うわね。

ゲーテ　片面的強行法規、でしょ。先生、ドイツ語を知らないのに無理しなくていいですよ。

ユミ　知ってるわよ、ドイツ語くらい。ウントキバール、オンセンハイルネン……。

ゲーテ　もう、いいです。それより、会社法も片面的強行法規といえるものはありますか？

ユミ　ほとんどが片面的と言ってもいいでしょうね。株主や会社債権者が構わないと言えば、別に無効とすることはないもの。例えば、株主平等の原則を示す会社法109条1項は強行法規の典型と言われるけれど、平等に取り扱われなくても構わないと株主が承諾しているんだったら、そのような会社の行為も有効だと考えられているわ。

ゲーテ　おや？　次の会社法109条2項では、非公開株式会社なら「株主ごとに異なる取扱いを行う旨を定款で定めることができる」となっていますね。非公開会社では、株主平等規定は任意法規だということですか～？

ユミ　そういうこと。他にも定款自治の範囲をうんと広げたので、いまや会社法は強行法規であるとは言いにくくなったわね。

ゲーテ　先生は先ほど、強行法規違反でも無効とすべきでないものも多いと言いましたが、そんなものがあるんですか？

ユミ　あるわよ。例えば、食品衛生法上の営業許可を受けない食肉業者が食肉の購入契約を結んだ場合「自分は無許可営業だったから契約無効、料金を払わなくてよい」とするのは、かえって不公平でしょ。最高裁も、行政的理由から取締りをするこのような法律は強行法規ではなく単なる取締法規だと言い切ってしまって取引を有効としたわよ（注17）。

ゲーテ　それじゃ、農薬入りの輸入冷凍ギョーザを売った場合はどうですか。これも食品衛生法違反ですよ。

ユミ　有害な食品を売ることそのものが、許せないことね。ま、そんな輸入自体「やめチャイナ」と言いたいわ。

ゲーテ　おっと、先生のくだらないダジャレに付き合っている時間がありません。新学期までには、キットカエルケン！

ユミ　……。

注17　最判昭和35年3月18日民集14巻4号483頁。

＊＊＊

日記⑧　四月×日。晴れ。

落語研究会の顧問をしている関係で、新学期は特に部員の出入りが多い。落研の部長、笑法亭冷奴さんが、今日も新入部員獲得状況を報告に来た。しばらくして、帰省していたドイツ法哲学研究会のゲーテ君が現れたが、険悪な雰囲気だ。ドイツ法哲研と落研は、犬猿の仲だそうだ。

ゲーテ　先生、グーテンターク。わっ、誰かと思ったら、落研の部室でいつも馬鹿笑いしている冷奴ねえさんだ。高尚な質問なのに困ったなぁ。

冷奴　あら、ドイツかぶれのゲーテね。

ユミ　部室が隣同士なのに仲良くできないの？　どちらの部屋も、コウザを設けて勉強会をしているのは同じでしょ？

冷奴　うまい！「高座」と「講座」をかけたんですね。落語通だけに、センス（扇子）あり！

ゲーテ　先生、この場をマルクおさめようと安易な冗談をユーロはやめてください。

冷奴　案外、負けん気の強いヤツね。質問があるなら早くしなさいよ。私が答えてやるから。

ゲーテ　前回、先生は、民法91条の強行法規のところで、取締法規は強行法規ではないとした判決のことを話していましたよね。

ユミ　あぁ、食品衛生法上の許可を受けない食肉業者が食肉を仕入れておきなが

3つの法規と2つの規定

取締法規
法律の規定に違反する行為に対し、制裁として刑罰あるいは行政罰を課するもの

強行法規
法律の規定に違反する行為を無効にするもの

任意法規
法律の規定と反する契約をした場合、契約が優先され、法律の規定は適用されないもの

訓示規定
取締法規違反であっても私法上の効力が認められるもの（もっぱら裁判所や行政庁に対する命令の性質）

効力規定
取締法規違反によって私法上の効力が認められないもの

ら、あとで無許可を理由にその売買契約は無効だと主張し、代金の支払いを拒んだ最高裁昭和三五年判決の事案ね。

取締法規違反でも私法上の効力が認められる「訓示規定」

ゲーテ　取締法規って、行政上の目的を達成するという公の秩序に関する法律でしょう？　そうすると、それは当然、民法91条の強行法規になるのではないですか？　その疑問で先月以来、僕の心はシュトルム・ウント・ドラング、つまり一八世紀ドイツ文学の潮流「疾風《しっぷう》怒涛《どとう》」のようでしたよ。

冷奴　こっちのイライラが怒涛のように高まってくるわ。

ユミ　取締法規は、違反すると刑罰や行

政罰が用意されているから、確かに公の秩序に関する法律のように思えるけど、公法的な制裁と私法的な効力の有無とは別問題とされてきたのよ。

冷奴　そういえば、道路運送法上の免許を受けずにタクシー営業を行ういわゆる白タクでも、運送契約は有効だから客は料金を支払わなければならないと、民法の授業で習ったことがあるわ。

ゲーテ　うーむ。取締法規といっても厳しくないんですね。「取締」と名の付くものは、法律でも会社経営者でも役に立ちませんね。ハハハ……。

ユミ　私法上の効力と無関係の、このような単なる取締法規を、訓示規定と呼ぶわね。

冷奴　先生、ととのいました！　訓示規定と掛けて風呂屋と解く。

ユミ　その心は？

冷奴　ゆー（言う）だけ！

ゲーテ　冷奴ねえさん、じっくり考えているのに、邪魔しないでくださいよ！　そんな謎掛けごっこを勉強に持ち込むのは「クンジ手」ですよ。

冷奴　「禁じ手」でしょ。はは～ん、そのダジャレをじっくり考えていたのね。ところで先生、取締法規違反によって私法上の効力が否定された判例があったような気がするんだけど……。

取締法規違反で私法上の効力が認められない「効力規定」

ユミ　あるわよ。さっきの無許可の食肉業者や白タクの結んだ契約が有効なのに対して、弁護士法（72条）に違反して非弁護士が結んだ委任契約は無効とされたわね（注18）。ほかにも、食品衛生法で禁止されている有毒物質の混じったアラレの売買契約は無効とされたものがあるわ（注19）。このような取締法規を「効力規定」と言うわよ。

ゲーテ　何が効力規定で何が単なる訓示規定なんですか？　どこで区別するのかわからないなあ。

ユミ　区別のポイントは、要するに私法的効力まで否定するほど公益性が強いかどうかということね。近頃では、消費者保護や市場の秩序維持の強い要請などから、公法上と私法上の効力を区別すべきでないとする学説も有力よ。結局、前回話したように、民法90条の公序良俗に違反するかどうかの観点から、実質的に判断しようとの見解に行き着くわね。

冷奴　そういえば、さっきの弁護士法違反事件もアラレ事件も、裁判所は民法90条違反により無効であるとしています。

ユミ　そう。当該取締法規が効力規定だから契約無効、というのではなく、端的に公序良俗に反するから無効と言ってしまう方が、わかりやすいものね。

ゲーテ　そうすると、効力規定である取締法規は、たいてい民法90条、91条両方の問題となりそうですね。

ユミ　そうね。でも、民法90条が特に威力を発揮するのは、法律自体がそもそも存在しない場合ね。例えば、反倫理行為や、法律が後手に回りがちな暴利行為・人権侵害行為などよ。

冷奴　法律がなくても時代を先取りして無効判決を出す。一般条項である民法90条が伝家の宝刀と呼ばれる所以《ゆえん》ですね。

注18　最判昭和38年6月13日民集17巻5号744頁。
注19　最判昭和39年1月23日民集18巻1号37頁。

ユミ　民法90条関係の判例は、その時代、時代の社会通念がわかって面白いわよ。

冷奴　不倫関係に基づく契約は無効とされてきたのに、昭和六一年に「七年間、半同棲関係にあった女性に遺産の三分の一をまとめて贈るとの遺言は、公序良俗に反しない」とした判決が出ていますね（注20）。

ユミ　そう。当時は物議を醸した判例だけど、裁判所は、遺言者に専ら生計を頼っていた女性側の実情と、生活を脅かされる心配のない相続人らの経済状態を具体的に勘案したわけね。

冷奴　ということは、大金持ちの男に七年以上頼りきった状態で遺言を書いてもらうと勝てるのね。他の女子部員たちにも教えてあげようっと。イ〜ヒッヒッヒ。

ゲーテ　ファウストにささやく悪魔メフィストにそっくりだな。

ユミ　この判例のように、反倫理行為＝無効と簡単に片付けず、実情を具体的に見ることは大切よ。君も落研だからと嫌わず、仲良く交流してみたらどう？

冷奴　そうよ。今日は大学のカフェテリアも営業していることだし、サークルのことは忘れて和やかにおしゃべりしようよ。何でもおごってあげるわよ。

ゲーテ　うむ……。それじゃ、ケーゼ・クーヘンをいただきます。

冷奴　チーズ・ケーキと言えばいいでしょ！

注20　最判昭和61年11月20日民集40巻7号1167頁。

Ⅳ 人にやらせて結果はイタダキ！ ～便利な代理制度～

代理制度の仕組み

ユミ先生のワンポイントレッスン

会社のような法人が取引を行う場合、法人は観念的な存在なので現実には法人に代わって契約の意思表示をする人間の存在が必要です。株式会社では代表取締役がそれにあたります。自然人の場合でも、「遠隔地で取引をしたいがそこに行く時間やお金がない」、「自分より有能な専門家に代わってほしい」などのニーズがあります。そこで民法は本人に代わって他人が法律行為を行い、その効果を本人に帰属させる、**代理**の制度を設けました。**代表**も代理と実質は同じなので、民法の代理の規定に従います。代理の重要なポイントは、本人のためにすることを示す**顕名**、そして代理人が**代理権**を持つことです。ただし、日記③や次の⑨でも説明されているように、商行為の代理の場合には、民法の特別法である商法の規定が適用され、顕名は原則として必要ありません（商504条）。

代理権は通常、委任契約や請負契約などの契約によって本人から与えられるものですが、未成年者や成年被後見人など制限無能力者をサポートするために、法が親権者や成年後見人に代理権を与えることもあります。前者を**任意代理**、後者を**法定代理**と呼びます。

なお、会社の代表取締役は、民法上の代理権授与の根拠となる任用契約に加え、さらに会社法上の手続き（株主総会での取締役選任決議、取締役会での代表取締役選定決議）が必要な点で、その代理（代表）権の根拠は重層的・複雑です。

新人君　先生、大教室の授業はさっぱりわからないので、質問に来ました！

ユミ　おっ、わからないと言う割には元気がいいじゃない。よくこの研究室がわかったわね。

新人君　ユミ先生の部屋は先生同様、キラキラ輝いていますから、キャンパスの端からでも見つけられますよ。

ユミ　おお、正直者の君はきっと落研の

日記⑨　一一月×日。曇り。

見かけない学生が研究室にやって来た。聞けば、法学部生ではなく経済学部の一年生で、私が顧問をしている落語研究会の新人部員のようだが、初めて見る顔だ。「企業法入門」の講義が理解できずに、困って訪ねて来たらしい。

メンバーね。で、何の質問なの？

新人君　「代理」って何ですか。

ユミ　やぶから棒ね。雛《ひな》祭りの時に飾る、男の人形のことじゃない。

新人君　それは内裏《だいり》様でしょ。落研の練習会じゃありません。法律の質問です。

ユミ　落研の学生でも勉強するのね。

新人君　失礼な。先生、前の企業法入門の授業で、代表取締役を説明する際、「代表は代理と違うけど同じね」と意味不明のことを言って、オチがあるのかと待っていたら、講義が終わったでしょ。

「代理」と「代表」は本人との距離が微妙に異なる

ユミ　そうか。君は法学部生じゃないから、「代理」を習う民法総則の授業を受けてないのね。代理とは、ある人がある人のためにすることを示して相手方に意思表示することよ（民99条）。取引社会では、自分で契約などをするよりも専門家や取引相手に近い場所にいる人に頼んで、代わりにやってもらう方が便利でしょ。法人もそうね。その行為を「代理行為」、代わりにしっかりやってくれと頼むことを「代理権の授与」と呼ぶわ。

新人君　未成年の子の親も、子の代わりに法律行為をしますよね。子は親に「しっかりやってくれ」とは言いませんけど。いや、落語の「真田小僧」なら言いそうだな……。

ユミ　親権は、法律上代理権が当然に発生する「法定代理」よ。それに対して一般の場合は「任意代理」と呼ばれるわ。

新人君　で、法人の場合はなぜ代理ではなく、代表と言うのですか。

ユミ　代理の場合、代理人は自然人である本人とは別個独立の地位に立って、本人のために行為をしてあげるの。代理人の行為はあくまでも代理人の行為、ただ、その効果だけは、代理権を根拠に本人に帰属させるわけ。ビジネスの世界でも、別個の営業主体が本人に代わって取引をする「代理商」（会16条以下、商27条以下）があるわ。損害保険の代理店などがそうね。商品の扱い方によっては旅行代理店や生保代理店も同じよ。それに対して法人の代表は、法人と別個独立の地位にあるとは言いにくいわね。

新人君　あ、そうか。法人の代表は「機関」とも言いましたよね。自然人でない法人を実際に動かす役割を持つのが機関、その機関である代表の行為が法人自身の行為と評価される。代理と代表とでは、「距離」がビミョーに違いますね。

ユミ　そういうこと。だけど効果は同じなので、実質は同じよ。民法の条文も、代理というべきところを代表と言ったりして結構いい加減よ（民824、859条など）。

代理行為は、誰の代理か明らかにしなければならない

新人君　それで、代理行為はどのようにして行うのですか。代理人が普通に意思表示をすれば、相手は代理人を取引の相手だと間違えてしまいますよね。

ユミ　まずは相手方に誤解を与えないよう、「顕名」つまり本人のためにする旨を、あらかじめ明らかにすることが大切ね。民法99条1項に「本人のためにすること

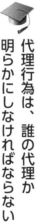

代理の「三角関係」

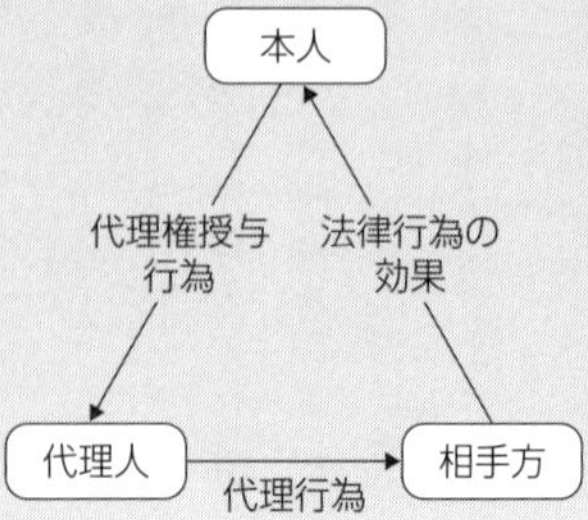

民法　第1編　総則
第5章　法律行為
（代理行為の要件及び効果）
第99条　代理人がその権限内において本人のためにすることを示してした意思表示は、本人に対して直接にその効力を生ずる。
2　前項の規定は、第三者が代理人に対してした意思表示について準用する。

を示して」とあるのはそのことよ。

新人君　もし代理人が顕名を、うっかり忘れた場合の効果はどうなりますか。

ユミ　代理人に効果が帰属してしまうわ（民100条本文）。相手はそのつもりだったんだから。

新人君　だから契約書には「A代理人甲野太郎」とか「A株式会社代表取締役甲野太郎」と、顕名の部分にしっかり注意して明記しなければならないと言われるんですね。

ユミ　そう、それを「一生ケンメイ」と言います。

新人君　うひゃ～、教室だけかと思ったら、どこでも所構わず、ですね。

ユミ　臭いモノのように言わないで。

新人君　でも、代理だと相手方が知っているのなら、本人との間で契約が成立したと認めても別に良いでしょう。さっきの保険の代理店だと、客は当然、△×損保が相手だとわかっていますよ。

ユミ　そうね。顕名がなくても、相手方が知っていたか、知ることができたときは、例外的に代理行為が成立するわ（民100条但書）。さらに代理店などでは本人すなわち保険会社の存在を知って当然に取引されていることが普通なので、原則として顕名は不要、つまり、原則と例外は逆転しているのよ。商行為の代理に関する特則ね（商504条）。

代表権を授与する際には委任契約を結ぶことが多い

新人君　ところで、代理人はどうやって代理権を授与されるのですか。会社の代表取締役の場合だと、株主総会で選任された取締役の中から取締役会で代表取締役が選ばれる、という過程を経るので代理権の授与がわかりますが、一般の場合「しっかり頼むよ」と言われても、それが代理権の授与なのか、単にハッパをかけられただけなのか、わかりませんよね。

ユミ　通常、会社では代表取締役が選ばれた後、任用契約と呼ばれる委任を受けて、晴れて代表権を取得するのよ。ま、委任らしき何らかの事務処理契約があれば、何も口にしなくても代理権授与もあったと考えられているわ。これを何と言うか知ってる？

鈴木　「イニンに口なし」でしょ。先生、こんにちは。この前と同じダジャレでまったく進歩がみられませんね。

新人君　あっ！　鈴木先輩！（注21）

注21　日記⑩（75頁）に続く。

無権代理の効果

ユミ先生のワンポイントレッスン

代理権がないのに、代理人と称する者に代理行為がされてしまうことを**無権代理**と言います。無権代理が行われても、それは代理権のない者が勝手にやったことなので、無効であり、その効果を本人に帰属させるわけにはいきません。しかし、取引の相手方は契約の有効な成立を期待していたでしょうから、そのことも考慮してあげなくてはなりません。

保護の方法の一つは、本人に対し効果の帰属を求めていくやり方です。つまり、本人に対し、事後的な**追認**（民113条1項）を求めるか、本人が**追認拒絶**（同条2項）するようなら、日記⑪に出てくる**表見代理**の成立を主張します。本人が追認も追認拒絶もしない間、相手方は不安定な状態に陥るので、本人に確答を求める**催告権**（同114条）、本人が追認しない間の**取消権**（同115条）が与えられます。

もう一つの方法は、直接の契約の相手であった無権代理人に対する責任追及です。日記⑩の中で説明されるように、実務的には無権代理人に責任追及する方が、立証責任が無権代理人の側にある以上（平成二九年民法改正により民117条が整備された）、相手方はラクですが、損害賠償を求める場合は、当然のことながら無権代理人が無資力だと意味がありませんね。

日記⑩　一一月×日。曇り。

「企業法入門」の質問に来た落研の新人君と、半年振りにやって来た卒業生の鈴木君が研究室でばったり顔を合わせた。鈴木君は、落研ＯＢで、新人君の大先輩にあたるそうだ。

新人君　鈴木先輩、お久しぶりです。

鈴木　偶然だなぁ。春の新人歓迎コンパで謎掛けの真剣勝負をして以来かな。

ユミ　へぇ、奇遇というわけね。しかも、二人とも研究室で法律の質問とは。

鈴木　わざわざこの時間に会社を抜けてきたんですよ。学生の質問に答えるために研究室を開放する時間帯、え～っと、ラッシュアワーとか言いましたっけ。

新人君　先輩、オフィスアワーですよ。そのわざとらしいボケ振り、会社で女子社員から嫌われていませんか？

鈴木　そう言われれば……。でも、嫌がる学生たちに授業中ギャグを聞かせ続ける「ギャグハラ」ほどではないよ。

ユミ　ん？　それは誰の授業？　爆笑の絶えない私の名講義とは大違いね。さて、今日は一体どうしたの。

鈴木　近頃、取引先で問題が起きたんですよ。中堅企業なんですが、そこの若社長が手形を振り出して大騒ぎなんです。

ユミ　えっ、社長なのに手形を振り出せないの？

鈴木　社長の息子なので、皆が単に「若社長」と呼んでいただけで、実は代表権のない平取締役だったんです。それで、父親である社長が怒っていて、しかも会社の資金繰りが悪いのか、無権代理の手形行為は無効だと主張して支払拒絶しているらしいんですよ。

ユミ　そりゃ、取引先として困るわね。表見代表取締役の成立はどうなの？

無権代理を本人は追認できる

鈴木　それなんです、僕が今日ここに来た理由は。皆が、その、表見代表……という言葉を使うんですが、それって民法の表見代理の会社法版ですよね？　表見代理といえば、代理権の範囲を越えて代理人として行為をした場合に、その効果を本人に帰属させてしまうことでしょ？　だけど「代表取締役の代表権は、制限のない包括的代表権だ」と法務部の先輩に言われたんですよ。範囲に制限のないはずの代表取締役に表見代理が成立すること自体、おかしいなぁと思い始めると、もうワケがわかりません。

ユミ　君はいくつかの点で勘違いをしているようね。わからなくなるのも当然よ。

新人君　無権代理に表見代理……。代理にそんな種類があるなんて、こっちも頭痛がしてきました。

鈴木　そりゃ、おダイリに。

ユミ　うまい、顧問教員から座布団一枚！

新人君　……。

ユミ　それじゃ、まずは「無権代理」から確認しましょう。無権代理とは、なされた代理行為に対応する権限がないことを言います。例えば、代理権など授与していなかった場合や、家屋の賃貸を任せていたのに売却してしまったというように、授与された代理権の範囲外の行為をするような場合ね。

鈴木　権限がないのだから、当然、効果は本人に帰属しませんね（民113条）。

新人君　でも本人がそれでいい、と言ったら？　家屋の賃貸を任せた今の例で、どうせ売れないオンボロ家屋なので貸すしかないと思っていたら、予想外に高く売ってくれた場合、本人は賃貸に限定するんじゃなかったと、かえって悔やむのではないですか？

ユミ　その場合はそんなこと言ったかどうか、家屋だけに「カオクにない」と、うそぶけばいいわね。

新人君　落研、やめようかなぁ。

鈴木　本人は相手方に、事後的に追って認める「追認」ができるよ（民113条）。つまり「その値段で売りまっせえ！」と相手方である買主に言う。

新人君　どうして急にそこだけ関西弁なんですか。

ユミ　追認がなければ、相手方は無権代理人に「本人に代わって履行せよ」と言うか、または「損害賠償を支払え」と請求することになるわね（民117条1項）。

鈴木　いや、相手方としては「表見代理」を主張して、何とか本人に効果を帰属させようとしませんか。相手はもともと、そう考えて契約したんですから。でも実際は苦しい戦いになるでしょうね。

追認の有無と無権代理人の責任

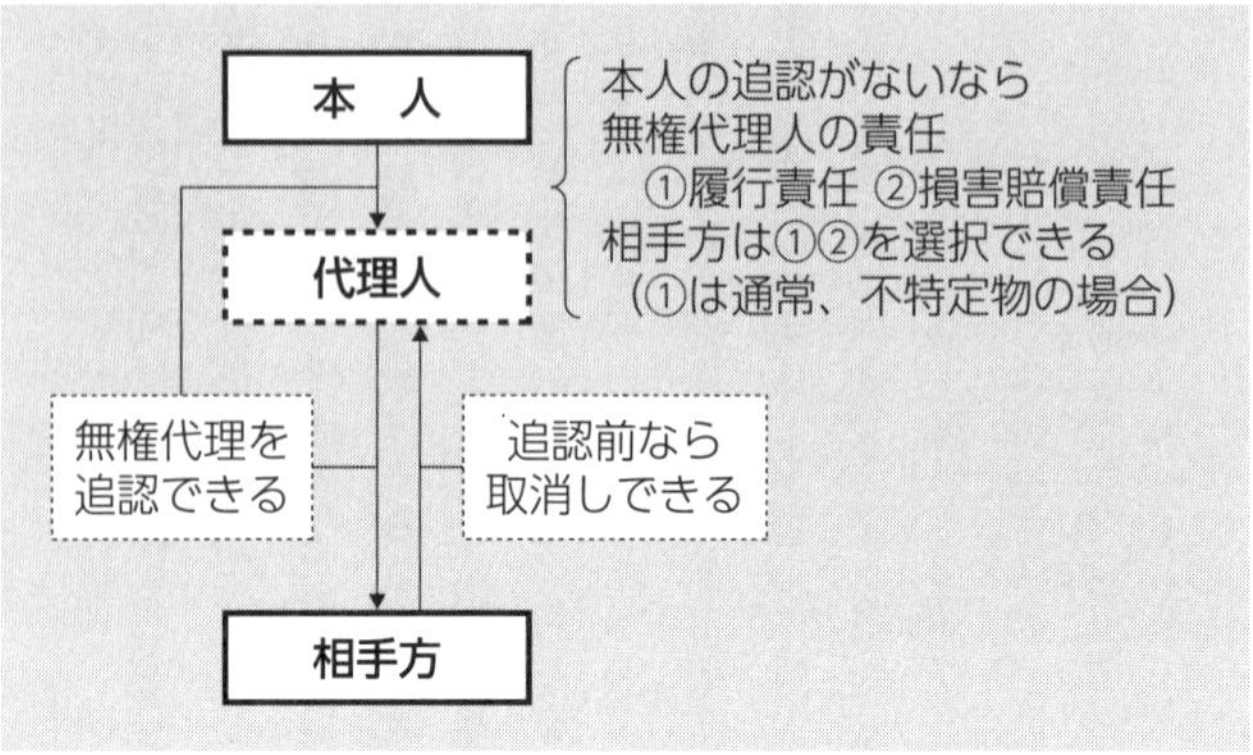

ユミ　おっ、わかっているじゃない。相手方は自己の善意・無過失に加え、本人の帰責事由までも証明しなければ表見代理が成立しないので、表見代理って、一見相手方が保護されるように見えて、実は結構苦難の道なのよね。この点、無権代理人の責任の方なら、相手方は、無権代理人が相手方の悪意または過失等を証明しない限り、追及可能なのでラクね。さらに平成二九年改正民法は、相手方に過失があった場合でも、無権代理人自身、自己に代理権のなかったことを知っていたのなら、責任ありとしたわよ（民117条2項）。

無権代理は本人が追認する前に相手方が取り消せる

新人君　今の例ではそのオンボロ家屋の値段が高いので、相手方としては「やっぱり買わない」と言えませんか。

ユミ　本人が追認する前に、相手方は取り消すことができるわよ。民法115条の相手方の取消権ね。

鈴木　ふ〜む。そうすると相手方が取り消さない限り、本人としては、無権代理人が損害賠償を支払うところを傍観するも良し、無権代理人が相手方にきちんと履行できるように、ある程度の値段を無権代理人にふっかけて「売りまひょか？」と言っても良し、初めの例のとおり予想外の高値で売ってくれたのなら「売りまっせえ！」と追認しても良し、どう転んでも本人は気楽で楽しいでしょうね。

ユミ　だから、ヒョーキン代理とも言うわね。

新人君　僕、もう帰ります。

ユミ　まあ、そう言わずに。ここで気をつけたいのは、無権代理人の責任は無過失責任ということ。本人が本当に代理権を与えていたのに、あとで第三者の強迫を理由に代理権授与を取り消したような場合、元代理人は落ち度もないのに無権代理人としての損害賠償責任を負うわ。

鈴木　代理人になるって、結構、コワいことだなぁ……。おっと、代理で思い出した。これから会社に帰って上司の代理で得意先に挨拶に行ってきます。

新人君　あっ、僕も友達の代理で、次の授業の出席票を出しに行かなくっちゃ。

ユミ　それって不正行為じゃないの。これからいよいよ表見代理の佳境に入るところなのに〜！

表見代表取締役と表見代理の関係

ユミ先生の
ワンポイントレッスン

表見代理は、取引の安全を図るため、無権代理人を代理人だと信じた相手方を保護して、本人に責任を負わせようとする制度です。責任を負わせる限りは、本人に何らかの責められるべき点がなければいけません。そこで民法が認める表見代理の基本パターンは次の三つです。つまり、

①代理権をまったく与えていないのに与えたかのように表示した場合（民109条1項。代理権授与の表示による表見代理）、②与えられた代理権の範囲を越えた場合（同110条。代理権逸脱の表見代理）、③すでに消滅した代理権に基づいて代理行為が行われた場合（同112条1項。代理権消滅後の表見代理）です。②は権限外の行為の表見代理とも言い、例えば、一〇万円までの買い物の代理権しかない代理人が一〇〇万円の買い物をする場合です。法人の代表の場合、その代理（代表）権は会社内部ではともかく、対外的には包括的なので（会349条4・5項）その行為はあくまでも正当な代理行為（有権代理）であり、横領的、背任的な場合にだけ、権限の「濫用」という形で問題となるだけです。この点で、②の代理権逸脱問題と代表取締役や支配人（会12条）とが無

関係であることを理解していない日記⑩⑪の中の鈴木君の質問はとんちんかんですね。
ちなみに平成二九年民法改正は、代理権濫用の規定を新たに設け、相手方が代理人の濫用目的を知りまたは知ることができたときに限り、無権代理行為とみなすこととしました（民107条）。

また、①と②の重畳《ちょうじょう》適用が（民109条2項）、②と③の重畳適用が（同112条2項）、新たに明文化されました。①と②の重畳適用とは、例えばAがBに家を貸す代理権を実際には与えていないのに与えたかのような表示をし、Bがその表示があるのをよいことに、Cに家を売却してしまうような場合です。②と③の重畳適用とは、AがBに家を貸す代理権を現に与えていたが、貸す必要がなくなったので代理権授与を撤回し代理権は消滅、しかしその後、BがCに家を売却してしまうような場合です。

では、会社法の表見代表取締役（会354条）や表見支配人（同13条）はどのパターンの問題でしょうか。それは、まったく何の権限も持たない者が代表取締役や支配人であるかのようにふるまう場合の規定なので、①の代理権授与の表示による表見代理の問題となります。つまり、会社法354条や13条は民法109条の特別規定（特則）ということになります。**名板貸**《ないたがし》（商14条、会9条）も同様です。

日記⑪　一月×日。時々雪。

資料整理で研究室にこもっていると、落研ＯＢの鈴木君が、会社帰りに新年の挨拶がてら訪ねて来た。大手電機メーカーで法務部員となってからは毎日、法律と格闘しているようだ。前回来たときの質問が気になるらしい。

鈴木　先生、本年もよろしくお願いします。この時期はまだ学生もいないので、校舎の中もひときわ寒く感じられますね。

ユミ　感じられるんじゃなくて、ホントに寒いのよ。冬休み中は特に、時間がくると暖房を切っちゃうんだから。近頃の大学は省エネが徹底しているのよ。このことを私の祖国、フランスでは何と言うかわかる？　早口で「ケチクセッ」と言うのよ。

鈴木　先生、研究室の空気が一段と寒くなったような気がします。

ユミ　ところで何？　もうこの時間はオフィスアワーも終わりよ。

鈴木　仕事を切り上げて急いで来たんですよ。この前、表見代理の質問が途中で終わっていたので。

ユミ　ああ、そういえば君は、表見代表取締役と「表見代理」の関係が全然わかっていなかったのよね。寒い上に、そのことを思い出して腹が立ってきたわ。

鈴木　怒らないでくださいよ。表見代理は、代理人が制限された権限を越えて代理行為をしたときのハナシのはずなのに、まったく制限されない包括代表権を持つ代表取締役に「表見」が考えられるのか、という深い質問でした。

ユミ　ちっとも深くないじゃない。むしろ浅すぎて不快。不快は深い……。

鈴木　先生、怒っていてもダジャレが出るなんて、まるで先代の林家三平のようですね。

ユミ　落語の知識だけは詳しいわね。法務部員だったらそれくらい法律にも詳しくならなきゃダメよ。

日常家事に関する責任は表見代理の基本とならない

鈴木　表見代理のところを、少しは勉強してきましたよ。ある権限を与えられた代理人が、その権限を越える行為を勝手にしてしまった場合でも「第三者が代理人の権限があると信ずべき正当な理由」があるときには、その行為は有効で、表見代理が成立するという民法110条の規定があります。初めに与えられた代理権を「基本代理権」、このような場面を「代理権逸脱」とか「権限外の行為」と呼びます。「濫用」と違って権限を越えてしまうんですね。

ユミ　そうね。濫用の場合はあくまでも権限の範囲内だから無権代理にならないわ。平成二九年民法改正で明文の規定ができたわよ。

鈴木　民法107条ですね。

ユミ　ところで、表見代理は110条だけじゃないわ。代理権の消滅後になされた代理行為についても規定があるわよ。民法112条ね。

鈴木　へぇ〜。表見代理といえば、浪費家の妻が夫の資産を勝手に売却した場合、夫婦の日常家事に関する基本代理権の範

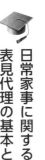

囲を越えるか、という事案、これしか頭にありませんでしたよ（注22）。

ユミ　夫婦の日常家事に関する連帯責任（民761条）が基本代理権に含まれるかが問題になった判例ね。旧民法では夫婦の代理権がはっきり定められていたんだけど、戦後（昭和二二年）なくなったので、この論点が浮上したのよね。

鈴木　しかも、仮にこの責任規定を根拠に、法定代理権が夫婦間に認められるとしても、それを表見代理の基本代理権として良いのか問題となったんですよね。

ユミ　最高裁はそれを否定して、民法110条を直接には適用しないとしたわね。夫婦の財産的独立を尊重する立場に立つからよ。

鈴木　でも、類推適用を認めて妥当な解決を図ろうとしましたよね。結婚したら僕にも関係のある重大な問題なので、真剣に判例を読みましたよ。

ユミ　確かにインパクトのある事件だけど、君の場合は、そもそも結婚できるかどうかが重大問題じゃないの？

鈴木　う、ひどい……。

ユミ　ハハハ、大丈夫よ。人間は外見より中身で勝負、見た目なんかどうでもいいのよ！

鈴木　ますます落ち込むなぁ……。

副社長を名乗らせたならば会社には責任が発生する

鈴木　あ、見た目で思い出しました。見た目は代理権が与えられたかのような表示があるけど、本当は代理権の授与などまったくなかった場合の表見代理規定、

注22　最判昭和44年12月18日民集23巻12号2476頁。

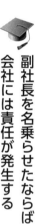

民法109条1項です。民法110条や112条1項は、現実に本人から代理権の授与行為があった場合の規定ですが、こちらは単なる授与の表示しかない場合ですよね。確固たる授与の意思があったわけでもないのにそんなことを表示することがいけない、となるわけですか。

ユミ　そう、表示をした限りはカンネンせよということね。だからこの表示を「観念の通知」と言うのよ。……どう、面白い？

鈴木　先生、法律用語をこじつけてまで笑いは要りませんよ。要するに、この授与表示は厳密に言うと、意思表示という法律行為ではないけど、それに準じる準法律行為の一つである観念の通知に分類されるということですね。

ユミ　トレビアン！　権利外観法理という表見代理の趣旨からすれば、いかにも代理権を与えたかのように見える「授権の表示」をした場合にも、本人の帰責性が認められるわけね。ところで、会社法354条の表見代表取締役は……。

鈴木　わかったぞ！　表見代表取締役制度は、代表権のまったく与えられていない授権表示の場合のハナシです。代表権のない者が代表取締役であるかのようにふるまった場合、会社が授権を表示したことに帰責性を認めるのだから、民法109条1項と同質の制度なんですね。

ユミ　そういうこと。社長、副社長の肩書を無権限者に使わせたことが、授権の表示にあたるものと考えるわけね。相手方が善意でさえあれば保護される点で、民法109条1項の保護要件より緩和されていて、取引の安全がより強く図られているのよ。もっとも判例は、重過失を悪意と同視するけれどね。

鈴木　そうか、会社法354条は、民法109条の特則なんですね。

ユミ　ビジネス取引の安全の見地から、「表見代表取締役」以外にも「名板貸し（商14条、会9条）」や「表見支配人（商24条、会13条）」の規定が民法109条の特則として昭和一三年に一斉に設けられたのよ。

鈴木　これでようやく、代表取締役に包括的代表権があろうがなかろうが、権限逸脱の問題と授権の表示に関する表見代表取締役制度とは、まったく関係がないことがわかりました。

ユミ　表見代理の三つのパターンが理解できたわね。それじゃあ次に、それぞれの重畳適用が平成二九年改正民法によって明文化されたことは知ってる？

鈴木　知ってます。民法109条2項と112条2項ですね。109条2項は、109条1項と110条が組み合わさった場合、112条2項は、112条1項と110条が組み合わさった場合です。

ユミ　そうね。これまでは二つの条文を併せて適用、つまり重畳適用することが判例ではよく見られたわね。

鈴木　それを民法改正の際に整理し、明文の規定にしたんですね。組み合わせ方はえ〜っと…

ユミ　それはまた今度勉強するとして、ひとまず今日は風邪をひかないうちに帰りましょう。今夜は珍しく演歌の特集番組があるのよ。お正月のテレビ番組では期待したほど演歌が流れなかったから、久しぶりに心が温まるわ！

鈴木　先生、フランス人じゃなかったんですか〜？

自己契約・双方代理

ユミ先生のワンポイントレッスン

自己契約とは、相手方の代理人となって自分自身と契約すること、**双方代理**とは、本人と相手方両方の代理人となって双方の間の契約をすることです。どちらも、本人と代理人の利益が相反する**利益相反行為**となり、本人の利益が害されるので禁止されます。しかし、本人の利益が害されない場合、禁止する必要はないので、形式的に自己契約・双方代理にあてはまるとしても許されると考えられています。逆に、形式的に民法108条にあてはまらなくても実質的に本人の利益を害する場合は、108条を拡張解釈するか、または類推解釈して適用（**類推適用**という）されます。このように、社会通念に合った実質的に公正な解釈を図るため民事・商事裁判では、法律の条文の文言を単に形式的に適用する**文理解釈**だけでなく、**論理解釈**つまり一定の価値観を実現するべく、条文の言葉が持つ意味よりも広くとらえる**拡大解釈**や狭くとらえる**縮小解釈**、直接あてはまる規定がない時、最も類似した事項に関する規定を解釈する**類推解釈**などが使われます。類推解釈は、罪刑法定主義を厳守する刑事法の世界で禁止されているのとは、大きく異なります。

日記⑫　八月×日。晴れ。

昼下がり、落語研究会の部長、笑法亭冷奴さん、トラ吉君、トラ蔵君の三人が研究室で、部長候補をめぐり大激論だ。どうやら、「落語派」と「漫才派」の対立が、夏休み明けに行われる次期部長選にも影響するらしい。

トラ吉　先生、来月、落研の新部長を選出するんですが、われわれ落語派の部員からの候補が決まらないんです。皆、僕が候補になるのは反対だと言うんです。

冷奴　トラ吉は「砂糖のわしづかみ」だと皆が言ってるわよ。

トラ吉　砂糖のわしづかみ？

冷奴　ツメ（爪）が甘いってこと。昨日も大学祭の会場予約に失敗したんだから！

トラ吉　う〜ん、それについては「ウサギの逆立ち」、つまり耳が痛いよ。あの交渉取引はわれながらマズかった。

ユミ　アハハ、君たち、懐かしい古典ジョークがうまいわね。

冷奴　先生、笑っていられませんよ。今は漫才派の部員が断然多いので、落語派は追いやられそうなんです。

ユミ　なるほど、落研から「落語」が「落伍《らくご》」の危機、というわけね。

「自己契約」の場では一人　「自己取引」の場では二人

トラ吉　取引で思い出しましたが、会社法に「自己取引」についての規定がありますよね（会356条1項2号、365条、595条

1項1号)。この規定はどれも2項で民法108条1項「自己契約禁止」の適用を排除しています。会社法の「自己取引」と民法の「自己契約」とは同じ意味ですか?

ユミ　違うわよ。法律用語辞典を調べてごらん。

冷奴　自己取引とは「会社の取締役が、自ら当事者として又は他人の代理人・代表者として、会社との間でする取引のこと」、これに対して自己契約は「自ら当事者となる契約について、相手方の代理人となること」と書いてあります。

トラ蔵　え? 聞いていて、誰が誰だかわからないや……。

ユミ　混乱しないよう、交通整理が必要ね。本人(A)の代理人(B)が、同時に相手方でもある場合が民法の「自己契約」、つまり同一人物が契約を行うことになるわ(次頁、図1)。

冷奴　それに対し会社法の「自己取引」では、取締役は相手方である会社の代理人を兼ねるわけではないので、同一人物が契約を行うことにはなりませんね。

トラ吉　そうか、自己契約では契約の場に存在するのは一人だけど、自己取引では通常、取締役と会社の代表者の二人が存在するわけだな。

トラ蔵　自己契約の場では一人、自己取引の場では二人。混乱を防ぐためには、きちんと図を描かないといけませんね。

ユミ　そう、それを「ジコ防止」というわ。自己と事故を掛けたの、わかる?

三人　……。

トラ吉　自己契約と並んでいる「双方代理」とは何ですか?

冷奴　それも法律用語辞典に載っている

自己契約と双方代理

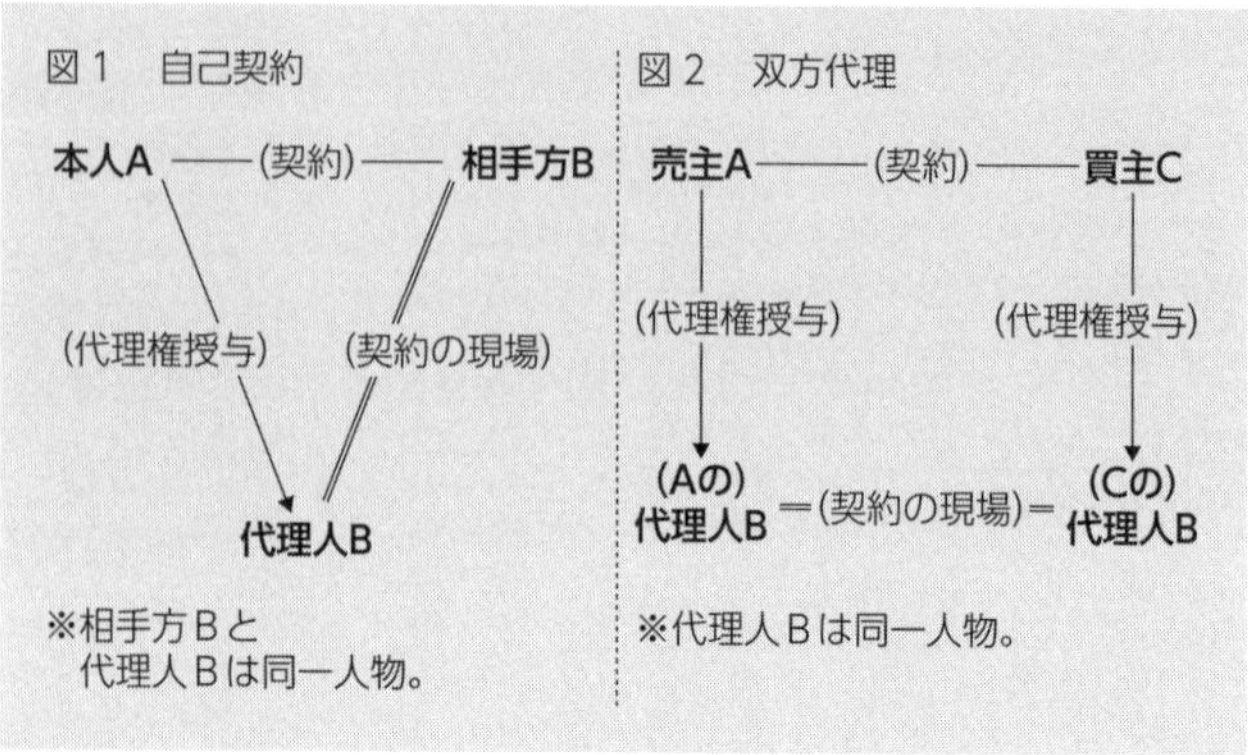

※相手方Ｂと
代理人Ｂは同一人物。

※代理人Ｂは同一人物。

わ。「一定の法律行為について本人、相手方、双方の代理人となること」よ。

ユミ　例えばAの不動産をBが代理人として売る場合、Bは買主Cの代理人にもなり、AC間の売買契約を成立させるような場合ね（図２）。

トラ吉　ここでも売買契約の場に存在するのは売主A、買主C双方の代理人であるB一人だけだな。

冷奴　この場合も、代理人が一方だけ、例えば買主Cの利益だけを考えて、代理行為が行われる危険が出てくるわ。

トラ吉　双方の代理人なのに一方を裏切り他方につくわけか……。

ユミ　ソウホウだけに、敵方に「走る」ってわけね。……ん？　反応が悪いわね。今度は「双方」と「走法」を掛けてみたのに。どう？

三人　あ、そう、ホウ〜。

ユミ　そんなに軽く流さないで。要するに、代理人が本人Aの利益を害するおそれがある点では、自己契約も双方代理もまったく同じじってことよ。

トラ吉　はじめの問題に戻りますが、会社法上の自己取引と民法上の自己契約が異なるものなら、会社法が自己取引にわざわざ「民法108条の規定は適用しない」と定めなくてもよいのではないですか？

ユミ　よく考えてみて。自己取引を行う取締役が、会社の代表取締役でもある場合があるでしょ？

冷奴　取締役が本人である会社の代表権も持つときは、まさに自己契約となりますよね。自己取引が同時に自己契約ともなる場面があるんだわ。

ユミ　そんな場合は、民法108条1項を適用して無権代理とするのではなく、会社法を適用して、株主総会や取締役会の承認があれば有効としてしまうわけね。

トラ蔵　あの〜、代表というのは代理と同じなんですか？　名前が違うのに？

ユミ　ま、実質的には同じね。強いて言えば、本人との「距離」の差かな。

三人　距離の差？

ユミ　そう、代理は自然人である本人のために、別個独立の地位から行為をするのに対し、代表は法人という手も足もない者を現実に動かす役割を持つわね（注23）。法人を内側から操縦するので「機関」とも呼ばれるわ。

冷奴　大喜利でやる「二人羽織」のようなものね。不器用なトラ吉とだけはやりたくないわ。

注23　日記⑨（69頁）参照。

民法108条2項で利益相反行為一般を規制

ユミ　自己契約や双方代理にあたらなくても実質的に利益が衝突する場合、民法108条2項が新設されたのを知ってる?

冷奴　知ってます。かつては古い判例で、借家人と家主との間で将来紛争が起きたときは借家人の代理人選任を家主に委任するよう、代理人欄白紙の委任状を家主が借家人に交付させた事件があります。民法108条にはあたらないけれどその制度趣旨を援用して無効とされましたね（注24）。

ユミ　そう。今なら新設された民法108条2項が適用されて、無権代理とみなされるわ。利益相反する場面はたくさんあるので、明文の規定を設けたのね。

トラ吉　あ、それに合わせて会社法でもさっきの自己取引の場合だけでなく、会社と取締役の間の利益相反取引全般に対しても、民法108条を適用せず会社法を適用して、株主総会や取締役会の承認があれば有効にすることを明文化しましたね（会356条1項3号、同条2項、365条、595条1項2号、同条2項）。

冷奴　ところでさっきの家主と借家人の古い判例は、利益相反行為といっても、あまりに力の格差があり過ぎるから、公序良俗違反（民90条）の構成でいくべきだったかもしれませんね。

ユミ　そうね。ちなみに、貸金業者が強制執行に服する旨の公正証書作成をあらかじめ貸金業者に委任する白紙委任状を債務者に交付させてはいけないとする法律があるわよ（注25）。

注24　大判昭和7年6月6日民集11巻1115頁。
注25　貸金業法20条1項。

トラ蔵　そうだ、落語派の部員たちに白紙委任状を出させましょう！　あとで適任者を相談して書き込むんです。

トラ吉　ふん、白紙だけに白々しいぞ、自分の名を書く気だな、トラ蔵。

トラ蔵　急にそんな白い目で僕を見るなんて、頭の中が真っ白だ〜！

冷奴　鼻白むシロウト芝居は、よしなさいってば！

ユミ　三人とも漫才派に移れば？

代理とその類似の制度

一般の取引社会では、民法に規定されている代理制度とは異なるがそれに似ているという制度がいくつもあります。例えば、代表、間接代理、使者などです。

ユミ先生の
ワンポイントレッスン

代表は、会社の代表取締役や一般法人の代表理事などですが、代表は本人からの独立性が少し違う程度で、実質的には代理と同じです（日記⑨、⑫）。

間接代理は、物品の売買を取り次ぐ問屋（商551条）がその典型例です。取次《とりつぎ》を委託された者（受託者）が、自己の名で契約を結び、法的効果も自己に帰属しますが、経済的効果は委託者に帰属する制度です。法的効果が本人に帰属しない点で代理と異なりますが、通常は、あとで受託者が得た権利を委託者に移すので、代理と同じ結果となります。なお、仲立人や媒介代理商は間接代理と似ているように見えますが、委託者と相手方とを取り持つだけの媒介・斡旋《あっせん》業なので、代理の仕組みからは遠のきます。

使者は、本人が決定した意思を相手に表示するだけ、または意思表示を相手に伝えるだけの者で、**履行補助者**とも呼ばれます。会社の従業員であり営業部長や支店長の下で取引を行う一般の営業マンなどは、通常これにあたるでしょう。

日記⑬　一一月×日。小雨。

冷たい小雨の夕暮れ、ゼミのOBで元野球部員のゴジラ君と現ゼミ長のアイ子さんが訪ねて来た。ゼミ対抗親善ソフトボール大会に、教員代表で参加してほしいと頼みに来たようだ。

ゴジラ　先生、ゼミ対抗ソフトボール大会にOBの僕が現役ゼミ生の代理でバッターボックスに立つことになりました。

アイ子　野球部の元主将が代打とあれば、わがゼミも百人力、それに今年は、ユミ先生が教員代表として始球式に出場する番ですよ。

ユミ　ええっ！　この私がマウンドから投げるの⁉

ゴジラ　先生の華麗な投球フォームが見られるなんて楽しみだなぁ。

ユミ　華麗すぎて、モーションが遅いからお断りよ。「ゆっくり投げてもシキュウ式」と言うでしょ。

アイ子　理由になっていませんよ。

ゴジラ　先生、ひょっとして実は、運動オンチなのでは……？

ユミ　ギクッ。

「代理」と「代理商」は違う

アイ子　代理で思い出したけど、ゴジラ先輩の勤め先は生命保険会社でしたね。この間、海外旅行の前に保険代理店に行ったんですが、あれは会社法16条カッコ書きの「代理商」のこと？

ゴジラ　そう、旅行前に入る傷害保険は生命保険でなく損害保険だけど、損害保険の代理店は「代理商」の典型と言われる。会社の代理人として顧客と契約を結ぶので「締約代理商」と呼ばれるね。

ユミ　それに対し、取引成立のための仲介、斡旋、勧誘等の事実行為を行う場合は「媒介代理商」と言うわ。生命保険の代理人は普通、こちらね。

アイ子　会社のために代理行為をする者をわざわざ代理商と呼ばなくても、代理人と呼べば良いのでは？　民法（民99～118条）にちゃんと「代理」の規定があるんだから。

ユミ　裏を返せば、会社法上の代理商と民法の代理人がどう違うのか、という質問になるわね。会社法16条をよく見て。

アイ子　「会社のためにその平常の事業の部類に属する取引の代理又は媒介をする者で、その会社の使用人でないものをいう」。ふ～む、ということは、いつもどおり行っているビジネスってことね。

ゴジラ　継続する事業に関わる継続的な関係が会社との間に想定されるね。

ユミ　会社ではなく商人の方の代理人の場合は、商法に同じく「代理商」（商27条カッコ書き）の規定があるわよ。

ゴジラ　会社の代理商については会社法

16～20条が、商人の代理商については商法27～31条がパラレルに定められていますね。

アイ子　要するに、民法上の「代理人」は一回限りの代理行為を、会社法や商法上の代理商は継続的な商売上の関係を念頭に置いた規定、ということですね。

ユミ　代理商は、商《あきない》だけに、飽きない長～いお付き合い。つまり商人《あきんど》の教えね。

アイ子　古臭いダジャレはいいから、代理商の説明をしてください。

ゴジラ　ほんまに言い得て妙でおますなぁ……。

アイ子　なんでゴジラ先輩まで大阪商人みたいになるんですか。

ユミ　それじゃ、アイ子ちゃん、問題よ。ビジネスで他人のために法律行為をするけれど、代理商でないものは、何？

アイ子　えっ？　他人のために法律行為を行うのなら、代理では？

ゴジラ　先生、「他人のために」とは、「他人の計算で」ということですね。

ユミ　そう、他人の計算だけれど「行為者自身の名をもって」法律行為を行うの。

アイ子　あ、それは「取次」です。「自己の名をもって他人のために法律行為をなすことを引き受ける行為」です。

ユミ　ご名答！　よく覚えてるじゃない。

アイ子　エヘヘ。取次だけに息継ぎせずに暗唱できます。意味はわからないけど。

ユミ　ガクッ。

取次を間接代理とも言う

ゴジラ　取次業者の代表例としては、運送取扱人がありますよね（商559条）。

ユミ　そうね。運送取扱人（A）は、顧客（C）から取次の委託を受けると、A自身の名で運送人（B）と運送契約を結ぶの。

アイ子　う〜ん、ピンと来ません。

ゴジラ　アイ子ちゃん、ソフトボール大会の会場となる球場が少し遠いので、用具をコンビニに持ち込んで宅配便にしようと、さっき言ってたじゃないか。

アイ子　あ、そうか。コンビニが物品運送の取次店、つまり運送取扱人（A）ね。

顧客（C）の私の委託を受けて、Aは宅配業者（B）と、用具を運ぶよう、物品運送契約を結ぶわけね（図1）。

ユミ　球場ってすぐそこじゃない。

ゴジラ　運送契約の当事者はコンビニと宅配業者だけれど、運送代やその利益はアイ子ちゃんに帰属、そしてコンビニはアイ子ちゃんから取次手数料をもらうってわけさ。

アイ子　ふ〜む。代理だと経済的効果は言うに及ばず、Bとの間の法律効果も直接Cに帰属するけど（図2）、取次の場合は、法律効果は取次業者Aに帰属するってことね。

ユミ　アイ子ちゃん、私の車を使えばAもBも不要じゃない？　運送代と手数料、安くしておくわ！

アイ子　……。

ゴジラ　先生、一般の取次の場合、取次業者Aが法律上取得した権利は通常Cに移転させたり、あらかじめ移転すると約束しておいたりするので、結果的に代理とほとんど同じことになりますよね。

ユミ　そうね。取次のことを「間接代理」

とも呼ぶのは、そういう事情からよ。証券会社が典型例として挙げられるわ。

ゴジラ　エッ？　証券会社は「問屋《といや》」（商551条）の典型例と習った記憶があります。

ユミ　取次業の中でも、特に物品の販売・購入を取り次ぐ業者を問屋と呼ぶのよ。証券会社は金融商品等の売買の取次を顧客から委託されるでしょ。「委託売買」と呼ぶこともあるわ。

アイ子　問屋といえば、私は証券会社よりも食料などを仕入れて卸す問屋《とんや》を想像するけど……。

ユミ　青果物に限れば、そう言えなくもないかな。

アイ子　そうだ、知人の雑貨問屋で、始球式の先生のコスチュームを探してきます。盛り上がること間違いなしね。

ユミ　あら、本降りになってきた。寒く

取次と代理

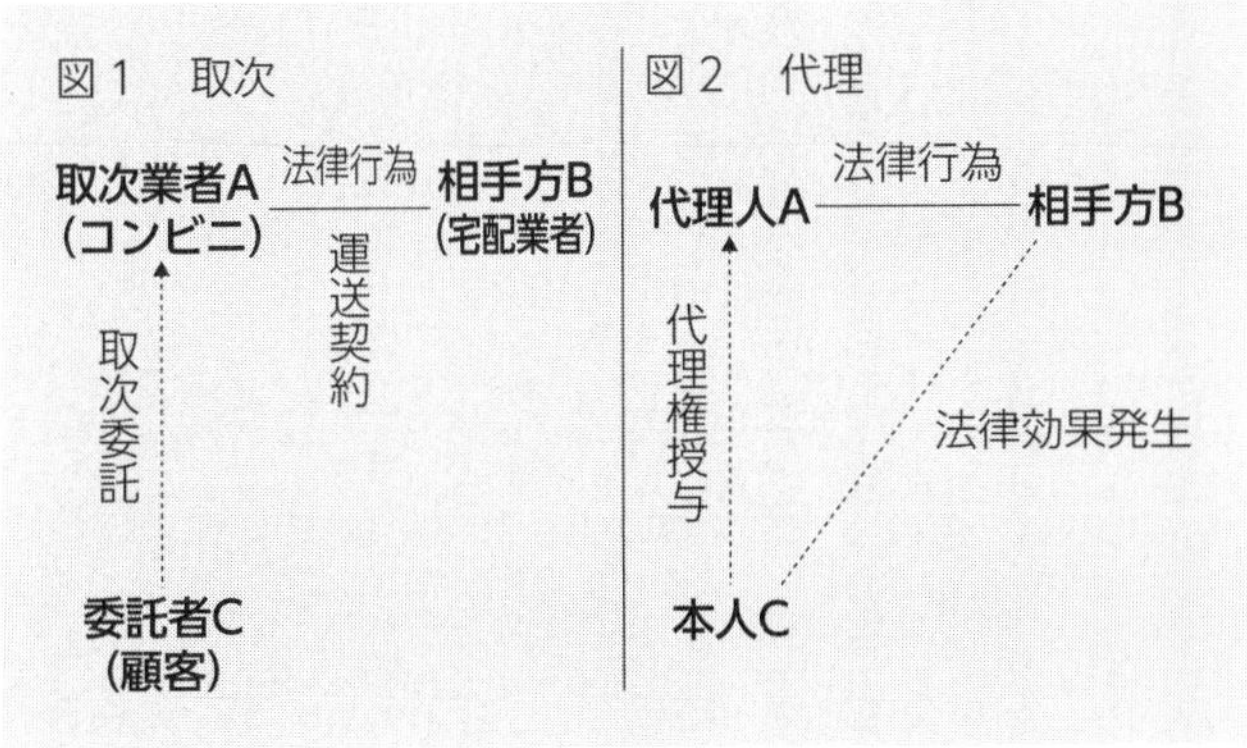

なりそうだし、お先に失礼！

二人　先生、逃げようだなんて、そうは問屋が卸しませんよ～！

＊＊＊

日記⑭　一二月×日。晴れ。

ゼミOBの生命保険会社に勤めるゴジラ君が、再び訪ねてきた。ちょうどそこへゼミ長のアイ子さんが現れ、三月の卒業式を前に、衣装や卒業旅行の準備の話題から、前回の話の続きとなった。

アイ子　先生、卒業式で着る衣装や卒業旅行のことで、ゼミの女子学生全員、悩んでばかりいます。

ゴジラ　もうそんな時期かい？　卒業式とは懐かしいなぁ……。

ユミ　衣装のことなら私のファッション・センスをマネれば間違いなしよ。今日はそのアドバイスを受けに来たのね。

アイ子　絶対に違います。前回、問屋のことを習いましたが、最近、振袖《そで》や袴《はかま》を激安で販売している呉服の卸売問屋が結構あると知ったんです。商法上の問屋《といや》って「取次業」の一種のはずですが、呉服問屋の激安販売は取次の一環ですか？

ゴジラ　取次は「自己の名で、しかし他人の計算で、法律行為をなすことを引き受ける行為」、そして問屋は、その中でも売買行為を引き受ける業者でしたよね。

ユミ　青果物を扱う卸売業者などは、「他人の計算で」売買を行うという商法上の問屋の面が残っているわ（卸売市場法30

条）。でも、一般に「とんや」と呼ばれるところは、自己の名・自己の計算で売買を行うから、商法上の問屋ではないわね。

アイ子　えっ「とんやは問屋でない」!?　頭の中がパニックだわ！

ユミ　それを、「とんやわんやの状態」と言うわね。

アイ子　……。

代理店も法律的にはそれぞれ異なる

ゴジラ　問屋のうち、物品の売買以外の行為を取り次ぐ者を「準問屋」といいますよね（商558条）。

ユミ　そうね。例えば、広告代理店がクライアントつまり広告主から委託を受け、広告主の計算でテレビや雑誌などのメディア会社と契約を結ぶ場合ね。

アイ子　えっ？　広告代理店は代理と呼ぶのに（準）問屋!?

ユミ　あなたが卒業旅行のパンフをもらってきた旅行代理店の多くは、問屋でなく「仲立人」（商502条11号、543条）よ。

ゴジラ　さらに、生保代理店や海上保険を扱う損保代理店の多くは「媒介代理商」（会16条、保険業法2条21項）ですね。それに平成八年の保険業法改正後は「保険仲立人」も存在する（同2条25項）。

アイ子　ギャッ、ゴジラ先輩のダメ押しの一打が私の頭を直撃！

ユミ　ウフフ、ダイリーガーと同じ異名を持つだけあって、ゴジラ君は代理に強いわね。

ゴジラ　アイ子ちゃん、一概に代理店と言っても、それが法律上何なのかは実質を見ないとわからないんだよ。

アイ子　それじゃ、旅行代理店が「仲立人」ってどういうこと？

ゴジラ　「仲立人」とは、他人同士の法律行為を媒介する業者のことだよ。顧客の君とホテル、航空、旅行会社などとの間で契約が成立するよう尽力するんだ（図1）。

アイ子　ということは、単に旅行関係の会社と客を引き合わせるだけ？

ユミ　そうね、世間一般にブローカーとか周旋屋、紹介業と呼ばれるものはみんな仲立人よ。

アイ子　それじゃ、大学前の賃貸アパート斡旋の店も？　結婚紹介業も？　そうすると、卒業生同士にやたら結婚を勧める先生は「仲立人」ですね。

ユミ　非商人間の斡旋なら「民事仲立人」と呼ばれて商法は適用されないわ。もっともビジネスとして斡旋する者は「商人」なので商法が適用されるけど（商502条11号、4条1項、1条1項）。学生思いの私の行為は無償の慈善活動よ。ところでゴジラ君、素敵な女性がいるわよ～♪

ゴジラ　先生の行為はどれも利益目当てのビジネスに思えるけどなあ。

アイ子　あら？　さっき出た「媒介代理商」は、確か前回習った「代理商」の中で特に、取引成立の為の仲介・斡旋を行う業者だったと思うけど、これって「仲立人」とどう違うのかしら？

ゴジラ　ホントだ。どちらも他人同士の橋渡しをする点では変わりないぞ(図2)。

ユミ　代理商の規定（会16条、商27条）を思い出して。「代理商は本人である特

仲立人と媒介代理商

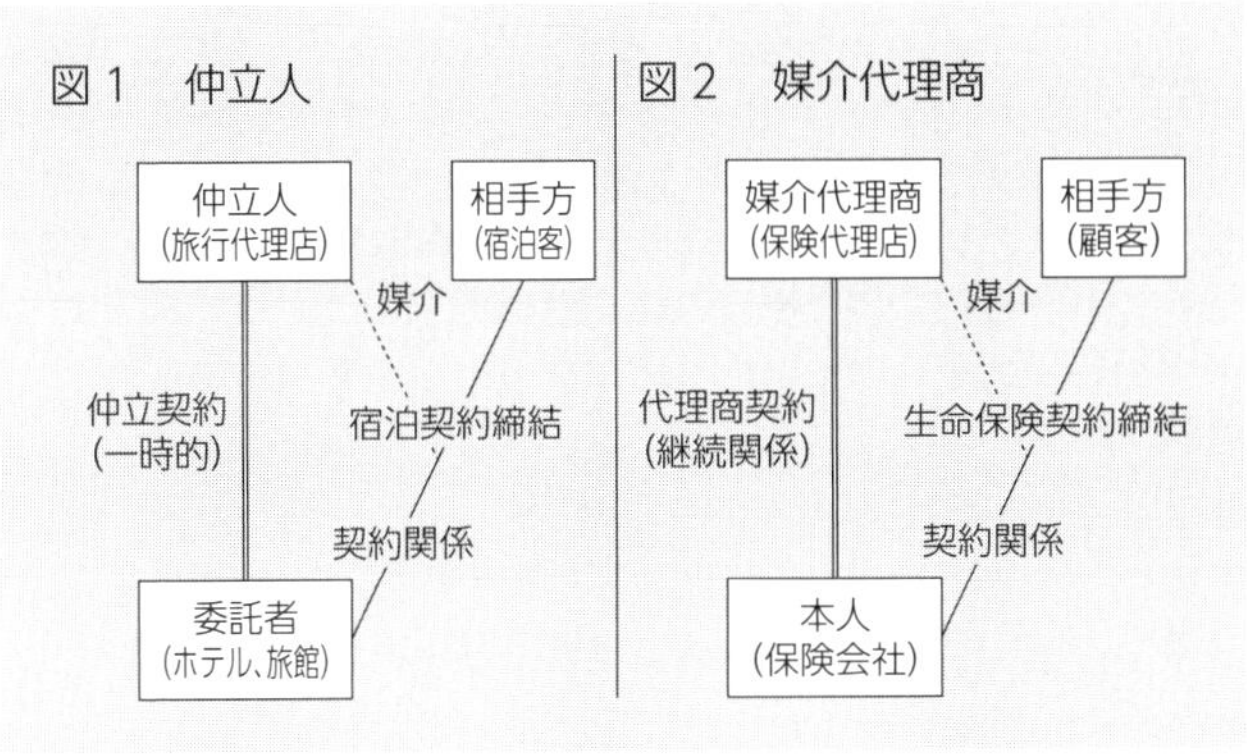

定の会社や商人のために、継続して代理行為をする関係」と習ったはずよ。

ゴジラ　あ、そうか。代理商は商いというだけに、特定の本人との飽きない長い付き合いが大切、それに対して、仲立人は不特定多数の者のために一時的に媒介行為を行うのですね。

ユミ　そう。だから代理商は本人に対してだけ義務を負うけれど、仲立人は媒介する双方に義務を負うわ（商546、547条）。

ゴジラ　それにしても、「媒介代理商」って媒介をするだけでしょ。「締約代理商」のように本人のために代理行為をするわけじゃないのに、代理の用語を使うのはヘンだなあ。

ユミ　そうね。その意味ではあまり適切な呼び名ではないとも言われているわ。

アイ子　代理なのに代理をしない……？

またパニックだわ！

代理と代表、使者との関係

ゴジラ　代理と似た制度として、間接代理と呼ばれる問屋の他に、「代表」と「使者」がよく挙げられますね。

ユミ　そうね。「代表」は法人の「機関」として、代理よりも本人と密接な位置にあると言えるけど（注26）、代表と代理を区別する実益は今日あまりないわね。

アイ子　代理と使者の違いはわかるわ。「代理」は代理人が相手方との間で意思表示をするけど「使者」は本人が決定した意思を単に相手に伝えるだけ。ゼミの最中、先生が「ゼミ室に焼酎一ダース持ってくるよう酒屋に注文して」と私に頼んだのに、私がビールを一ダース注文した場合、法律構成が違ってきます。

ユミ　私はそんなこと頼まないわよ。

アイ子　私が代理なら、「無権代理」や「表見代理」（民109～117条）が問題となるけれど、使者なら、あたかも意思と表示に食違いがあるかのようなので「錯誤」（同95条）が問題となります。

ゴジラ　それじゃ、先生がへべれけ状態だったのをいいことに、君が五ダース頼んだ場合は？

アイ子　代理の場合、本人の行為能力は不要、使者の場合は必要だと習ったけど、へべれけの場合は……。う～ん、きっと五ダースでも一〇ダースでも、先生は喜んでくれると思うわ！

ユミ　使者だけに、理解の仕方もシシャ・ゴニュウね。

注26　日記⑨（69頁）参照。

第2章 物権

I 物権は債権より強し ～物権とは何か～

物権の構造

ユミ先生の
ワンポイントレッスン

私たちは、社会の中で他の人々と取引をしたり交流する以外に、物に関する生産活動や消費活動をしています。このような行為をスムーズに行うために、原料となる物を加工し、加工された物を利用・処分する権限が誰にあるのかはっきりしておく必要があります。このため、民法物権編は「物」の帰属関係の秩序を確立すべく、**物権**に関する規定を置いています。

物権は債権との違いを見れば、その特色がよくわかります。債権は、売主Aが買主Bに「商品の代金を支払え」と請求するように、特定の人（A）が特定の人（B）に特定の行為（代金支払い）を請求する権利です。

これに対して、物権は、人を介さずに直接に物を支配する絶対的権利です（これを物権の**排他性**、**直接性**、**対物性**、**絶対性**という）。代表は所有権です。このように、物権は物の帰属秩序を保とうとする強力な権利である以上、①その種類と内容は法律で明確に定められなければならない（日記⑮の表参照）、②物権の客体は独立した一個の物でなければならない、③一個の物には一個の所有権しか成立しない、ことが要請されます。①は**物権法定主義**、②と③はまとめて**一物一権《いちぶついっけん》主義**と呼ばれます。また物権は「その成立が後でも債権に優先する」という、債権に対する優先的効力を持っています。日記⑮では、クイズで物権と債権の優劣が問われていますが、特に所有権と賃借権の優劣については、「売買は賃貸借を破る」というローマ法の法諺《ほうげん》があるくらいです。つまり、賃貸物を売ることによってその所有者に変更があれば、賃借人は新所有者にその賃借権を対抗できず、追い出されても仕方ないのです。もっとも近代以降は、弱者である賃借人保護のため、どの国でも修正が図られました。

日記⑮　九月×日。晴れ

夏休みも終わりに近いある日の夕方、留年ばかりしている政治家志望の山田君が煎りたてのコーヒー豆を手に、訪ねて来た。政治活動資金作りにと始めた株のネット取引が、思いのほかうまくいっているようだ。

山田　ベンチャー株をこまめに売買したら、意外に儲《もう》かりましたよ。ジャスダックの銘柄なんて面白いですよ。

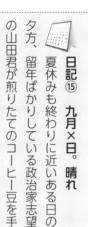

ユミ　へえ、ジャスダックのベンチャー株ねぇ。その種の株式を扱うアメリカの証券市場を、何と言うか知ってる？

山田　ナスダックでしょ。日本ではそれを真似てジャスダック、韓国つまりコリアにはコスダックというのがありますよ。では、中国にあるのは何でしょう。

ユミ　？？？

山田　北京ダック。な〜んちゃって、冗談ですよ。ワーハッハッハ！

ユミ　相当儲《もう》かってるみたいね。

山田　ところで先生、テキストにある「株式譲渡とは、債権契約の履行としてなされる準物権契約である」の意味がわからないんです。教えてください。

ユミ　原稿の締め切りがあるからダメよ。

山田　今日はね、先生の好きなモカの大粒コーヒー豆を持ってきましたよ。大粒ほど高いんだから。

ユミ　うむむ。モノに弱い私の弱点を突いてくるわね。仕方ない、じゃ、コーヒーでも飲みながら、少しだけオフィスアワーを始めるか。

山田　そう来なくっちゃ。

ユミ　物権の意味は、わかっているでしょうね。

山田　それくらいはわかりますよ。物権とは「特定の物を直接支配する権利」のことです。債権が「人に対して何かを請求する権利」であるのに対して、物権は人を介在させず、いきなり物にかかっていける権利なんですよね。

物を直接支配する「物権」は「債権」に優先する

ユミ　それじゃ、この問題に答えられるかな。他人の土地に家などを建てるために土地を使える物権「地上権」（民265条）があるけど、この地上権を持つ人と、同じ土地に債権である「賃借権」（同601条）を持つ人とでは、どっちが勝つ？

山田　当然、地上権者の勝ちです。

ユミ　お、正解よ。なぜわかったの？

山田　賃借権は貸主に貸せと言えるだけなのに、地上権は物を直接に支配できるんですよ。勝ち星は当然、地上権の側にあるに決まっているじゃないですか。中島みゆきのヒット曲にもあるでしょう？「地上の星」というのが。

ユミ　……。

山田　このことを物権の「優先的効力」といいます。

ユミ　そうね。ちなみに、同じ物権どうしが競合した場合は、先に成立したほうが勝つ。これも物権の優先的効力と呼ぶことがあるわね。では物権の代表は？

山田　馬鹿にしないでください。所有権じゃないですか！　物を完全に支配できる権利、つまり「自由に物の使用・収益・処分をする権利」（民206条）と表現されています。

ユミ　そうね。それ以外の物権は、制限された範囲で物を支配するので「制限物権」と言うわね。制限物権には、さっきの地上権のように、土地を一定目的で使用・収益する「用益物権」と、担保のために物の処分（交換）価値を支配する「担保物権」とがあるわ。

山田　用益物権には、地上権のほかに「永小作権」（民270条）や「地役権」（同280条）があり、担保物権には、「質権」（同342条）

や「抵当権」（同369条）がありますね。

ユミ　それじゃ、私が「このコーヒー豆があまりに大粒で見事なので、しばらく飾っておくだけの権利があればいい、所有権は君が持っていればいいわ」と言うことはできるかな。

山田　先生、飾るだけなんて遠慮しないでください！　僕は株の儲けでフトコロが温かいんだから。

ユミ　アハハ、「仮に」の話よ。「物権も、債権のように自由につくれるか」を尋ねているのよ。

山田　えぇっと、契約自由なんだから作れるんじゃないですか。

ユミ　答えはノーよ。「物権法定主義」といって、法律にある物権以外は認められないの（民175条）。

山田　へぇー、なぜなんですか。

ユミ　まずは歴史的な理由ね。例えば、Aが土地を自分のものだと言ったとしても、すぐに力の強いBが取り上げてしまい、その土地の所有者となってAに土地を耕す用益権だけを与える。そんなBも、もっと強いCから「外敵から土地を守ってやるからその土地の年貢を徴収する権利をよこせ」と言われる。こんな風に、同じ土地にいろんな権利が複雑に絡み合っていたわけ。

　そんな封建時代の土地制度から人々を解放しようと、近代市民革命以降、所有権以外の権利はできるだけなくして、シンプルにしようと考えられたのね。だから必要最低限の物権しか認められないの。それに実際、所有権を得たと喜んでいたら、聞いたこともない物権がゾロゾロとへばりついていたなんてことになれば、取引の安全を害するでしょ。

山田　なるほど。それじゃ株式はどうなんですか。株式とは、株主たる地位すなわち「社員権」だとよく言われるけど、これは物権法定主義に反しないのですか。それとも社員権って物権でなく、ひょっとして債権？

ユミ　鋭いところを突いてきたじゃない。結論から言うと、社員権は物権でも債権でもない、特殊な権利だと今の通説は言っているわ。かつては、社員権を否認して「利益配当請求権」という債権だと言われたり、議決権等の共益権の性質論に絡めて、いろんな説があったけど。

ま、どちらにしても、株式譲渡は純粋な物権と言えない権利を移転させるのだから、テキストには物権契約でなく「準」物権契約と書いてあるわけね。

山田　いよっ、先生、僕の質問の後半部分にようやく迫って来ましたね。もう一息ですよ。

ユミ　あとは自分で勉強しなさい！

物権の構造

（カッコ内は民法の条文）

物権	占有権（180条）			
	本権	所有権（206条）		
		制限物権	用益物権	地上権（265条）
				永小作権（270条）
				地役権（280条）
				入会権（263条、294条）
			担保物権	留置権（295条）
				先取特権（303条）
				質権（342条）
				抵当権（369条）

物権の変動

物権の変動とは、物権の発生・取得・移転、内容の変更・消滅など、物権をめぐる変化を言います。物権の取得については、所有権の取得が特に重要なので、後出の日記⑳、㉑で勉強しましょう。

日記⑯では、株式譲渡が行われる場合、物権の移転と同様に考えられていることを前提に、それでは物権はどのように移転するのかが話題になっています。

ユミ先生のワンポイントレッスン

例えば、家屋の所有権がAからBに移る際、AがBに家屋を売る（売買契約）といった、何らかの債権行為が必ずあるはずですが、債権行為さえあれば所有権移転の効果も同時に生じると考える立場を、**意思主義**と言います。日本やフランスの民法はこの立場に立っています。これに対して、ドイツ民法のように、債権行為とは別に、物の引渡しや登記など物権を移転させるための目に見える一定の行為（**物権行為**）を要すると考える立場を、**形式主義**といいます。株券発行会社の株式や手形・小切手など、有価証券の権利移転の場合、証券の引渡しが必要なので形式主義的な考えが採用されていると言ってよいでしょう。しかし、一般の物の移転の場合、形式主義に立つと不都合ではないか、いや、意思主義では物権の移転がはっきりわからないではないかと、議論が活発に行われています。先ほどの例で言うと、売買契約とは別に、AのBに対する家屋引渡し、登記移転、Bによる代金支払いなどを独自の物権行為と見て、所有権の変動がそのときに生じたと見るのです（物権行為独自性説）。しかし、意思主義からは物権の変動時期は売買契約の際、個別に特約を結べばいいのだから、大した問題でないと反論されています。

日記⑯　一〇月×日。快晴。
政治家志望の留年生、山田君がまたやって来た。今回も手にはコーヒー豆の紙袋が……。

山田　先生、少しずつ秋らしくなってきましたね。お、秋の装いですね。ユミ先生は相変わらずファッショナブルだなぁ。はい、先生の好きな煎《い》りたてコーヒー豆。今回はコロンビアですよ～。

ユミ　お世辞と買収作戦で卒業単位をゲットしようなんて、甘いわよ。ほかの科目の勉強は進んでいるの？　得意の憲法はどうなの？

山田　僕は改憲論者なので、今の憲法を認めません。

ユミ　心底、心配だわ。

山田　それより、前回の株式譲渡のところが気になって仕方ありません。相場師

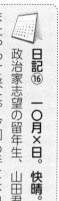

の僕としては、その法律的意味くらい、きちんと理解しておきたいんですよ。

ユミ　ん？　君は政治家志望じゃなかったの？　……ま、勉強する熱意さえあればいいけど。株式譲渡の何だったっけ。

山田　「株式譲渡は債権契約の履行としてなされる準物権契約である」の一文についてです。

　前回、通説である「社員権」論によれば、株式は物権でも債権でもないと言ってましたよね。株式を買って出資したんだから、会社の財産を皆で共有しているわけでしょう。だから、株主は会社の所有権者ではないのですか？

株主の持分は抽象的

ユミ　法律的には法人である会社が所有権者だけれど、実質的には株主が所有権者だと言われるわね。会社以外の一般的な社団の場合、構成員は分割もできないし、一人ひとりの持分もはっきり観念しにくいので、共有とは言わないわ。概念的には「総有」と呼ばれているけど。

山田　そうゆうことか……。

ユミ　言うと思った。とにかく株主の権利は「利益配当請求権」のような自益権や「議決権」などの共益権を合わせた一個の社員権と考えるのが通説で、物権のような債権のような、どちらとも違うような、摩訶不思議な権利と言えるわね。

山田　ふーむ。学生のような政治家のような相場師のような、よく考えるとタダの就職浪人のような、いろんな面を持つ妖しい魅力に満ちた僕と似ていますね。

ユミ　そんなこと言っている暇があったら、しっかり勉強して早く卒業しなさい。

山田　わかってますよ。では、株式譲渡をするには「準物権契約」を締結しなければならないってことですか。

ユミ　さっきの一文をよく読んでみてね。「債権契約の履行としてなされる」とあるわよ。

「債権」契約の成立と同時に「物権」も移転する

山田　債権契約はわかりますよ。例えば、このコロンビアコーヒーを、僕が先生に「あげましょう」と言い、先生が「ありがとう」と言えば贈与契約が成立し、先生にはコロンビアの引渡債権が、僕には引渡債務が発生するんですよね。

ユミ　そう。そしてその瞬間、所有権も私に移るのよ。

山田　えっ？　このコロンビア、僕が引き渡す前でも、所有権はそっちにコロンビア？

ユミ　所有だけに、しょーゆうこと。

……やめてよ、古いパターンの漫才をさせるのは。とにかく民法176条を見て。

山田　「物権の設定及び移転は、当事者の意思表示のみによって、その効力を生ずる」とありますね。

ユミ　そう。意思表示によって債権契約を成立させれば、物権も自動的に移ってしまうということ。これはフランス法の考え方を採用したもので、物権変動に関する「意思主義」と呼ばれているわ。これに対してドイツ法は、債権契約とは別に、代金支払いとか物の引渡しといった形式を伴う物権変動行為を別に必要とする「形式主義」をとっているの。つまり、物権変動を生じさせることを直接の内容とする物権契約（行為）を、わが国やフランスでは債権契約とセット、ドイツでは独立したものとしてとらえるわけ。

山田　へぇー。意思だけって危険だなあ。

ユミ　そうよ、法律の世界で形式の伴わない「意思」は危険ね。近頃は医療の世界でも医療過誤事件が多くて「医師、危険」ね。ついでに登山をすれば「石、キケン」……。

山田　授業でそんなことばかり言う先生のイシンも、近頃は相当危険ですよ。

ユミ　オホン。で、古い判例では意思主義が杓子定規に貫かれていたけど、今は「代金支払」や「登記」「引渡し」など、段階的に物権は移転すると考える説が有力ね。実際にも、そのように特約がつけられることが多いわ。

山田　そうですね。そう考えないと不都合でしょうからね。

ユミ　もっとも株式の場合、株券が発行されてないなら意思主義でいいけど、株券が発行されてるなら、株券の交付が株式移転の効力要件、つまりその意味では形式主義に立っていることになるわね。

山田　どうしてそうなるのですか。

ユミ　主な理由は、株式譲渡を容易にする流通保護のためね。株式という見えない権利を株券という紙の上にくっつけておくと「権利の移転あるところに株券あり」ということになり、誰が権利者かわかりやすく、譲り受けるほうも安心だからよ。手形や小切手も同じね。

山田　なるほど。……ん？　ということは逆に言えば、株券という紙を失うと、権利も失うことになり、悲惨ですね。

ユミ　そう。それを「カミも仏もない」と言います。

山田　ガクッ。

ユミ　ま、そんな心配もあって、株券発行が原則だったのが、会社法では、とうとう株券不発行が原則となったわね。

山田　そういえば、上場会社では株券は電子化されていますね。

ユミ　そうね。IT化によるペーパーレス時代を迎えて、その権利関係には会社法でなくいわゆる社債等振替法（注1）が適用されるわね。

山田　う～む。となると、やはりIT株が買い、ってことだな。先生、よ～くわかりました。ありがとうございます！

ユミ　ホントにわかったの～!?

株主の「自益権」と「共益権」

自益権
（株主の直接的な経済的利益の享受を目的とする権利）
- 剰余金の配当を受ける権利
- 残余財産の分配を受ける権利 など

共益権
（会社経営への参画を目的とする権利）
- 株主総会における議決権を行使する権利
- 株主代表訴訟を提起する権利
- 帳簿閲覧権　など

注1　社債、株式等の振替に関する法律。

公示の原則

ユミ先生のワンポイントレッスン

　意思主義をとる日本の民法では、物権の設定や移転がもっぱら当事者の意思に委ねられるので、物権関係を他の人々に広く知らしめる必要性が高くなります。そこで、物権を当事者以外の第三者にも主張し対抗するための要件を公示し、当事者の意思自治と第三者の取引安全との調和を図るシステムが採用されました。これを**対抗要件主義**と呼びます。**不動産**（土地とその定着物。民86条1項）を売買する際の不動産移転登記が、対抗要件の典型例です。なお、日記⑰の中でキララちゃんが言っていますが、株券発行会社の株式譲渡における株券交付は、譲渡の効力発生に必要な効力要件であって対抗要件ではありませんね。

　対抗要件主義は「権利の変動を外部から認識できる一定の目印を具備するものでなければならない」とする**公示の原則**と同じ意味でよく使われます。しかし、実は形式主義となじむ**効力要件主義**の立場からでも、公示の原則は矛盾しません。矛盾しないどころか、大切な原則と言うことができます。なぜなら、権利変動に何らかの形式を必要とする効力要件主義に立てば、外部に知らしめるべき公示は対抗要件主義の立場以上に必要と言えるからです。
日本の民法は、不動産譲渡だけでなく動産譲渡や債権譲渡でも意思主義をとっているので、それらについても対抗要件主義がとられています。さらに言えば、二〇〇八年（平成二〇年）以降全国で不動産登記が電子化されたのと同様、動産も債権譲渡も電子化されてきています（**動産債権譲渡特例法**。（注2））。また、**電子記録債権**という手形に代わる決済手段が登場したことも見逃せません（電子記録債権法。二〇〇七年〈平成一九年〉成立）。

日記⑰　八月×日。晴れ一時雨。
夕立ちの中、ゼミの学生で自動車部のキララちゃんが研究室に来た。同じチームメンバーでボーイフレンドのひろし君が後輩の女子部員たちにあまりに親切なので、焼きもちを焼いてケンカしてしまったようだ。

キララ　先生ぇ～ひろしったら、新入生の女子部員たちにごちそうしたり、アクセサリーのプレゼントを配ったりして、本当にマメで腹が立つわ。私には何もくれないくせに。気のせいか、女子部員たちも近頃、私に対抗しているみたい。
ユミ　ふ～む、マメだけに恋の「さやいんげんあて」も熾烈《しれつ》なのね。
キララ　先生、ダジャレはいいから、ちゃ

注2　動産及び債権の譲渡の対抗要件に関する民法の特例等に関する法律。

ん と 聞いてください！

ユミ　ひろし君は、一体、どんなところで皆にごちそうするの？

キララ　安くておいしい居酒屋です。店の情報をカーナビで検索するんです。

ユミ　へぇ〜、それは便利ね。

キララ　ひろしのやつ、ナビでみんながナビくと思っているのかしら！

ユミ　うまい！　自動車部なんかやめて、私が顧問をしている落語研究会にいらっしゃいよ〜。

「意思主義」と「形式主義」

キララ　対抗で思い出しましたが、物権譲渡、債権譲渡、両方を合わせて、よく「対抗要件が必要」と言いますよね。それって何かしらと、不思議に思います。

ユミ　一般にいう「対抗要件」とは、当事者間でなら意思表示だけで移転する権利について、当事者以外の者にそれを主張・対抗するために行う一定の手続きのことよ。

キララ　ということは、意思表示だけで権利が移転するというフランスの立法主義「意思主義」が当然の前提となっていますよね。

ユミ　よく知っているじゃない。日本では原則としてその「意思主義」を採用しているわね。「意思主義」をとると、対抗要件が必然的に要求されることとなるから「意思主義」のことを「対抗要件主義」とも呼ぶわよ。

キララ　それに対し、ドイツ民法などは、意思表示に加え、法の定める形式を備えなければ権利が移転しない「形式主義」をとると、民法の時間に習いました。

ユミ　「形式主義」は、形式の具備自体がないと権利変動の効力も発生しないと考えるの。「効力要件主義」とも呼ぶわ。

キララ　考えてみると、権利の移転が形式上はっきりとわかる「形式主義＝効力要件主義」の方が、単純明快ですね。

ユミ　そうね。だから日本でも手形や株券などの有価証券については、権利の移転が外部からも見てとれるようにと、形式主義が採用されているのよ。

キララ　そうすると、株券が発行されている会社の場合、株式の譲渡は株券の交付が効力要件だから、その譲渡を「対抗」するという言い方をしている規定（会130条2項）は、おかしいですね？

ユミ　そう。だから、ここでの「対抗」は、対抗要件主義による厳密な意味の「対抗」ではない、ということになるわ。

キララ　形式主義を前提とする株券を発行しながら、対立する意思主義が前提の「対抗」の言葉を使うなんて……。

ユミ　株〝券〟があるのに〝対極〟の用語をのんびり使うことを、その大らかさにちなんでタイキョクケンと言うわ。

キララ　先生が自動車部員なら何度も轢《ひ》かれているかも……。ところで、先ほど先生は、対抗要件として何らかの公示が必要と言いましたが、「公示の原則」というのは、その「対抗要件主義」から来る言葉なのですか？

ユミ　確かに、公示の原則は「意思主義＝対抗要件主義」の立場から好んで使われるけど、そこから導かれるものではないわ。

キララ　それじゃ「形式主義＝効力要件主義」からでも「公示の原則」という考えはなじむのですか？

ユミ　「公示の原則」は、権利の変動に外部から認識できる目印を伴わせるべきとする考え方よ。この目印を、権利移転の効力発生にまで必要と考えれば形式主義＝効力要件主義につながり、対抗要件にすぎないと考えれば意思主義＝対抗要件主義につながるわね。

キララ　そうか、「公示の原則」は「形式主義」「意思主義」の上位にある概念で、まさに高次の原則ですね。

ユミ　う〜ん、私のダジャレよりずっと格調高いわね。やっぱり自動車部やめて落研に来ない？

「電子記録債権法」の効能

キララ　先生、株券が電子化されている上場会社などの株式譲渡では、確か、譲受人の振替口座への株式数の増加記録が効力発生要件となるんですよね（社債等振替法140条）。

ユミ　そうね。会社としても無権利者の名義書換請求を心配する必要がないし、株券不発行会社はもちろん、株券発行会社での株式譲渡より確実・明快と言えるわね。

キララ　それじゃ、一般の債権譲渡も電子化されれば安心なのではないですか？

ユミ　それをもくろんだ「電子記録債権法」が平成二〇年末から施行されたわよ。

キララ　それって、動産債権譲渡特例法により債権譲渡の登記が電子ファイル上で、できるという話とは違うものですか？

ユミ　あら、よく知っているわね。でもそれは、対抗要件の話よ。企業が大量の債権譲渡をする際、その対抗要件「確定日付のある証書」（民467条2項）を作るのが面倒なので、東京法務局に電子登記できるというだけよ（注3）。

キララ　それに対して「電子記録債権法」は、電子株券のように電子上の記録が譲渡の効力発生要件まで及ぶんですね。手形の電子化と考えれば良いのですか？

ユミ　それ以上の威力があるわよ。つまり、原因関係とは切り離された電子記録上の債権が別に発生し、譲渡されるので手形のように盗難の危険がないどころか、抗弁を受ける心配がないので受け取る側は安心ね。特に、中小企業などは売掛金債権が可視化されてファイナンスに役立つと、喜んでいるわ。

キララ　手形に代わるIT時代の、輝く新システムですね。

公示の原則とは

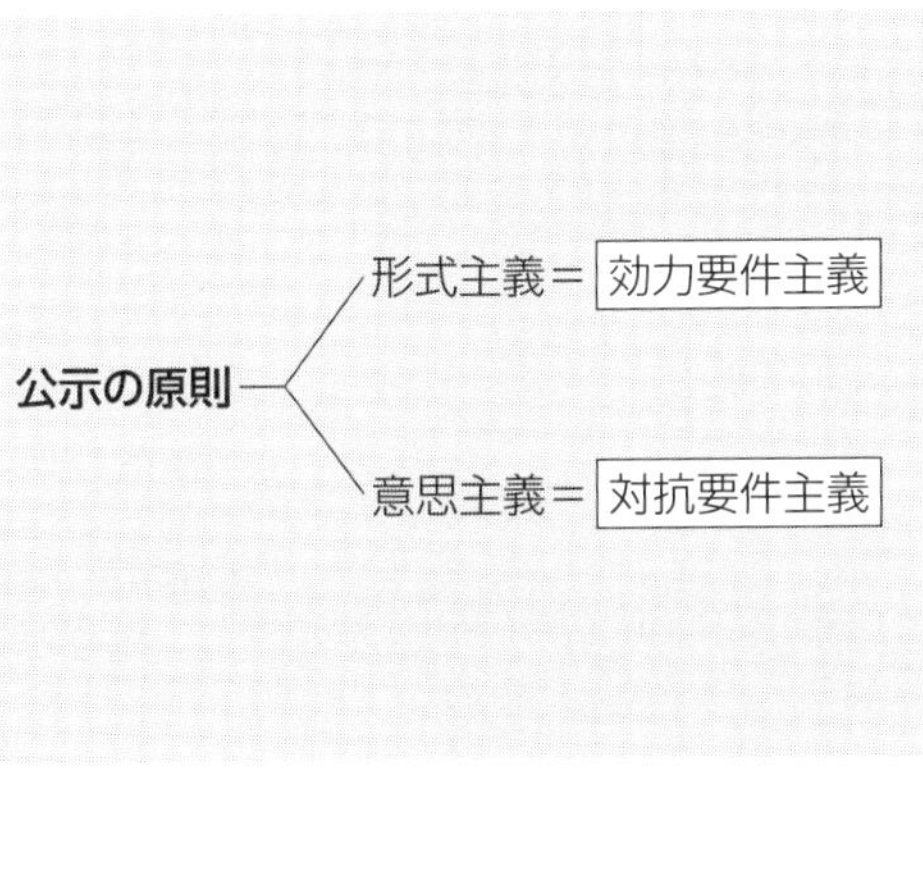

注3　第3章Ⅰの動産債権譲渡特例法に関する193頁参照。

ユミ　そう、いまや電子化される方が、現物を扱うよりずっと安心・確実ね。さらに平成二九年民法改正では、この電子記録債権も、根抵当権が担保する債権に加えられたわよ（民398条の2第3項）。

キララ　あら、ひろしからメールだわ。お詫《わ》びの文章と……高級ブランドのペンダントの写真が添付されているわ！

ユミ　アハハ、本物よりも確実な、愛の電子プレゼントね。

一般動産の対抗要件

不動産の移転の場合、対抗要件は**登記**ですが（民177条）、**動産**（不動産以外の物のこと。同86条2項）の移転の場合は**引渡し**（同178条）です。もっとも、手渡しなら外部からよくわかるのですが、移動が伴わない引渡しも含まれ、おまけに動産は取引が頻繁に行われるので、所有者でない者の占有を信じた人の保護の必要がとても大きいわけです。そこで占有という外観に対する信頼（これを**公信力**と言う）を重視し、「動産を占有する無権利者を善意・無過失で権利者と誤信して取引をし、占有を始めた人は、その動産に対する権利を取得する」**即時取得**（＝**善意取得**）の制度が定められています（同192条）。

ユミ先生のワンポイントレッスン

株券も動産として即時取得の対象となりますが、一般の動産よりも高度の流通保護の要請があるため、株券を占有する前者が無権利者であると信じたことに重過失がない限り、即時取得が認められています（会131条）。手形や小切手などの有価証券も同様です（手16条2項、77条、小切手21条）。

ただ、金銭の場合は日記⑱で説明されるように、金銭そのものが価値と一体、つまり価値そのものと考えられているので、即時取得は問題になりません。

日記⑱　九月×日。快晴。
キララちゃんが、今度はゼミ仲間で考古学研究会の部長、静香ちゃんと一緒にやって来た。大学祭のイベントの審査員を頼みに来たようだ。

キララ　先生、今年の大学祭のサークル対抗カラオケ大会で、私は自動車部代表、静香は考古学研究会の代表として出ることになりました。

ユミ　ふ〜ん、何を歌うの？

キララ　そりゃ、定番の「ゆず」ですよ。それとも「乃木坂46」で歌って踊る方がウケるかな。

静香　先生、私は、これまでの発掘の様子や収集した化石を展示する準備があるので、カラオケどころではないんです。

キララ　静香はね、ゼミでいつもライバルの私に、歌では負けそうだから出たくないんですよ。

ユミ　それなら、浅丘ルリ子の「愛の化石」にすれば？　セリフばかりで歌わなくてすむわ。とってもいいわよ〜。

静香　……そんな曲名、生まれて初めて聞きました。いったい、いつの時代のもの？

ユミ　今はカラオケリストが電子化されているから、すぐに検索できるはずよ。

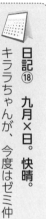

一般動産の対抗要件は「引渡し」

キララ　あ、電子化で思い出しましたが、前回習った電子化された株券の株式譲渡（社債等振替法）も、電子上で行う債権譲渡（電子記録債権法）も、譲渡の記録は譲渡の「効力発生要件」であって「対抗要件」ではないんですよね。

ユミ　そうよ。株券や手形の取引を電子上で行うわけね。盗難や紛失の危険がないし保管の費用も考えなくていいので、とても便利ね。

キララ　それじゃ、株券や手形ではなく、本やカメラのような一般の動産の譲渡はどうなるのですか？

静香　あのね、キララ。そもそも、一般の動産は不動産と同様、譲渡は意思表示だけでできるはずよ。だから、手形や株券とは違い、動産は二重譲渡の危険があると「民法入門」の授業で習ったでしょ？

キララ　あ、そうか。だから動産も不動産と同じように、対抗要件が問題となるわけね。

ユミ　動産の対抗要件は？

キララ　通常の動産は「引渡し」ですね（民178条）。自動車部の車は特定動産だから「登録」だけど。これは道路運送車両法5条で定められています。

ユミ　おお、さすが自動車部、よく知っているわね。

静香　先生、それを言うなら、発掘現場でよく見られるブルドーザーなどの機械（建設機械抵当法7条）も特定動産です。それから、南米の大がかりな考古学調査やアフリカ沖でのサルベージに使われる

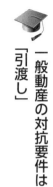

（動産に関する物権の譲渡の対抗要件）

第178条　動産に関する物権の譲渡は、その動産の引渡しがなければ、第三者に対抗することができない。

（即時取得）

第192条　取引行為によって、平穏に、かつ、公然と動産の占有を始めた者は、善意であり、かつ、過失がないときは、即時にその動産について行使する権利を取得する。

ような航空機（航空法3条の3）や船舶（商687条）も登録が対抗要件です。

キララ　負けん気が強いわね。

ユミ　それじゃ、サーキットの入場券は？

静香　入場券は商品券や乗車券などと同じで、民法86条3項の無記名債権として動産とみなされるので、「引渡し」が対抗要件です。

キララ　ブー!!　間違いよ、静香。平成二九年民法改正で、民法86条3項は削除されたわ。入場券や乗車券などは無記名証券と呼ばれ（民520条の20）、証券と権利がくっついている記名式所持人払証券（同520条の13以下）と同じ扱いになったので、引渡しは効力要件よ。

ユミ　う〜ん、キララよ、こりゃ一本取られたわい。

静香　先生、それは私のセリフです。しかもそんな古臭いリアクションは、今どきおかしいですよ。

紙幣の特殊性

キララ　紙幣ならどうですか？

ユミ　通貨としての金銭は、手形など有価証券と同じく、引渡しとともに権利も移転するけれど、他人の金銭でもかまわないから、有価証券とまったく同じとはいかないわね。

キララ　えっ？　他人の金銭と知らずに受け取った場合は、手形や一般の動産などと同じように即時取得（＝善意取得。民192条）するのではないですか？

ユミ　金銭の特殊性がわかっていないようね。それじゃ、仮にあなたからカラオケを教わった私が、たまたま静香ちゃんから預かっていた封筒に入った一万円をあなたにお礼として渡した場合、あなたがその事情を知っていたら、どうなる？

キララ　悪意なので、即時取得が成立しません。だから私は元の持ち主である静香にお金を返さなければいけません。

ユミ　そうすると、あなたの考えでは受け取ったその白い封筒に入っていた紙幣を返さなくてはならないということ？

静香　キララ、一万円なら何でもいいわよ〜。

キララ　う〜ん、即時取得と考えると妙なことになってしまうわ……。

ユミ　金銭は、一般の動産と違って、特定の所有権の考えられない交換「価値」そのものとして特殊な動産と考えられているわよ。つまり、現実の占有あるところ所有ありと解されるわけね（注4）。

キララ　う〜む、紙幣と有価証券、同じ紙片を渡すだけなのに法的意味が違うとはまったく閉口しちゃうわね。

静香　紙片に閉口、それで口の形もへイコウ・シヘン形なのね、アハハハ。

紙幣は即時取得できないか？

静香　でも先生、封筒に入った一万円に印字された番号が縁起の良い番号だったので、私がたまたま先生に見せるために預けていたとしたら、その紙幣が返されないといけないのでは？

ユミ　そうね。その場合はその紙幣自体に独自の価値があるから、一般の動産と同じようにそこに所有権が認められることになるわね。

キララ　そのお札の所有権が先生にないことを知っていた、つまり悪意の私としては、その縁起の良いお札自体を静香に返さないといけないということですね。

ユミ　そういうこと。

静香　同じお札を渡すだけなのに、その法的意味がまったく違うなんて、悩んでしまうわ。

キララ　これがホントの「悩サツ」ね。あら、先生のダジャレが移っちゃったわ。

ユミ　アハハ。悩殺と言えば、カラオケ大会でひとつ私も、ピンクレディーや山本リンダの悩殺ダンスを披露するかな。

静香　先生、カラオケより、ぜひうちの研究会の「化石」展示コーナーに出てください！

注4　最判昭和39年1月24日判時365号26頁。

物権の消滅

これまでは物権が移転する話でしたが、ここでは物権そのものがなくなってしまう、つまり物権の消滅の話です。物権が消滅する原因には目的物の消滅、放棄、消滅時効、混同があります。まず、目的物その物を廃棄処分にして消滅させることを事実的処分行為と言い、これが**消滅**の典型です。株式の消却もこの事実的処分行為ですね。ただし、処分には他人に売るという意味の法律的処分行為の意味もあり、これは消滅でなく変動に当たるので気をつけましょう。**放棄**は、地上権の放棄を示す規定だけが民法の中にありますが（民268条1項）、誰の迷惑にもならないのなら、当然、一方的に権利者は自分の物権を捨ててもよいと考えられています。**消滅時効**は、二〇年の時効、つまり権利が消滅しているかに見える状態の継続を尊重して、消滅という法律効果を与えるわけです（所有権以外の財産権。民166条2項）。**混同**は、例えば土地の地上権を持つAがその土地の所有権を所有者Bから売買によって取得するように、対立する二つの法律上の地位が同一人に帰属することを言い、一方は他方に吸収されて消滅します。つまり、Aの地上権は混同により消滅し所有権だけが残るのです。
　それ以外に、同じ物をⅡで登場する時効取得や即時取得によって原始取得すると、その反射的な効果でこれまでに存在していた他の人の所有権が消滅します。所有権は消滅しないはずですが、例外的に消滅するのはこの反射的効果のせいです。

日記⑲　五月×日。晴れ。
研究室で、落研の笑法亭冷奴さん、阪神亭トラ吉くんの二人が新入部員獲得のための戦略を練っていると、脇坂と名乗るイカした着物姿の男子学生がやって来た。

ユミ　あら、君も落研の部員？
脇坂　いいえ、そんな軽い会の部員じゃありません。実は、和服を着て古都の神社仏閣を訪ね、日本の伝統を見直すという「寺社巡《めぐ》りサークル」を数名で立ち上げたんですが、先生に顧問になってもらいたくて、頼みに来ました。
トラ吉　ふ～ん。年寄りくさいサークルだな。
ユミ　悪いけど、この時期は、授業の準備や落研の顧問で手一杯よ。
冷奴　あのね、先生は「株」や「債券」の暴落以来、虎の子がますます減ってご機嫌ナナメなの。
脇坂　そんなときこそ、神社に行かねば。「債券」だけに「神（紙）」頼みが大切で

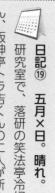

すよ。

冷奴　うまい！　あら、落研に入れば⁉

脇坂　冷奴さんこそ寺社巡りをしませんか。和服姿だと寺社や博物館などはもちろん、飲食や宿泊、タクシー代など割引や無料になる制度もたくさんありますよ。今、若者の間で全国的にキモノブームが起きているんです。

冷奴　トクをするのなら、落語会のあと行ってもいいわね～。

トラ吉　現金だなあ。

処分の用語法は人により異なる

ユミ　それより脇坂君、「民法入門」や「企業法入門」の授業はきちんと受けているの？

脇坂　はい。でも法律用語に混乱してすぐ嫌になりましたよ。民法入門では「所有権は物を自由に『処分』できる権利」、企業法入門では「会社は自社株を『処分』することがよくある」と習ったのですが、民法のテキストは、物を他人に売却することも「処分」と呼ぶと書いてあるし、会社法のテキストは自社株を売却せず社内で消滅させる場合は「処分」でなく「消却」（会178条）と呼ぶと書いてあるので、ワケがわからなくなりました。

ユミ　う～む。確かに「処分」の用語法はテキストによって、まちまちかもしれないわね。

トラ吉　一般的に「処分する」とは、毀《こわ》したり捨てたりすることですよね。

ユミ　そうね。廃棄するなど物の現状や性質を物理的に変える行為を「事実的処分行為」と呼ぶわ。これに対して、売却や質入れなど財産権の変動を生じさせる行為を「法律的処分行為」と呼ぶわね。

冷奴　「処分」とは、法律的処分行為だけを指すと思っていたわ。

ユミ　そのように記述しているテキストは多いわね。著者によっていろいろよ。

冷奴　もともと民法の「処分行為」は保存行為や利用行為といった民法103条に示される「管理行為」の範囲を超えるところに意味のある用語ではないですか？

ユミ　そうね。その点から言えば「処分行為」はどちらの意味も含むととらえた方がいいわね。それにしても、財産の消滅は法定代理権を持つ親ですらできないのに、社内の取締役（会）は自由に会社の株式を消滅つまり「消却」できるんだから、ガバナンスの点で現実には心配もあり得るわね。

トラ吉　自社株消却については監査役などが目付け役としてしっかり監視する必要がありそうですね。

脇坂　これがホントの「ジシャ」奉行だな。おっと、僕は「寺社巡りサークル」のために来たのを忘れていた。

冷奴　脇坂君、落研に来て！　トラ吉をトレードするから。

トラ吉　なんで僕が寺や神社を回らなくちゃならないんですか！

ユミ　ちなみに、自社株というのは会社法上の正しい用語で言うと「自己株式」のことね。

冷奴　民法のテキストを見ると、財産を廃棄することは一般に「物権の消滅」の事項の中の「目的物の消滅」や「放棄」として分類されていますね（図参照）。

ユミ　株式は物権でも債権でもない権利だけど（注5）、自己株式の消却も物権の消滅と同様に考えることはできるわね。

脇坂　あれっ?!　ここに「消滅時効」もありますが、所有権は消滅しない絶対の権利と習ったはずですよ。

冷奴　ホントだわ。民法にも、消滅時効によって消滅する物権は「所有権以外の財産権」と書いてあるわ（民166条2項）。

図　「物権の消滅」の分類

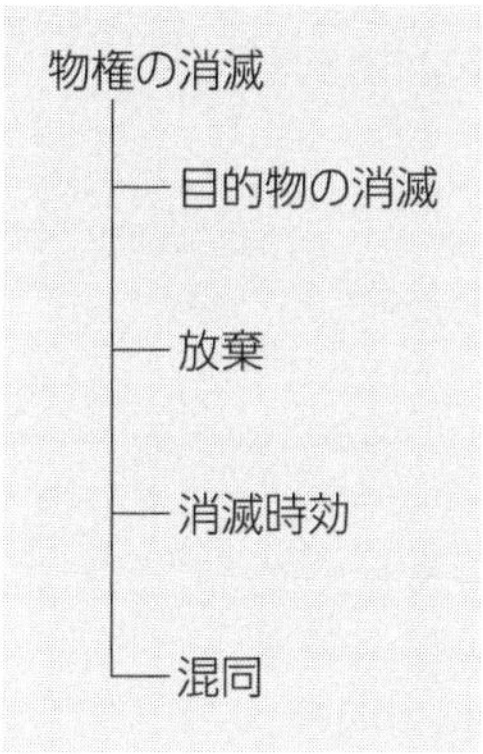

ユミ　そうね。でも、所有権を時効取得した者が現れた場合、真の所有者の所有権は消滅せざるを得ないでしょ。これを時効取得の「反射的効果」と呼ぶのよ。

トラ吉　え〜。それなら絶対の権利ではなく、条件付きじゃないですか！

脇坂　これこそまさに「条件反射」だな。

冷奴　う〜ん、大喜利向きね、素敵だわ

……♥

存続の必要があれば混同は生じない

トラ吉　この最後の「混同」というのは何ですか?

ユミ　対立する二つの法律上の地位が同一人に帰属した場合、一方が他方に吸収されて消滅することよ（民179条）。

注5　日記⑮（107頁）参照。

冷奴　考えてみれば、自己株式も、会社にすれば自己に対する権利の取得なんだから、混同によって消滅するのでは？

ユミ　古いテキストには、そんな学説も載っていたわね。でも、今の経済社会では存続させておく必要が強いので、消滅しないと解するのが通説よ。土地の所有者がその上に建つ分譲マンション、つまり借地権付き建物を所有する場合に、自分の土地に対する自己借地権を認めるのと同じじね（借地借家法15条）。

トラ吉　民法179条1項の但書には「その物又は当該他の物権が第三者の権利の目的であるとき」は消滅しないとありますね。これは、どういうことですか？

ユミ　例えば、A所有の土地の地上権者Bが土地所有権を買い取って所有者になった場合、混同により地上権は消滅するけれど、もし、その土地を目的としてAが、または地上権を目的としてBが、Cに対して抵当権を設定していた場合、Bの買取りがあってもBやCの利益のために地上権は混同で消滅しないこととされるの。

脇坂　僕はそんな面倒な「混同」の話よりも、世界遺産の法隆寺「金堂」探訪の方がいいですね。では、失礼して今から行ってきます。

ユミ　場所はわかっているの？

脇坂　わかってますよ。京都と奈良を「混同」せずに行ってきます。

冷奴　私も一緒に行くわ～。

Ⅱ 所有権は物権の王様 ～所有権の内容と取得～

所有権の取得

所有権は物権の中の、最も重要で強力な権利です。物の所有権を持てば、それを煮て食おうと焼いて食おうと、どのようにでも思いのままです。民法206条で「自由にその所有物の使用、収益及び処分をする権利」と定められているのは、そのことの現れです。

ユミ先生のワンポイントレッスン

処分は本章Ⅰの日記⑲で説明したとおりですが、**使用**は文字どおり物を物理的に使うこと、**収益**は物から得られる果実（果物のような天然果実もあれば利息や賃料といった**法定果実**もある）を収取することです。

所有権を取得するには、前の人の所有権を引き継ぐ**承継取得**と、前の人とは無関係に得る**原始取得**があります。前の人の所有権を引き継がない限り、承継取得とは言いません。日記⑳で山田君が勘違いしているように、民法192条の**即時取得**（＝**善意取得**）

をする際の取得者は主観的には取引によって前者から承継取得（の中の特定承継）をしているつもりなのですが、客観的には前者は無権利なので承継取得をしません。それでは**取引の安全**が害されるので、法が即時取得を定めたわけですね。

原始取得には即時取得の他、**無主物先占**（民239条1項）、**遺失物拾得**（同240条）、**埋蔵物発見**（同241条）、**添付**（同242～248条）があります。添付の規定のうち、分離や復旧を否定する規定は**強行法規**ですが、添付後の所有者を誰にするかや清算に関する償金請求規定などは**任意法規**と解されています。

日記⑳　四月×日。晴れ。
留年続きで「万年学生」の山田君。政治家志望ということもあり、春休み中も政治家の事務所で選挙運動の手伝いをしているが、近所に用事があったようで研究室を訪ねて来た。

ユミ　おっ、未来の政治家クン、しっかりやっているようね。

山田　お久しぶりです。先生は煎りたてのコーヒー豆が好きでしたね。はい、キリマンジャロですよ。

ユミ　おお、さすが山田君、きっとアフリカまで行って買ってきてくれるジャロ、と思っていたわ。

山田　相変わらずいい加減なことばかり、言ってますねぇ。こっちは、有権者の相談に一つひとつ答えるのに、毎日が真剣勝負ですよ。

ユミ　しっかり答えてあげればいいわよ！　受け取った寄付に応じてね。

山田　そんなバカな。ところで先日、亡くなった支援者の金庫に株券や手形があったんですが、真の持主と称する他人が現れて大変な騒ぎだったんです。

ユミ　ふ〜ん、今でも株券を発行している中小企業は、結構、あるものなのね。

山田　残された遺族が事情を何も知らなかったとしても、相続は合併と同じく「包括承継」なので、手形や株券を「即時取得（＝善意取得）」の制度つまり無権利者を真の権利者と誤信して取引した者に完全な権利を取得させる制度を使って保護することはできないんですよね。

ユミ　そうね。よく勉強しているじゃないの。即時取得は取引の安全を図る制度だものね。

承継とは権利が同一性を保って引き継がれること

山田　「即時取得」の成立する可能性があるのは、売買など「特定承継」をするときですよね。でも、民法のテキストを読み返してみたんですが、即時取得は「原始取得」であって「承継取得」ではないと説明されています。「特定承継」したのに「承継取得」しないとは、ヘンではありませんか？

ユミ　「承継」と「取引」を、どうやら混同しているようね。

山田　えっ？　同じ意味ではないのですか？

ユミ　まず、「特定承継」というのは、特定の権利が個別の原因で前主から後主に移転することよ。

山田　売買などの「取引」も権利を前主から後主に移転させせますよ。

ユミ　そうしたくても、前主が無権利なら「取引」はあっても、権利の「承継」はあり得ないわよ。

山田　あ、そうか。「承継」というのは、権利者の正しく持っている権利がそのまま同一性を保って引き継がれることですね。

ユミ　そういうこと。「即時取得」というのは、前主が無権利者の場合の取引についての制度だから、いくら形式は取引でも「承継取得」はあり得ないわ。

山田　だから、新たに権利を取得させるための方策として「原始取得」が用意されているわけですね。

ユミ　そうね。所有権（物権）取得の分類としては、図のようになるわね。株式は物権でも債権でもない権利だけど同様に考えられるわ（注6）。

山田　図の「設権的承継」とは？

ユミ　土地の所有権の一部に地上権を設定するときのように、権利の一部だけを移転することよ。

山田　それなら「一部移転的承継」と言う方がわかりやすいのに。

ユミ　「設権」の方が重厚感があるでしょ。セッケンだけに、法の威厳が「泡」と消えるのを避けたのよ。

山田　いい加減な答えだなぁ。

ユミ　そんなことないわよ。コーヒー豆の分だけ、いつもより余分に答えているくらいよ！

注6　日記⑮（107頁）参照。

物権の取得／民　法

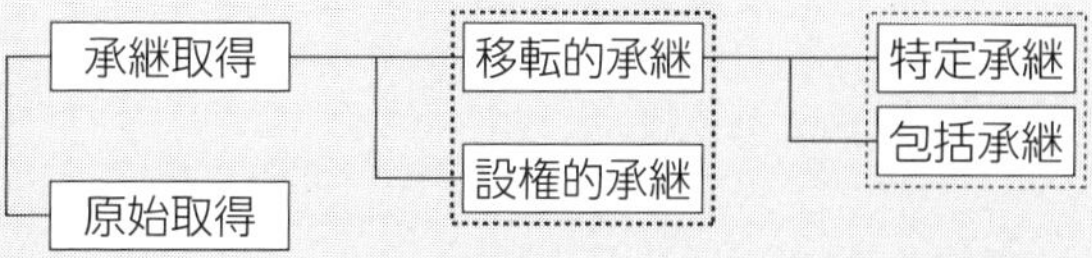

民　　法

（所有権の取得時効）
第162条　20年間、所有の意思をもって、平穏に、かつ、公然と他人の物を占有した者は、その所有権を取得する。
2　10年間、所有の意思をもって、平穏に、かつ、公然と他人の物を占有した者は、その占有の開始の時に、善意であり、かつ、過失がなかったときは、その所有権を取得する。

（即時取得）
第192条　取引行為によって、平穏に、かつ、公然と動産の占有を始めた者は、善意であり、かつ、過失がないときは、即時にその動産について行使する権利を取得する。

山田　本当に余分ですね。

善意取得と即時取得は同じ

山田　会社法の株券や、手形法・小切手法の手形・小切手については「善意取得」と呼ぶのに、民法では「即時取得」と呼びますね。どう違うのですか?

ユミ　同じよ。占有すれば即時に権利を取得するという中世のゲルマン法に由来するから「即時取得」の方が沿革に忠実ね。

山田　中世ゲルマン法ですか……。

ユミ　そう。「人に占有を与えた者は、占有を与えた人にしか返してもらえない」と、所有権の追及効を制限したの。

山田　えっ、それなら誰かの手に渡った

ら、もうおしまいってことですか⁉

ユミ　そうよ。鎧《よろい》・兜《かぶと》をつけて野蛮に争っていた時代だものね。「ハント・ヴァーレ・ハント」と呼ばれるわ。君の好きな「ガール・ハント」とは違うわよ。

山田　そんな言葉、死語ですよ。

ユミ　ともかくその後、近代所有権が確立して、所有権は占有と分離されて観念化したわ。取引行為によって、善意・無過失で占有を開始した場合にだけ、占有者が保護されるようになったの。

山田　なるほど。「即時取得」は、取った者勝ちの制度から取引安全の制度へと、変貌《ぼう》を遂げたわけか。

ユミ　そうよ。ただ、その沿革の名残は民法の条文にも見られるわ。時効取得の条文162条を見てごらん。

山田　あ、即時取得の条文（民192条）とよく似ていますね。特に、民法162条2項の善意による時効取得と即時取得とは、取引行為があったかなかったかというだけの違いですね。

ユミ　そう。旧民法では、長期間の占有の場合を取得時効、瞬間の占有を即時（瞬間）時効として、並んで規定されていたくらいよ。

山田　へぇ〜。どおりで「即時取得」の条文はわかりにくいと思いましたよ。時効の一種だと思って見るとよく理解できて「原始取得」の意味もよくわかりますね。

ユミ　ただ「平穏に、かつ、公然と」の意味が少し異なるわ。つまり、時効取得では自分の占有の態様に対する「平穏・公然」だけど、即時取得では前主の占有を承継することついての「平穏・公然」ね。

山田　「善意・無過失」の意味も、占有者自らに占有権限があることについてなのか、前主に権限があることについてなのか、二つの間でやはり異なるので気をつけなければいけませんね。

ユミ　そう、それを、「重要注意ジコウ」と言うわよ。……あのね、事項と時効を掛けたのよ。張り切って余分に答えてるのに、反応が悪いわねぇ。

山田　手みやげなんか持ってくるんじゃなかった……。

＊＊＊

日記㉑　六月×日。雨。
あまりゼミに出てこないスシ夫くんが久しぶりに顔を出した。本名は「寿夫」くん、なのだが、回転寿司のチェーン店でアルバイトばかりしているので、みんなから「スシ夫」くん、と呼ばれている三年生だ。

ユミ　スシ夫君じゃない。ちっとも顔を見せないから心配したわよ。

スシ夫　すみません、店が大忙しで頼りにされてしまって。今日も、このあとバイクを飛ばして仕込みに行かなくちゃならないんですよ。

ユミ　えっ、こんな雨の中を？　バイクにキュウリは、イヤ、かっぱは入っているの？

スシ夫　ハハ、先生はうちの得意客の乗りと同じだなぁ。そうそう、その得意客がこの間、妙なことを言ったんですよ。
「ワシは、この寿司チェーン会社の株式

を『原始取得』したんじゃぞ」って。

ユミ　それがどうかしたの？

スシ夫　原始取得って、即時取得や時効取得など、普通じゃない経緯によって権利を取得することでしょ。そんなことを堂々と言うなんておかしいのでは？

ユミ　君が言ってるのは、民法などで一般に言われる「原始取得」のことね。会社法では、それ以外に、会社設立時や新株発行時に株金を払い込んで株式を取得することも「原始取得」と呼ぶわ。株式の取得は通常、すでに株主になっている人から株式を譲り受けることだけれど、この場合は会社から直接に取得するのよ。

スシ夫　株主第一号として、はじめに取得するという意味で「原始取得」と言うんですね。

ユミ　そうよ。以前は株主名が株券の記載事項だったため、原始取得すると株券に自分の氏名が書き込まれ、それが自慢だったようね。

スシ夫　なるほど。その株券で、何かあるときは自分を資産家だと証明するわけですね。

ユミ　そうね。寿司屋でシャコを注文するときに「シャコ証明」が必要なのと同じようなものね。どう？　面白い？

スシ夫　先生、大学でなくうちの店でなら浮かなくて済むのになぁ。

「原始取得」の原因となるもの

ユミ　ところで、一般に使われる方の「原始取得」の意味はわかっているかな？

スシ夫　わかっていますよ。他人の権利

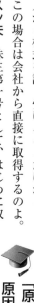

を承継する「承継取得」に対する用語で、他人の権利とは関係なく、何の負担もない新たな所有権を取得することです。

ユミ　そうね、君がさっき言った「善意取得」や「時効取得」のほかに、どんなものが原因として挙げられるかしら？

スシ夫　民法典の中に並んで規定がありますよ。「無主物先占」（民239条）、「遺失物拾得」（同240条）「埋蔵物の発見」（同241条）です。少し離れたところに「他人が飼育する家畜以外の動物の占有」（同195条）もあります。

ユミ　おぉ、スラスラと答えるわね。

スシ夫　将来、海辺で安くてうまい寿司屋を経営したいんです。船を仕立てて新鮮な魚を釣れば、まさにコストのかからない「無主物先占」でしょ。

ユミ　商売のこととなると勉強も真剣ね。

スシ夫　でも、他の条文には遺失物法や文化財保護法などが適用されて、面倒な手続きが必要だったり、すぐに自分の所有物とならなかったりします。他人の飼育する迷い牛も豚も遺失物となると、う～む、やっぱり無主物の野生のイノシシや鳥を撃って料理するほかないかなぁ。

ユミ　寿司屋の経営じゃなかったの？

経済的な損失を食い止める「添付」

スシ夫　この他に、「不動産の付合」（民242条）、「動産の付合」（同243条、244条）、「混和」（同245条）、「加工」（同246条）があります。まとめて「添付」と呼びます。

ユミ　そうね。さらに「添付」により消滅する効果についてや、損失を受けた者の償還請求権の規定が続くわね（民247、248条）。

スシ夫　そもそも「添付」は何のための制度ですか？

ユミ　他人の物どうしが合体してしまって無理にはがすと価値が下がってしまう場合、価値の大きな財産に寄与した方に所有権をまとめて取得させ、経済的損失を食い止めようとする制度よ。「付合」は他人の土地と種苗や物どうしなどがくっつく場合、「混和」は液体などが混じり合う場合ね。

スシ夫　「加工」は物どうしでなく、物と作業（工作）との合体ですね。

ユミ　そうね。例えば、宿の庭に転がっていた丸太に、逗留中の左甚五郎が立派な彫刻を施した場合、その丸太の所有権は左甚五郎に帰属するのよ。

スシ夫　設例が古すぎませんか？

ユミ　そうかしら？　ところで、添付の規定は、実はあまり重要でないのよ。普通は、土地賃貸借契約を結んで種苗を植えたり、請負契約を結んで彫刻を始めるものね。

スシ夫　そうか！　だから「合体した物を引きはがさない」規定だけ強行法規で、誰が所有権を持つかや、償還請求などすべて任意法規だとされるわけですね。

ユミ　そういうこと。ただ、正義公平の観点から、添付の規定をうまく利用する判例はあるわよ。

スシ夫　そういえば、建物の工事を請け負ったにもかかわらず、不動産になる前の「建前」の段階で放り出したAが、別の請負人Bが建物を完成させた後で、付合の規定によって自己に建物所有権があると主張してきた場合に、加工の規定を適用し、Aの材料費と加工者Bの材料費＋工作による価格とを比べてAの主張を斥けた有名な判例がありますね（注7）。

ユミ　そんな身勝手な業者には工作の価格なんか比べてないで、課徴金を課してやればいいのよ。ほら、マンガのタイトルにもあるじゃない？　『カチョウ・島コウサク』っていうのが。

スシ夫　あのね先生、『島耕作』が課長だったのは僕が生まれたころ、今は、もう会長ですよ。

ユミ　あら、そうなの。ところで、興味深い判例が平成以降にもあるわね。主従の区別のない二棟の建物にそれぞれ抵当権が設定されていたのに、その間の壁を除去するなどして一棟の建物にしてしまい法的同一性がなくなったとして抵当権も消滅したと主張する、いわゆる悪質な「抵当権飛ばし」の判例よ（注8）。合成物を価格割合に応じて共有するとの規定（民244条）と、その価格割合に応じた共有持分権を目的とする抵当権が存続するという添付の効果の規定（同247条2項）が類推適用された判例として、評価されているわ。

スシ夫　なるほど。添付の規定は意外に使い勝手があるんですね。おっと、もう店に行かなくちゃ。先生、店に来たら何でもごちそうしますよ。ネタは新鮮、先生の好物のエビもありますよ。

ユミ　嬉しいわ。お寿司はヘルシーだし、活きのいいオドリでも食べて「オドリ・ヘプバーン」のようなスリム美人になるわよ～。

スシ夫　先生のネタはどうも古いな…。

注7　最判昭和54年1月25日民集33巻1号26頁。
注8　最判平成6年1月25日民集48巻1号18頁。

（動産の付合）
第244条　付合した動産について主従の区別をすることができないときは、各動産の所有者は、その付合の時における価格の割合に応じてその合成物を共有する。

（付合、混和又は加工の効果）
第247条　（省略）
2　前項に規定する場合において、物の所有者が、合成物、混和物又は加工物（以下この項において「合成物等」という。）の単独所有者となったときは、その物について存する他の権利は以後その合成物等について存し、物の所有者が合成物等の共有者となったときは、その物について存する他の権利は以後その持分について存する。

共有

ユミ先生の
ワンポイントレッスン

日記⑯で一個の物を複数人が持ち合う形態「共有」のうち「総有」が出ていました。ちなみに第3章Ⅳの日記㊶では「合有」が出てきます。しかし、ここではまさに所有権の共同所有である、真の「共有」の話です。共有は複数人が共同所有の割合としての持分を持ち、それぞれ持分の譲渡は自由です。分割の請求もできます。「総有」「合有」において持分の譲渡も分割の請求もできないのと大きく違いますね。ただ、物全体をどう使用し管理・変更するかは共有者全員の話し合いが必要です（民249～252条）。つまり、共有物の利用方法や保管場所の決定は持分価格の過半数で、共有物の売却や担保権の設置等の処分は、共有物の変更として全員の同意が必要です。修繕等の保存行為は各自単独でできます。妨害者に対する妨害排除や返還請求等も同様に考えられています。

なお、分譲マンションのような区分所有建物が多数でき、共有の規定だけでは対処しきれなくなったため、建物区分所有法が制定されました。昭和五八年と平成一四年に大改正が、それ以降にも数回、改正が行われています。

日記㉒　九月×日。晴れ。

新学期の準備を終えて帰り支度をしていると、ＩＴ起業を目指すコンピュータ大好きのゼミ長のアイ子さんが、下級生の翔太君とともにやって来た。ゼミ恒例の秋のイベントを盛大に行う計画を立てているのだそうだ。

アイ子　この秋のイベントは「月見の会」を兼ねて湖畔の船でゴージャスにやるつもりです。インスタ映えするわ、きっと。

ユミ　いくらＩＴ起業家の卵とはいえ、贅沢《ぜいたく》すぎない？

アイ子　アプリ開発会社が軌道に乗ったら、船は私が提供するんだけどなあ。先生も一緒にアプリ会社を作りませんか？

ユミ　花のポプリなら作ったことあるけど……。

アイ子　違います、アプリケーション・ソフトウェアのことですよ。今や時代はスマホ、スマート・フォン全盛ですよ。

ユミ　あら、私は以前からスマート志向よ。ダイエットが成功したためしはないけど。

翔太　アイ子ゼミ長、ガラケイすら持たないユミ先生に、アプリの話は無理ですよ。

アイ子　無理でも、先生は君のようにケチじゃないわ。先生、会社設立のため五万円の株式で株主を募っているのですが、翔太ときたら半分の二万五〇〇〇円しか出せないって言うんですよ。

ユミ　それじゃ、私があと半分出すわ。翔太君と私とで一株。これで私たちも資本家の仲間入りね。

アイ子　ガクッ。

一株を二人で分け合える

アイ子　一株が資本の最小単位のはずなのに、それを二人で分け合うなんて、そんなことできるのですか？

ユミ　できるわよ。会社法もそれを前提とした条文を置いているわ。

アイ子　株式の「共有」とありますね（会106条本文）。共有を認めた上で、その共有者のうち、実際に権利行使を行う者を一人決めて会社に通知しておくわけね。

翔太　でも、民法の授業で、「共有」とは「一個の物を共同で所有、つまり所有権を共に持つこと」と習いましたよ。株式は物権でも債権でもない、「社員としての地位」（社員権）だと言われるんだから、それを共有するとはヘンですね。

ユミ　よく気がついたわね。株式は所有権ではないから、それを二人以上で持っても正確には「共有」でなく「準共有」と呼ぶわ（民264条本文）。

アイ子　つまり、株式は「所有権以外の財産権」として「共有」の規定が準用されるわけですね。

翔太　待てよ。株式は確かに所有権以外の財産権ですが、株式を債権ととらえる「株式債権説」に立つとどうなるのかな。債権を複数人で持つ場合は、債権総論の「多数当事者の債権関係」の規定が適用されるのでは？

アイ子　株式債権説だと株式を複数人で持つことは「準共有」ではなく、債権編（民427条以下）の問題となるってこと？

会　社　法

（共有者による権利の行使）

第106条　株式が二以上の者の共有に属するときは、共有者は、当該株式についての権利を行使する者一人を定め、株式会社に対し、その者の氏名又は名称を通知しなければ、当該株式についての権利を行使することができない。ただし、株式会社が当該権利を行使することに同意した場合は、この限りでない。

ユミ　ゼミ生らしい会話になってきたわね。よし、今度のイベントは「月を見ながら株式債権説をツキつめよう」をテーマにしましょうよ。議論がツキないわよ〜！

アイ子　そのダジャレパワーで、商売のツキも呼び込みたいわ！

翔太　ツキあってられないな……。

債権も共有される？

アイ子　あら？　テキストの「共有」の所に「使用貸借上の債権」に関する判例が出ているわ。これこそ純粋な債権なのに「共有」の規定を適用しているなんて、奇妙だわ。

ユミ　使用貸借や賃貸借のような、物の

「使用・収益」を目的とする債権は物権に近いので、裁判所は「準共有」を認めるの。より所有権に近い知的財産権のような無体財産権に至っては、著作権法などで「共有」の対象になる事が明示されているわ。

アイ子　ふ〜む、私の開発したソフトは共有の対象となるわけね。

翔太　ところで、共有物の使用・収益や処分を行う場合、共有者はどうするのですか？

ユミ　使用については、各自が全部を使用できると規定があるわ（民249条）。例えば、私達三人が一千億円ずつ出し合って月ロケットを共有しているなら、順にロケットに乗って月へ行けば良いのよ。

アイ子　私なら展示しておくわ。

ユミ　使い方については、「管理」行為（民252条本文）として、持ち分の価格による過半数で決めるの。例えば、私たちのうち二人が「展示する」と言えば、それに決定ね。もし会場主に貸与していた場合、賃料の値上げや解除も「管理」行為よ。

翔太　でも、貸与自体は共有物の重大な「変更」行為でしょ（民251条）。売却や抵当権の設定と同様、共有者全員の同意が必要、とテキストにありますよ。

ユミ　貸与が短期なら「管理」、長期なら「変更」と区別する説もあるし、変更か管理かの判断は、実際には難しいわね。

共同相続された支配株式の権利行使者はどう決める？

アイ子　初めの話に戻って、私がもしIT会社経営中に大株主として急死し複数

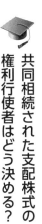

人が相続したら、困ったことにならないかしら。

翔太　判例によると、株式は遺産分割が行われるまで共同相続人の共有となるね（注9）。

アイ子　そうすると、権利行使する者を一人決めて会社に通知するわけでしょ？　帳簿閲覧権のような権利ならともかく、大株主としての議決権は会社支配につながるから、誰に決めるかは重大だわ。

ユミ　判例は、権利行使者の決定は「管理」にあたり、相続分に応じた持分の過半数で決めてよいとした（注10）けれど、実質上、後継者が決まることになる重大な決定なので「管理」でなく「変更」と見るべきとする批判が強いわね。

アイ子　今から遺言書を書いておく必要がありそうだわ……。

民　法

（共有物の変更）

第251条　各共有者は、他の共有者の同意を得なければ、共有物に変更を加えることができない。

（共有物の管理）

第252条　共有物の管理に関する事項は、前条の場合を除き、各共有者の持分の価格に従い、その過半数で決する。ただし、保存行為は、各共有者がすることができる。

注9　最判平成3年2月19日判時1389号140頁など。
注10　最判平成9年1月28日判時1599号139頁（有限会社の事件）。

翔太　先生、ところで、修理やメンテナンスなどの「保存行為」（民252条但書）は各自が勝手に行えますね。

ユミ　費用は持分相応で負担よ（民253条1項）。私がロケットの修理代三千万円を使ったら、翔太君にも一千万円請求ということね。一年以内に払えなければ精算して君の持分はいただくわ（同253条2項）。

翔太　先生、具体例のスケールが大きすぎてピンと来ませんよ。アイ子ゼミ長に影響されたようですね。

ユミ　アハハ。さて、私もＩＴ起業に協力してビル・ゲイツを目指してみるかな。まずは月見そばでも食べてバーチャル観月会といきましょう。ドーンとおごるわよ！

翔太　ビル・ゲイツとは、月とスッポンだな……。

＊＊＊

日記㉓　一〇月×日。快晴。
ゼミ長のアイ子さんと翔太君が、再びやって来た。一一月のゼミ主催「ボージョレ・ヌーボーの会」へのお誘いのようだ。

アイ子　今年はボージョレ・ヌーボーが手頃な値段で入りそうなので、大学の合宿施設を借りました。夜通し飲んで語り合うゼミ会にしたいので、先生もぜひ参加してください。

ユミ　あら、もうそんな季節？　故郷のニースが懐かしいわ。

翔太　先生の故郷は愛知県でしょ。

アイ子　ワインに造詣の深いユミ先生のお話を、じっくり聞かせてくださいね。

翔太　でも先生、この前のようにお酒を独り占めした上、ダジャレの連発はやめてくださいよ。

ユミ　それは酒だけにサケたいわね。今度はワイン、皆でワインワイン言いながら飲みましょう。

翔太　嫌な予感がするなぁ……。

共有物を独り占めしても「返せ」とは言えない

翔太　独り占めで思い出しましたが、前回、「僕たち三人が共有物を持てば、各自が独り占めすることなく共有物全部を順に使用できる」という話が出ましたよね。

ユミ　あぁ、月に行くロケットを三人で買って乗るという、壮大な夢の話ね。

翔太　先生は、お酒だけでなく、そのロケットも独り占めして僕たちに使わせないような気がします。

ユミ　まぁ、人聞きが悪いわね。ちゃんと約束を守って二人にも使わせてあげるわよ。

アイ子　でも「独り占めする者に対して、他の共有者たちは、当然には共有物の引渡しを求めることはできない」とした判例（注11）がありますね。

ユミ　ギクッ、その判例があることを調べてきたのね。

翔太　やっぱり独り占めする気だ。

アイ子　不動産の共同相続の事案で、最高裁は「共有者は共有物全体を使用する

注11　最判昭和41年5月19日民集20巻5号947頁。

『権原』があるため、他の共有者は明渡しを求める理由を主張・立証しなければならない」と言ってます。

ユミ　つまり、A、B、C三人の共有者のうちAが独り占めしたとしても、Aにはその持分権に基づいて不動産全体を使える根拠があるから、誰にも引渡す必要はないってことね。学説上も基本的にはそのように解されているわ。

アイ子　Aの持分がほんのわずかだったとしても、ですか？

ユミ　判例の占拠者Aは、持分わずか、十二分の一よ。

翔太　それじゃあ、僕たちの持分はどう保護されるんですか？　僕たちにもそれぞれロケット全部を使う権原があるのに！

アイ子　先生、翔太から全然信用されていないようですね。

ユミ　この判例は不動産の共同相続の事案なので、私たちの場合にあてはまるか、何とも言えないわ。でも、この判決に対して学説の多くが、明渡しを求める理由の主張・立証をBらの側がしなければならない点を批判しているのは確かね。

アイ子　翔太、ロケットを占拠する先生に対しては、こちらの持分権の侵害を理由とする賠償請求（民709条）を求めればいいのよ。ケチなユミ先生のことだから、お金を出すのが嫌で、簡単にロケットを引き渡してくれるわ。

翔太　さすがゼミ長、その戦略は効きそうですね。

ユミ　うぬぬ……。

所有者が亡くなっても持分は無くならない!?

翔太　持分というのは、どんなに小さくても強いものなんですね。

ユミ　共有とは、複数の風船を一つの所有権の枠に詰め込んだものだと、よく説明されるわ。

アイ子　ロケットの所有権の枠に、私たち三人の持分（権）つまり三個の風船が、ギュッと押し込まれているわけですね。

ユミ　一個の風船がなくなると、他の二個が膨らむ、つまり今度は二人の持分（権）で一つの所有権を構成するの。

翔太　僕たちの持分は、パンパンに張ったユミ先生の風船に簡単に押し潰される気がするなぁ。

ユミ　失礼な。

アイ子　風船の比喩《ひゆ》は、もともと共有者の一人が持分を放棄したり、相続人なく死亡したりする場合を説明するためですよね。そうすると、相続人がなくても特別縁故者（民958条の3）がある場合は、あまり役立つ比喩ではないですね。

ユミ　そうね。特別縁故者制度によると、仮に、私が相続人なく死んでも君たちの持分が増えるのではなく、生前、療養看護に努めたというような「特別の縁故」があった者にロケットの持分が与えられる可能性が出てくるわ。

アイ子　特別縁故者制度が優先適用されるとした最高裁判決が出ていますね（注12）。

翔太　ふ～む、ユミ先生の風船はどうあっても潰れないワケか……。

ユミ　ハハハ、こんな比喩、風船だけに

注12　最判平成元年11月24日民集43巻10号1220頁。

簡単にふっ飛んでしまうってコトね。

自分の持分（権）の譲渡は自由

翔太　僕が、共有関係から抜けたいと思ったら、勝手に自分の持分だけを売ってしまっても良いのでしょうか？

ユミ　持分の譲渡は自由よ。

アイ子　でも、持分の譲渡については、民法に明文の規定がありませんよ。

翔太　会社法なら、株式や社員の持分の譲渡について、ちゃんと規定（会127条、585条）があるのに。

ユミ　ここでの持分（権）の性質は何か、よく考えてごらん。

翔太　物の所有権です。それが量的に制限されているだけですよね。

アイ子　わかった！　所有権の内容を示す民法206条がその答えだわ。

翔太　持分（権）は所有権に変わりはないのだから、自由に処分できるわけか……。

アイ子　それを禁止する特約を共有者間で設けても、第三者には対抗する方法は

民　法

（所有権の内容）
第206条　所有者は、法令の制限内において、自由にその所有物の使用、収益及び処分をする権利を有する。

ありませんね。

ユミ　そういうこと。さ、翔太君が安心したところで、来月のワイン・トーク、ワインだけに渋～い話をじっくり仕込むとするか。夜通し飲んで、朝まで話してあげるわよ！

翔太　ワインも先生も、しっかり寝かす方が良さそうだな。

会 社 法

（株式の譲渡）
第127条　株主は、その有する株式を譲渡することができる。

（持分の譲渡）
第585条　社員は、他の社員の全員の承諾がなければ、その持分の全部又は一部を他人に譲渡することができない。
2　前項の規定にかかわらず、業務を執行しない有限責任社員は、業務を執行する社員の全員の承諾があるときは、その持分の全部又は一部を他人に譲渡することができる。
3　第637条の規定にかかわらず、業務を執行しない有限責任社員の持分の譲渡に伴い定款の変更を生ずるときは、その持分の譲渡による定款の変更は、業務を執行する社員の全員の同意によってすることができる。
4　前３項の規定は、定款で別段の定めをすることを妨げない。

Ⅲ 手元になくても占有している？ ～占有権～

占有権

占有権は、民法物権編の最初の物権として出てきますが、所有権や地上権などの他の物権とは大きく異なります。他の物権はすべて、物を実際に支配しているかどうかの事実とは関係なく物の支配を正当化する、いわば支配の基礎となる権利ですが、占有権は物を現実に支配しているからこそ認められる事実尊重の権利です。前者の占有を正当に基礎づける権利を**本権**または**占有すべき権利**と呼びます。本権には、物権だけでなく賃借権などの債権や質権などの担保物権もあります。一方、占有権は、占有という事実上の支配に権利性を認めたものです。極端な例を挙げると、ある物を所有し占有していたAからBが盗んだ場合、通常Aは占有権を失い、Bが占有権者となります（もっとも、Aには後述する占有回収の訴えによって占有を回復する可能性が残されている）。

では、民法が定める「占有権」とはどのようなものでしょうか。単なる物の支配だけで「占有権」が成立するわけではありません。民法180条は「占有権は、自己のためにする意思をもって物を所持することによって取得する」と定めています。つまり「自己のためにする意思」と物の「所持」が占有権の成立要件だとしているのです。とは言っても、「自己のためにする意思」はよほど積極的に放棄するのでない限り、客観的にあれば良いと考えられていますし、「所持」も、本当に物を手に持つのではなく、机の上や屋内のどこかに置いてあっても良いのです。建物については鍵をかけていなくても隣から監視できる状態なら所持していることになるとした判例があります（注13）。占有権は、賃貸借契約の賃貸人や寄託契約の寄託者でも、賃借人や受寄者の占有を介して持つことができます。これを**代理占有**と呼びます（民181条。**占有の観念化**）。代理と言っても、法律行為の代理とは違うので、**間接占有**と呼ぶ方が紛らわしくなくて良いでしょう。間接占有の意義は、賃貸人や寄託者に占有者としての保護を与えるところにあります。この間接占有に対して、賃借人や受寄者の占有を**直接占有**と呼びます。賃借人がさらに家族や同居人に物を支配させている場合、それらの者は**占有補助者**と呼ばれます。占有補助者は直接占有者の占有を補助する存在にすぎないので、独立の占有権を持たせる必要はないと考えられています。

占有権を持つとどのように保護されるのでしょうか？　ざっと見ると次のようなものがあります（占有権の効力）。

注13　最判昭和27年2月19日民集6巻2号95頁。

第一に、事実的支配に対する侵害を除いてもらうよう訴えを起こせます。これを**占有訴権**（民197～202条）と呼びます。占有訴権には**占有保持の訴え**（同198条。妨害の停止と損害賠償の請求）、**占有保全の訴え**（同199条。妨害の予防と損害賠償の担保）、**占有回収の訴え**（同200条。物の返還と損害賠償の請求）があります。

第二に、本権の取得が認められます。例えば、占有を続ければ所有権を取得し得る取得時効（民162条以下）、家畜外動物の取得（同195条）、無主物先占（同239条）、遺失物拾得（同240条）などです。

第三に、他に本権者がいる場合に、その者との利害調整として認められる効力。例えば、善意占有者の果実取得権（民189条）、占有物の滅失・毀損に対する責任の軽減（同191条）、費用償還請求権（同196条）です。

第四に、本権を公示する効力。動産物権変動の公示・対抗要件（民178条）、即時取得（同192条）がその代表例です。間接占有も含め、占有取得の方法つまり占有権の移転につき民法は四つの方法を定めています。**現実の引渡し**（同182条1項）、**簡易の引渡し**（同条2項）、**占有改定**（同183条）、**指図による占有移転**（同184条）です。これらは、占有訴権の基礎となる占有を取得する方法として意味があるほか、対抗要件の「引渡し」としても重要です。ただ、占有改定は日記㉔の中でも議論されているように、占有移転を受ける側の人に現実の支配が一度も移転しない点で、即時取得など物権変動との関係でいろいろと問題があるのではないかと言われています。

日記㉔　三月×日。晴れ。

落語研究会の広報部員、特ダネ亭ペン太君とゲンゾー君が落研発行の新聞を手にやって来た。二人は、落研で時々漫才も演じるほどの仲良しコンビだ。特にカメラ担当のゲンゾー君は、写真がうまく撮れたと満足そうだ。

ユミ　あら、「落研ニュース」ができ上がったのね。記事の横の写真も、落語を熱演する部員たちの表情がよく出ていて素晴らしいわね。

ゲンゾー　僕は人間を撮るのが好きなんです。本当は、悲惨な戦争に巻き込まれる人々の苦悩を撮りたいと思っています。

ペン太　テレビに出ない戦場カメラマンだな。

ゲンゾー　先生、知り合いから報道写真をネットでストック・貸出しをするベンチャー企業の株主にならないかと株券を見せられたんですが、出資金を払っても株券を受け取るまでは株主になれないんですよね。

ユミ　ネットベンチャーなのに株券を発行するとは、古臭いわね。株券の交付は現実の引渡しだけでなく他の占有移転でも構わないと解されているから、実際に受け取らなくてもいいわよ。

ゲンゾー　えっ？　株券の交付が株式譲渡の成立要件だと習いましたよ。

ユミ　確かに、株券は、一般の物と違って、証券の交付が権利移転の対抗要件でなく成立要件だけど（会128条1項）、交付は現実の引渡しでなくても他の占有移転の方法でもいいの。

ゲンゾー　占有移転の方法？

ペン太　ゲンゾー、民法の授業で「占有」の箇所を必ず押さえておくようにと言われたはずだぞ。

ゲンゾー　えっ、そんな難しいところなら、真面目に勉強しておかなくちゃ。

ユミ　「占有の観念化」がわかればラクなはずよ。君の好きな落語家にもいるでしょ。「センユウ亭ラクだろう」という人が。

ゲンゾー　それは三遊亭楽太郎でしょ。第一、襲名して今は三遊亭円楽ですよ！

占有権とは「意思」＋「所持」で成立

ゲンゾー　先生、「占有の観念化」とはどういう意味なんですか。

ユミ　「占有とは観念的な概念であって、物を直接に支配している状態ではない」ということよ。

ペン太　もともと占有は、所有権や賃借権など占有を正当化する「本権」とは別に、直接の占有状態そのものを法的に保護しようと占有「権」と名付けられたんですよね。

ユミ　そう。だから民法で単に「占有」という用語が使われていても、権利性のある占有、つまり占有権の意味を含んでいることが多いわね。

ゲンゾー　テキストに占有権の成立する要件は「占有の意思」に加え、物の「所持」であると書いてありますよ。この所持と「占有の観念化」との関係は？

ユミ　いいところに気がついたわね。その「所持」という概念自体、直接の支配でなく、他人に持たせることをも含んだあいまいなものに広げて解されているわ。
ペン太　つまり、家族や同居人、賃借人による支配でも、本人、賃貸人の「所持」があるととらえるのですね。
ユミ　そう、本人や賃貸人は賃借人の直接の支配を通じて占有しているわけね。これを「代理占有」とか「間接占有」などと言うわ。
ゲンゾー　そうすると、ペン太のカメラを僕が借りて家族にも使わせていたら、僕の賃借人としての占有、僕の家族それぞれの事実上の占有、ペン太の間接占有、いくつもの占有が複雑に錯綜《さくそう》するってこと？　争いになりそうだなぁ。
ユミ　そう、それをセンユウ割拠というわね。
ゲンゾー　それは群雄割拠でしょ。ダジャレはいいから、真面目に教えてください！

占有（権）が移転する場合

ユミ　それじゃ、シリアスな場面を考えるとしましょう。君たちがともに、戦場に行くとするわね。
ゲンゾー　そうこなくっちゃ。漫才コンビでもある僕たちは、いつも戦友のようなものですからね。
ユミ　戦闘が激しく明日をも知れぬ身なので、ペン太君が「君に貸しているそのカメラをタダであげるよ」と、ゲンゾー君に言ったとします。
ゲンゾー　そんな気前のいいこと、ペン太は絶対に言わないと思います。

ユミ　それじゃ、「そのカメラを売るよ」と言い、君が買ったとしましょう。ペン太君の占有はどうなる⁉

ゲンゾー　ん？　僕が初めから直接に占有していた状態なので……。う～ん、占有しない戦友の占有はどうなる⁉

ペン太　ややっこしいな。

ユミ　賃貸借関係が終わるのだから、本来ならいったんゲンゾー君がペン太君にカメラを返し、それからペン太君がゲンゾー君に売買の履行として渡すべきだけど、面倒なので、そうしたことにするのよ。

ペン太　それを「簡易の引渡し」（民182条2項）と言いますね（図1）。これに対して、直接に支配を移すことを「現実の引渡し」（民182条1項、図2）と言います。

占有（権）の種類1

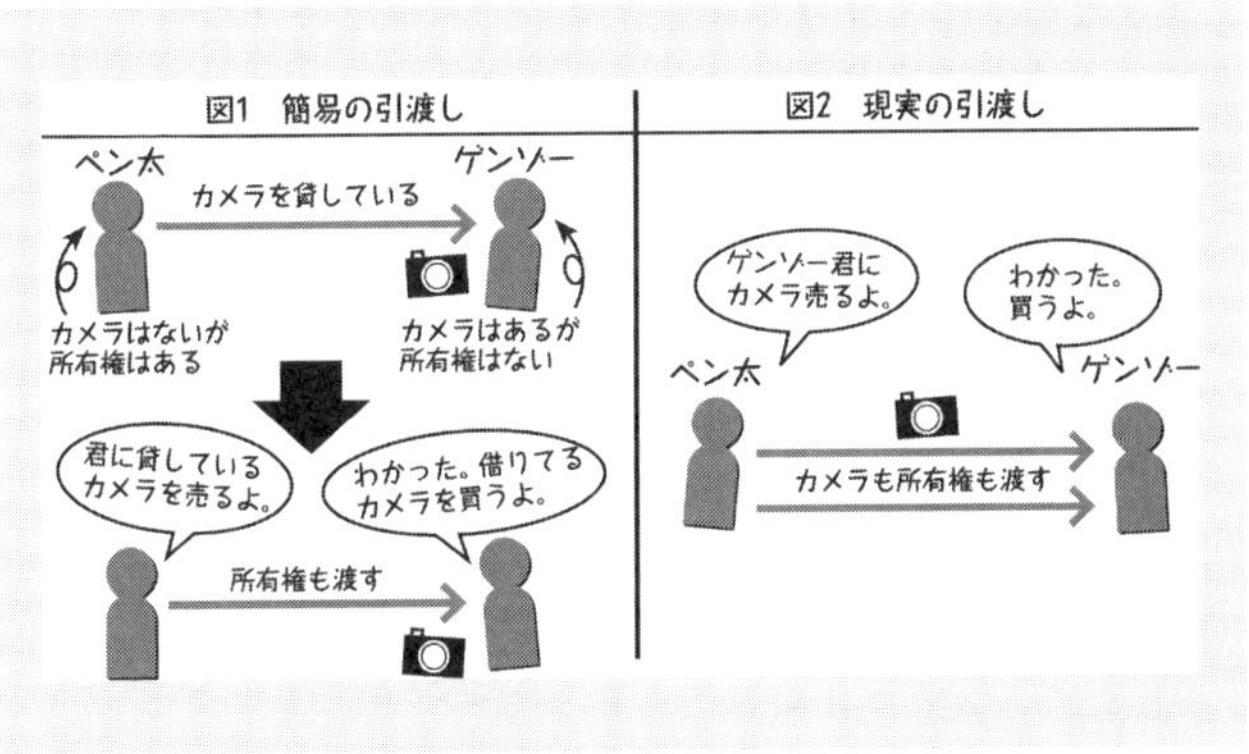

ユミ　それじゃ、ペン太君が現地で知り合った美女に「カメラをプレゼントするよ。でも当面ゲンゾーに使わせてやってくれ。どうせゲンゾーは命を落とすから」と言ったとしましょう。

ゲンゾー　それは言いそうな気がするな。

ユミ　占有はどうなる？

ゲンゾー　う～む、本来なら僕からペン太にいったん返し、ペン太がその美女に渡し、美女が僕に改めて渡し……、やはり面倒なので占有（権）が移転したことにしていいですね。

ユミ　それを「指図による占有移転」と言うわ（民184条）。では次に……。

ゲンゾー　う～ん、占有の観念化なんて混乱するのでもう結構です。

ペン太　戦場もすぐにカンネンして逃げ出しそうだな。ゲンゾー、この円高を利用して海外クルージング旅行にでも行く方が楽しいぜ。

ユミ　あら、それなら私も行きたいわ。ゲンゾー君、甲板で私の輝く魅力を撮ってちょうだい。撮影代ははずむわよ！

ゲンゾー　う～む、その方が楽しそうだな。先生、張り切って撮りますよ！

ペン太　これがホントの船上カメラマンだな。

＊＊＊

日記㉕　四月×日。晴れ。
新学期、またもや落研の仲良しコンビ、特ダネ亭ペン太君とゲンゾー君がやって来た。「占有」の話の続きがしたいようだ。

ゲンゾー　先生、「占有の観念化」のところを復習して、少しはわかってきましたよ。

ユミ　あら、戦場カメラマン志望のゲンゾー君、前回、報道写真を貸し出すベンチャー企業への投資を勧誘されたと言ってたけれど、どうなったの？

ゲンゾー　投資したいんですがお金が足りなくて、最近はどうやって工面するかで頭が一杯です。

ペン太　お金の話に弱いのが、ゲンゾーの弱点だな。先生、ゲンゾーに金儲けよりも勉強が大事だと指導してやってください。

ユミ　さすが親友ね。よし、すぐに占有の続きをやりましょう！

ペン太　先生は頼りになるなぁ。

ユミ　そうよ。惜しみなく教えるのが、教師としての「愛のあかし海峡大橋」よ。

ゲンゾー　ホントに頼りになるのかなあ。

受け取ったつもりで、渡したつもり

ユミ　占有は、もともと直接的な物の支配状態を法的に保護するために占有権と名付けて保護するようになったものだけれど、次第に抽象化、観念化の道をたどり、直接の支配でなくても保護すべき占有と考えられるようになったというのが「占有の観念化」の話だったわね。

ペン太　前回の説明では、例えば、賃貸借契約を結んでいる賃貸人をA、賃借人をBとすると、Bが支配している占有を通して、Aも占有している、つまりAも保護されるべき占有権を持っていると考えるんですよね。

ユミ　そうね。そのようなAの占有（権）を直接の支配と区別するために、「代理占有」と呼ぶわよ。

ゲンゾー　そのことが民法181条に載っていました。「占有権は代理人によって取得することができる」。でも、ここで疑問に思ったのですが、賃貸人は賃借人に貸すことによって占有についての代理権を与えたことになるのですか？

ユミ　「代理人」に法的な意味はまったくないわ。代わりに持っているという程度で「代理」と言っているにすぎないの。「代理占有」と呼ばず「間接占有」と呼ぶ学者も多いわね。それじゃ、占有の取得方法にはどんなものがあったかしら？

ゲンゾー　物を文字どおり引き渡す「現実の引渡し」（民182条1項）、それから占有代理人が物を譲り受けた場合に意思表示だけで占有権が移転する「簡易の引渡し」（同182条2項）があります。

ユミ　そう、そして第三の占有権の移転方法としての「指図による占有移転」（民法184条）があったわね。占有がさらに観念化しているわ。

ペン太　前回の具体例を思い出しました。僕たち二人が戦場に行き、貧乏なゲンゾーにカメラを貸す心優しい僕は現地の美女にも大人気、そして結婚することに。指輪の代わりに美女がカメラを希望したので「プレゼントするけれど、貧しく哀れなゲンゾーがカメラを引き続き使えるように」と頼み、美女が承諾する話でしたね（図1）。

ゲンゾー　そんな話だったかなぁ……。

ユミ　それじゃ、次にこれはどう？　お金のないゲンゾー君が自分のベレー帽をペン太君に売り、ただし戦場にいる間だけは、かぶりたいので貸してほしいと頼んだ場合、占有はどうなる？

ゲンゾー　そんなものかぶりませんよ。

ペン太　う～む、本来は代金を払った僕がゲンゾーから帽子を受け取り、改めて僕がゲンゾーに渡すべきですが、僕が帽子を受け取ったつもり、改めてゲンゾーに渡したつもり、と考えるわけですね。

ユミ　そうね。これを「占有改定」（民183条、図2）と言うわ。

ゲンゾー　まるで古典落語の「だくだく」みたいだなあ。

ユミ　アハハ、家に何もない貧乏人の八つぁんが部屋の壁に家財を描き金持ちのつもり、入った泥棒も盗ったつもり、八つぁんも槍で格闘したつもり、泥棒も血

占有権の種類２

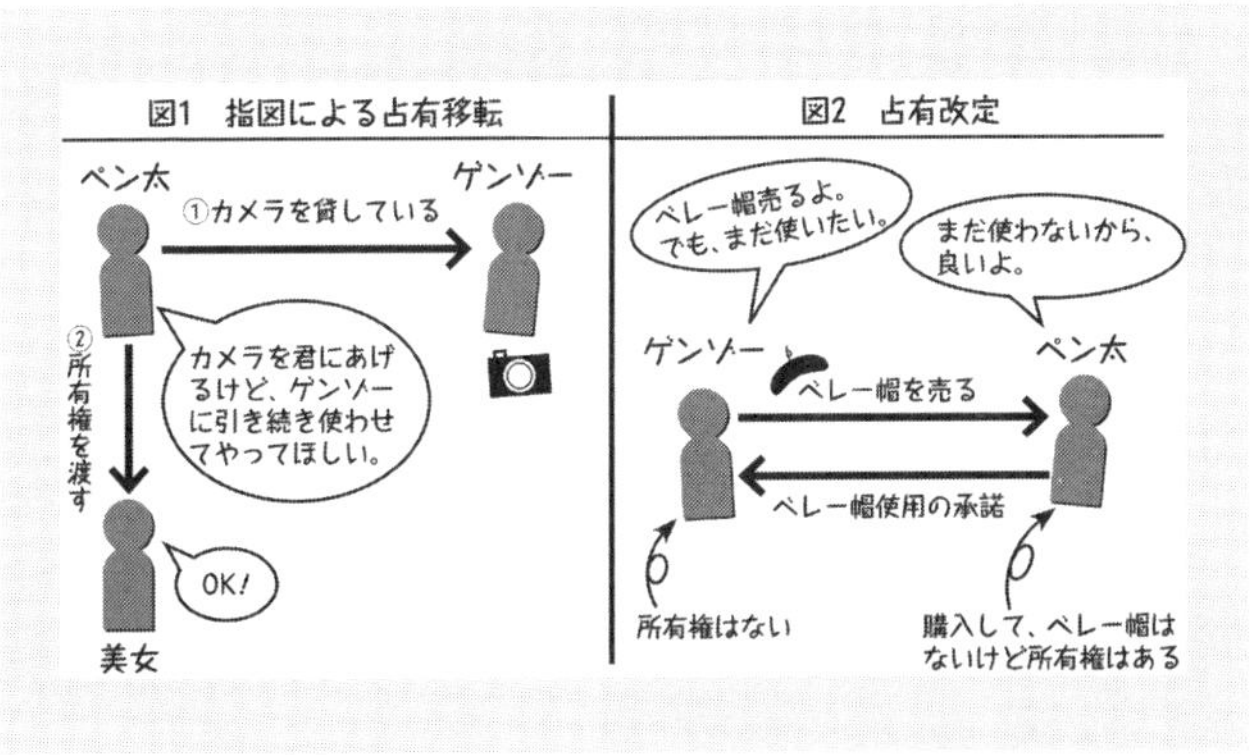

がだくだく流れたつもり……という噺《はなし》ね。

占有権を持つメリット

ゲンゾー　こういった占有権を持つと、どんな法的効果があるのですか？

ユミ　占有を侵害する者に対して自分の占有を保護してもらえるよう「占有訴権」を持てるのよ（民197～202条）。

ペン太　動産対抗要件の取得（民178条）、占有継続による取得時効（同162条以下）、果実収集権（同189条）などもありますね。

ゲンゾー　即時取得（民192条）は？　観念的な占有でも即時取得の要件の「占有を始めた」と言えるのかなぁ。

ユミ　現実の引渡しや簡易の引渡しについては異論がないけど、占有改定は問題ありね。さっきの例でいくと、ゲンゾー君のかぶっていたベレー帽は、実は現地の人の落とし物だったという場合よ。

ゲンゾー　落とし物なんか拾ってかぶりませんよ。

ペン太　僕がゲンゾーの物だと信じて買い、占有改定によりそのままゲンゾーに預けた場合、見た目は何も変化がないなぁ。

ユミ　判例も「外観上占有の事実状態に変更があったと言えないから、即時取得の要件を満たしたとは言えない」としているわ（注14）。もっとも、最近の多くの学説は異なる説を唱えるけどね。

ゲンゾー　それじゃ、「指図による占有移転」による即時取得は？

ユミ　批判はあるけれど、即時取得の要件を満たすとするのが多数説ね。判例で

注14　最判昭和35年2月11日民集14巻2号168頁。

は、動産の受寄者が寄託者台帳を無権利者名義から譲受人名義に変更したというケースで即時取得を認めたわ（注15）。

ペン太　ひぇ〜、そうすると、観念化された占有を巧みに利用すれば即時取得が成立するってこと？

ゲンゾー　う〜む、その手で無権利の物を取引すればひと稼ぎできるね。混乱する戦場なら、なおさらだな。先生、占有をもっと勉強して大儲けするつもりになってきました。先生にも分け前をあげますよ！

ユミ　おお、頼もしい教え子のおかげで、私も金持ちになったつもりになってきたわ！

ペン太　お金の好きな、究極の「だくだく」師弟だな。

注15　最判昭和57年9月7日民集36巻8号1527頁。

第3章 債権

債権

Ⅰ 債権は人に要求する権利 ～債権の成立・移転・消滅～

債権と債務の発生・債権の効力

ユミ先生の ワンポイントレッスン

債権とは人に対して一定の行為を要求する権利のことです。第2章の物権が物に対する権利、物を支配する権利であったのに対して、こちらは人に対する権利、「金を支払え」などと請求する権利です。だから債権は通常の場合、請求権とも言い、請求の相手方が必ずいるわけです。それを債務者と呼び、債務者が負う義務、つまり債権者に対して一定の行為をしなければならない義務を**債務**と呼びます。日本では債権に関する法律は民法第三編「債権」（民399条以下）にまとめられているので「債権法」と呼ばれていますが、ヨーロッパの民法では「債務法」と呼ばれています。どちらの側に立った呼び方かという違いにすぎませんが、債権と債務がいつ、どうやって発生するか、どのような主張ができるのかは、債権者にとっても債務者にとっても重要なのでしっかり押さえておかなければばなりません。

債権・債務の発生原因で第一に大切なのは、**契約**が結ばれた場合です。契約とは本章のⅡ以下で詳しく学びますが、一言で言えば、固い約束のことです。それを結んだ一方が債権者、他方が債務者となります。例えば、売主Aと買主Bが売買契約を結ぶ場合は、Aに代金支払債権と商品の引渡債務、Bに代金支払債務と商品引渡債権というように、双方が互いに債権と債務を持ち合います。契約が結ばれると、約束通り代金は支払われ、商品は引き渡されます。これを債務の**履行**とか**給付**と呼びます。また**弁済**と呼ぶこともあり、これもおおむね同じ意味に使われています。これらの用語は後でまた出てくるので、しっかり覚えておきましょう。

次に債権・債務が発生する原因として挙げられるのは、何らかのアクシデントがあった場合です。**事務管理**、**不当利得**、**不法行為**の三つが民法に載っています。どれも、互いに契約を結んでいたわけでもないのに、偶然の出来事で双方が利害を調整し合わなければならない場合です（詳しくは、本章Ⅴの「意思表示に基づかない債権発生原因」参照）。さて、ここでもう一度、日記㉖の山田君が述べる「（準）物権契約」の復習をしておきましょう。「物権契約」とは所有権の移転など物権を変動させる際の契約のことで、準がつくと、物権そのものではないが、物権に準じてとらえられる権利を変動させる際の契約のことです。売主Aと買主Bの行う売買のように、債権・債務の発生を目指す契約を結べば同時に物権も変動する「意思主義」を判例や多くの学説が採っていることは、日記⑯（一一三頁）で学んだとおりですね。

債権は物権と同様、財産的価値のある財産権ですから、究極的には憲法29条（財産権）で保障される権利です。つまり、国家はこの債権の内容を実現し、債権の存立を保護するため、債権者にさまざまな法的手段を用意しています。民法第三編第一章第二部にある「債権の効力」の規定はそれを表しています。例えば、債権の内容の実現に協力しない債務者は、債務不履行責任を負わされることになります。最終的には債務者の財産に対する強制執行によって債権を実現することになるので、そのための債務者の財産（これを**責任財産**と呼ぶ）がなくならないよう、保全する制度があります。それが債権者代位権と詐害行為取消権（注1）です。

債権者代位権とは、債権者がその債権を保全するために債務者が自分自身の債務者（第三債務者と呼ぶ）に対して持っている権利を債務者に代わって行使できる権利のことです（民423条）。例えば、AがBに一〇〇〇万円を貸しており、Bにめぼしい財産はないものの、Cから以前不動産を買い受け、代金も支払ったのに移転登記をせず放置しているとします。この不動産はBの所有物のはずですが、Bに登記が移っていない限りAはこの不動産をBの責任財産として強制執行できません。そこで、AはBのCに対する移転登記請求権を債権者代位権に基づき行使すると、B名義の登記が実現しAのこの不動産に対する強制執行が可能になるわけです。一方、**詐害行為取消権**とは、債務者が債権を害することを知ってした行為の取消しを請求できる権利のこと

注1　以前は債権者取消権とも呼ばれていたが、平成16年民法改正（現代語化）の際、詐害行為取消権の呼び名に一本化された。

です（民424条）。例えば、AがBに一〇〇〇万円を貸しており、Bは借金を返す資力がないにもかかわらず唯一のめぼしい財産である不動産をわざとCに贈与し移転登記をしてしまったとします。AとしてはBの責任財産減少行為（詐害行為）を取り消し、逸失した責任財産を回復する必要があります。そこでAはこのようなBの贈与行為を裁判所に請求して取り消してもらうわけです。

債権者代位権も詐害行為取消権も債権の引当てとなる責任財産を確保しておくという意味で、重要な債権者の権利です。債権者にとっては担保（注2）の役割を果たすことにもなるので、この責任財産を共同担保とか一般担保と呼ぶほどです。どちらの権利も平成二九年民法改正により規定がかなり整備されました。例えば、債権者代位権については債務者や第三債務者との利益調整を図る規定が盛り込まれ（民423条の2～423条の6）、所有権の移転登記（登録）債権を保全するための登記（登録）債権も代位行使できるようになり（同423条の7）、詐害行為取消権については、類似の権利である破産管財人の否認権の制度（破160条以下）と食い違いが生じないよう配慮されています（民424条の2～424条の4参照）。なお、平成二六年会社法改正の際、詐害会社分割・詐害事業譲渡の規定が新設されましたが、日記㉗ではそれと詐害行為取消権との関係が話題にのぼっています。

注2　後出。第4章Ⅰ（306頁）参照。

日記㉖　八月×日。晴れ。
議員事務所の手伝いに夢中で留年し続けている政治家志望の山田君が、コーヒー豆の入った紙袋を手みやげに、研究室を訪れた。

山田　先生、郷里で地方選があったので手伝ってきました。暑い中で、文字どおり熱い戦いでしたよ。はい、おみやげに先生の好きなコーヒー豆。地元の有名専門店でブルーマウンテン、ブルマンを奮発してきましたよ。

ユミ　どうもありがとう。さっそくコーヒーを淹《い》れましょう。……ん？　ひょっとしてこれで単位を買収するつもり？

山田　先生、勘が鋭いですね。といっても、単位や選挙のお願いじゃないんです。この夏休みに株の売買で活動資金をつくろうと、その方法を教えてもらいに来たんですよ。

ユミ　そんなこと私が知っていたら、今ごろこんな暑い日本になんかいないわよ。それより、支援者を早く増やして立派な政治家になることね。そのときは、年金問題もしっかり頼むわよ！

山田　うーん。先生だけは「人柄」の審査でダメかも……。

ユミ　もういいわよ。それより、法学部生の君が株の売買というからには、それを法律的にどう説明できるか勉強したでしょうね!?

山田　勉強は試みたんですよ。でも「株式譲渡は、債権契約の履行としてなされる準物権契約である」というテキストの説明文からして、わからないんです。

ユミ　そうか、君は民法の単位も落としていたから、債権契約すらピンと来ないのね。債権、わかる？

山田　再試験なら何度も受けているので、わかるんですけどねぇ。

ユミ　……。

債権と債務は「契約」によって発生する

ユミ　債権というのは、ある人にある行為を請求できる権利よ。だから、債権を「請求権」と言うこともあるわね。請求される側の人は、それに対応する債務を持つことになる。

　債という字は、もともと「人に果たすべき約束」のことを意味するのよ。その約束のことを民法では「契約」と言うの。詳しく言うと、互いの意思表示が合致して契約が成立すれば、そこから「債権」と「債務」が発生するわけね。例えば、私が君に「このモカコーヒーを買いましょう」と言うとするわね。

山田　コーヒー豆はモカじゃなくて、ブルマンですよ。高かったんだから、間違えないでくださいよ。それに、売るんじゃなくて先生にあげるんです！

ユミ　山田君はどうも生真面目で話がしにくいなあ。……わかった。じゃあ、君が私にこのブルマンを「あげましょう」と言い、私が「ありがとう」と言うわね。

山田　そうそう。

ユミ　そうすると「あげる」「もらう」と両者の意思が合致して、贈与契約（民549条）が成立する。この契約から、君はこのコーヒー豆を引き渡さなければならない義務つまり「目的物引渡債務」を持ち、私はそれに対応する「目的物引渡債権」を持つわけ。

山田　すなわち、債権・債務というのは、契約から出てくるわけですね。債権あるところ契約あり、ってことだな。

ユミ　早合点は禁物よ。契約から債権が出てくるけど、逆は必ずしも真ならず。債権は契約から出てくるとは限らなくて、他にもいくつかの発生原因があるのよ。

山田　えっ？　契約もないところから債権・債務が出てくるなんてことがあるんですか!?

契約によらなくても債権・債務が発生する

ユミ　例えば、君が帰りに車にはねられてケガをしたら、運転していた人に治療費の請求をするでしょう？

山田　僕は今日、車で来たので、人をはねることはあっても、はねられることはありません。

ユミ　わかった。じゃあ、君の方が人を車ではねるとしましょう。いつも安全運転で僕は事故なんか起こさない、なんて生真面目に言うのはやめてね。

山田　これまで事故を何度も起こして免停になったことがあります。

ユミ　……。そうすると、君は、はねた相手から治療費を請求されるんじゃないのかな？

山田　それ、知ってます。民法709条の「不法行為」ですよね。治療費という損害を賠償してもらう請求権を、被害者は加害者に対して持ちます。被害者が債権者、

民法第３編の条文構造

- 第３編　債権（第399条～第724条の２）
  - 第１章　総則（第399条～第520条の20）
  - 第２章　契約（第521条～第696条）
  - 第３章　事務管理（第697条～第702条）
  - 第４章　不当利得（第703条～第708条）
  - 第５章　不法行為（第709条～第724条の２）

加害者が債務者、というわけですね。でも、僕が人をはねるのでなく、他の車にはねられて重傷を負った若い女性を僕が助け、そのときに立て替えた治療費を後でその人に請求できるがしない、っていう話のほうが、クリーンなイメージの僕には似合うと思うなあ。

ユミ　おっ、よく知っていたわね。それが第二の発生原因ね。それを何と言う？

山田　「運命の出会い」！　違いますね。……わかった、「事務管理」（民697条）です！

ユミ　それじゃ、第三の発生原因は？

山田　野良犬のくわえてきた他人のサンダルを履いていたような場合です。真の所有者は「自分のサンダルを返せ」と請求できる債権を持ちます。

ユミ　おおっ、すごいじゃない。で、それを何と呼ぶ？

山田　履物だけに「フット（不当）利得」。どうです？　僕のこんな楽しいユーモアに、支援者も増えそうでしょ。

ユミ　減ると思うなあ……。

山田　不当利得は、民法703条ですよね。わざと利得した場合は、704条で利息や損害の賠償も必要ですね。でも、サンダルで利息や損害なんて考えにくいなあ。足の水虫が移ったならいざ知らず、単に「アシからず」でいいでしょ？

ユミ　君の場合は、それで許してもらえそうね。さて、この三つを発生原因とする関係は「契約に基づかない債権関係」とか「法定債権関係」などと呼ばれているわね。

山田　なるほど、それで「債権」編の中にありながら、贈与や売買などの契約の章が終わった後に、この三つの章が独立して配置されているわけですね。……先生、ついでに「準物権契約」も復習しましょう（注3）！

ユミ　忙しいからこれでおしまい。

山田　え～っ。そんなの、ブルマンの不当利得ですよ～！

＊＊＊

日記㉗　六月×日。曇り。
修士論文作成中の大学院生の東野君と話をしていると、四年ゼミ幹部のハルちゃんに続き哲也君が卒業論文の中間発表会の打合わせにやってきた。

ユミ　あら、哲也君、卒論作成でまた徹

注3　準物権契約については、日記⑮（107頁）、⑯（113頁）を参照。

夜？　哲也が徹夜？

哲也　ふぁ～。きょうの天気と掛けてユミ先生のダジャレと解く。

ユミ　ふむ。その心は？

哲也　どちらも鬱陶しい。

ユミ　ガクッ。勉強疲れで相当不機嫌なようね。

哲也　先生、卒論の単位を分割で出してもらえませんか。前半まで書いただけで、もうヘトヘトですよ。

ハル　哲也、忙しい先生の代わりにオフィスアワーを手伝えば、力もつくし卒論も書けるようになるわよ。

哲也　なるほど。その際、質問の受付けを有料にしてゼミ運営費に充てれば一石二鳥だな。

ユミ　それなら、オフィス提供者の私も儲けの半分もらうとするかな。しっかり稼いでね。

東野　オフィスアワーというより「濡れ手にアワー」だな……。

平成二六年会社法改正で詐害的な会社分割・事業譲渡が導入された

ハル　分割で思い出したけど、平成二六年の会社法改正で、詐害的会社分割の規定ができましたよね。

ユミ　そうね。分割会社がこれまでの債権者、つまり残存債権者を害すると知りながら会社分割をしてしまった場合、それは詐害的な会社分割であるとして、残存債権者が直接、分割先の承継会社や新設会社に債務履行を請求できる制度ね。

東野　事業譲渡や商人による営業譲渡でも、同じように残存債権者が害される恐れがあるので、詐害的事業譲渡・営業譲渡の規定ができましたね（会23条の2、商18条の2）。

ハル　それらは、民法の詐害行為取消制度とはどういう関係になるのですか。

ユミ　詐害的会社分割はあくまで残存債権者を救済するものだけど、民法の詐害行為取消権は「総債権者のために」責任財産を保全する権利よ。

哲也　つまり、制度趣旨が異なるので、特別法と一般法の関係ではないということですね。

ユミ　そう。詐害的会社分割を主張できる場合でも、別に民法の詐害行為取消権を行使できると考えられているわね。

ハル　そうすると、会社法上の詐害会社分割の規定がなかった平成二二年に起こされた、会社分割をめぐる有名な詐害行為取消訴訟がありますが、それは今でも参考になりますね。

東野　業績不振のクレープ飲食事業会社Aが、資産のほとんどを会社分割によって新設会社Bに移し、抜け殻のような会社にしてしまったため、A社に厨房什器などをリースしていた債権者が怒って、その会社分割に対し、民法424条の詐害行為取消権を行使した事件だね（注4）。

ユミ　平成二四年には最高裁で、やはりその手の会社分割が詐害行為取消権の対象となったわよ（注5）。

ハル　でもヘンね。会社法832条2号は、債権者を害するつもりで持分会社が設立された場合について「設立取消しの訴え」を特則として定めているので、こんな場合、民法424条の詐害行為取消権は行使できないという判例があったはずよ（注6）。

注4　東京高判平成22年10月27日金法1910号77頁。
注5　最判平成24年10月12日民集66巻10号3311頁。
注6　最判昭和39年1月23日民集18巻1号87頁。

東野　考えてみれば、持分会社でさえ設立のような組織行為には民法424条を適用しないとされるのに、株式会社での同じ組織行為である会社分割に、適用してよいとは不思議だね。

ユミ　そうね。さっきのA社も「会社分割は組織法上の行為だから民法の詐害行為取消しの対象とならない」と突っぱねたの。でも、そんな漠然とした主張を裁判所は認めず、本件の場合には民法424条を適用するとしたの。

ハル　クレープを焼く会社だけに、主張理由が薄すぎたってわけか……。

平成二九年民法改正で「詐害行為取消権」の規定が整備された

哲也　ところで、民法424条の「詐害行為取消権」って何ですか？

ハル　えっ、哲也ったら、詐害行為取消権のことを知らずに話を聞いていたの？

東野　債権者の引当てとなる財産を、債務者が債権者を害することを知りながら安く処分してしまう等の行為をした場合、その行為の取消しを債権者が裁判所に請求できる権利のことだよ。

ユミ　昔は債権者が取り消すので債権者取消権とも呼ばれていたわ。平成一六年の現代語化をめざす民法改正の際に、詐害行為取消権の呼び方に統一されたけどね。

ハル　商売不振の債務者が、債権者に財産を取られまいと名義変更をして隠したり、一部の債権者だけに唯一の財産を引き渡したりと、債権者全員のための責任財産をむやみに減らしてしまう事態に対処するための権利ですよね。

東野　詐害行為取消権が認められるには「保全される債権の存在、債務者が債権者を害することを知ってした行為が行われたこと、債務者の悪意、被告となる受益者や転得者が債権者を害することを知っていたこと」が必要だよ。

哲也　ふ～む。でも詐害行為かどうかなんてわかりにくいし、立証もしにくそうですね。

ユミ　そうね。だから平成二九年民法改正によってかなり整備されたわ。例えば、詐害行為の後で発生したような遅延利息の請求権などでも詐害行為の前の原因によって生じたものは、被保全債権となること（民424条3項）、不動産を相当の対価で売るような財産処分でも詐害行為取消請求の対象となり得ることおよびその要件を、同様の定めのある破産法161条1項を参考に明記していること（民424条の6～424条の9）、請求後の効果（民425～425条の4）などね。

哲也　その改正された民法は、会社法や商法の詐害会社分割、詐害事業譲渡・営業譲渡に影響を与えないのですか。

ユミ　出訴期間が行為の時から二〇年とされていたのが、民法に合わせて一〇年に改められるけれど、それ以外は別個のものとして考えられているわ。

哲也　両方とも勉強しなければならないなんて、債権者だけでなくこっちの身も害されてヘトヘトですよ。とほほ。

ユミ　勉強はコツコツと。「ローマは一日にして奈良漬け」よ！

東野　なるほど、鬱陶しいな……。

債権者代位権も平成二九年民法改正により整備された

ハル　先生、詐害行為取消権だけでなく、債権者代位権も平成二九年民法改正でかなり整備されましたよね。

哲也　債権者代位権？

東野　債権者が自分の債権を保全するために債務者が持つ権利を債務者に代わって行使できるという権利だよ。民法423条だね。

ハル　例えば、私が哲也に二万円、哲也がユミ先生に一万円貸しているとするでしょ。哲也が単位欲しさにユミ先生に対して一万円の取立てをしない場合、私が債権者代位権を行使して、哲也に代わってユミ先生に一万円の請求ができるのよ。

ユミ　哲也君が遠慮しているのに、ハルちゃんが私に直接返せと言うなんて、なんてひどい教え子なの！

ハル　先生、ムキにならないで。哲也がスッカラピンのくせに債権回収してくれないと私が困るじゃないですか！

東野　まあまあ、どちらもムキにならずに。債権者代位権もさっきの詐害行為取消権同様、債務者の責任財産が減らないように保全つまり確保しようというのが制度趣旨だね。

哲也　それで、どんなところが改正されたのですか。

東野　今の例で言うと、ハルちゃんがユミ先生に、哲也君にではなく直接自分の方に一万円を引き渡せと言えるね（民423条の3）。

ユミ　第三債務者の私は、債務者つまり哲也君への抗弁を債権者ハルちゃんにも主張できることがはっきり明言されたわ（民423条の4）。

東野　これまでの判例だと、ハルちゃんが債権者代位権を行使すれば、哲也君はユミ先生への一万円の債権行使ができなくなったけれど、改正では哲也君も自ら債権行使ができるよ（民423条の5）。

ユミ　債権者代位権はあくまで債務者の責任財産を保全するための制度であって、それ以上のものではないものね。ほかにも、自分の債権額の範囲に限ることが明文化されたわ（民423条の2）。不動産売買の際に生じる登記請求権を代位行使できることも明記ね（同423条の7）。

ハル　つまり、A、B、Cの順に不動産売買によって所有権が移転した際、登記がまだAのところにあるならCはBに代わって、BのAに対する移転登記請求権を行使できるわけですね。

哲也　それって、Bの責任財産保全とは関係ないんじゃないですか。

ユミ　そうね。制度趣旨とは関係ないけど、債権者代位権を使えると便利なので判例上認められてきたの。それを明文化したのね。

哲也　へぇ〜。妙に柔軟な規定ですね。先生、僕も先生に代わってオフィスアワーで頑張りますから、柔軟に単位を出してくださいよ。

ユミ　哲也君、オフィスアワーで頑張っても、その甘えた発言のせいで努力が「水のアワー」よ。

東野　師弟ともども、こりゃダメだ……。

債権譲渡と第三者対抗要件

ユミ先生の
ワンポイント
レッスン

株式譲渡の対抗要件は株式を取得した者の株主名簿への記載・記録ですが、それが誰に対抗できるかは、株券発行会社の場合と株券不発行会社の場合とで異なります（会130条）。対抗要件主義を採るからには、株式譲渡は意思主義を当然の前提にしているはずですが、株券がある場合は株券の交付がなければ譲渡そのものができません（同128条1項）。民法を少しかじると、物権の対抗要件や意思主義の知識等がかえって邪魔をして、日記㉘のキララちゃんのように、株式譲渡の対抗要件がわからなくなってしまいます。ここでもう一つ、重要な前提知識を勉強しておきましょう。それは、債権譲渡とその対抗要件です。

民法に登場する通常の債権、つまり債権者が特定し、債権の成立にも譲渡にも証券・証書が何ら必要でない債権のことを**指名債権**と呼びます。もっとも、平成二九年民法改正後は、証書が必要ないわゆる証券的債権に関する規定を廃止し有価証券に関する規定に改めた関係で、それに対応する指名債権という用語も使われなくなりました。つまり指名債権の譲渡は、単に債権譲渡と呼びます。ところで、債権譲渡は、所有権など物権の譲渡と同様、意思表示だけで足りるとされています（民466条1項）。しかし、物権の譲渡と違って厄介なのは、物でなく債務者という人間が存在していることです。例えば、Aが債務者Bに対する一〇〇万円の金銭債権を、Cに譲渡するとしましょう。譲受人Cが新債権者となるわけですが、Bが「Cなんか知らない」と言って一〇〇万円を支払ってくれなければ、Cは債権を得たとしても意味がありません。そこで民法は、債権の譲受人がその債権を債務者に主張できる方策として、譲渡人から債務者に対する通知または債務者の承諾があれば債務者に対抗できるとする、対抗要件主義を採用しました（民467条1項）。これを**債務者対抗要件**と言います。もっとも、この対抗要件は、不動産売買の対抗要件のように、Bに対する債権がAからC、AからDへと二重譲渡が行われたような場合の、CとDの関係を決める対抗要件とは違います。Bに対する債権の譲受人CがBに権利行使をする際の資格の一種にすぎません。そうすると、債務者対抗要件と呼ばず、実は「権利行使要件」と呼ぶ方が適切ですね（現に、平成二九年民法改正の直前には、そのように呼ぶ案がありましたが結局見送られた）。

一方、債権の二重譲渡が行われた場合は、両立し得ない者同士が優劣を決めるための対抗要件、いわゆる**第三者対抗要件**が必要です。ただ、債権は動産や不動産のように、引渡しや不動産登記ができない以上、債務者に登記所のような役目を負ってもらうしかありません。そこで日記㉘の中で解説されているように、民法467条2項が重要になってくるわけです。なお、法人の金銭債権については、東京法務局で債権譲渡登記ファイルに登記することが一九九八年（平成一〇年）以降、債権譲渡の対抗要件に関する特例法（二〇〇四〈平成一六年〉年以降は動産譲渡登記制度を組み込んだ、動産及び債権譲渡の対抗要件に関する民法の特例等に関する法律＝**動産債権譲渡特例法**）で認められるようになりました。多くの債権を一括譲渡して資金調達したい企業にとって、民法467条2項のような確定日付のある通知・承諾を一つひとつ経なくてもすみ、大変便利です。

平成二九年民法改正により、債権譲渡の規定が整備されました。第一は、債権者と債務者の間で債権譲渡禁止特約等（「譲渡制限の意思表示」と呼ぶ。民466条2項カッコ書）があっても、勝手に行われた債権譲渡は有効とし、債務者としては特約の存在についての譲受人の悪意または重過失を立証するか、譲渡人に弁済しておくしか道がないことです（民466条2・3項。同条4項により相当期間内に履行するよう催告され未履行の時はその道もなくなる。その他、債務者・譲受人間の保護の調整は同466条の2、466条の3、468条、469条参照）。債権者側の債権譲渡という資金回収手段の強い要請を汲んだためです。第二は、まだ発生していないいわゆる**将来債権**、例えば、医者が患者と将来結ぶ診療契約から生じる診療報酬債権や、家の貸主が借主と結んだ賃貸借契約から将来、毎月生じるはずの賃料債権なども、譲渡できると明記したことです（同466条の6）。これについても対抗要件の規定が及びます（同467条カッコ書）。なお、私たちが銀行など金融機関に対して持っている預貯金債権については、預貯金債権の譲受人が譲渡禁止特約に悪意または重過失である場合、その譲渡は債務者に対抗不可（実質的に無効）と明記されたことに注意が必要です（同466条の5）。顧客の膨大な預金口座を持つ金融機関の出入金事務手続に支障が生じないようにするためです。

日記㉘　七月×日。晴れ。

自動車部のキララちゃんとボーイフレンドのひろし君が、アイスクリームの入った包みを持って研究室にやって来た。仕事の労をねぎらいに来てくれたようだが、レース前の練習が大変なのか、二人とも少し険悪だ。

ひろし　先生、レポートの採点や大学院生の指導で夏休みも大変ですね。アイスでも食べて休憩してください。

ユミ　あら、気をつかってくれてありがとう。自動車部もレース前で大変なんじゃないの？

キララ　先生、聞いてください！　ひろしったら、私が急発進するたびに助手席で怒鳴るんですよ。

ユミ　えぇっ、自動車レースは急発進で飛ばすものじゃないの？

ひろし　先生、今の時代はエコ・ドライブレースが主流なんですよ。いかに無駄にガソリンを使わず走るかを、チーム対抗で競うんです。

ユミ　ふ～む、対抗意識を燃やしつつも、ガソリンを燃やしすぎてはいけないわけね。

ひろし　そんな冗談を言ってる場合じゃないんですよ。少しのアクセルの踏込みでも負けにつながるんだから。

キララ　ところで先生、「対抗」で思い出したけれど、株式の譲渡は、株主名簿に名義書換をしなければ会社その他の第三者に「対抗」できないんですよね（会130条1項）。

ユミ　あぁ、「株式譲渡の対抗要件」のことね。

キララ　そうです。一般に対抗要件というのは、例えば土地の二重譲渡があった場合にどちらの譲受人が勝つかを決めるものだと民法で習いましたが、会社法では、譲受人でない会社に対しても「対抗」と言うので意味がわからないんです。

ユミ　確かに、第三者との関係でいう「対抗」と会社との関係で言う「対抗」とは意味合いが違うわね。それじゃ、民法467条を見てごらん。

キララ　「債権の譲渡の対抗要件」ですね……。あっ「債務者に対する対抗要件」と「債務者以外の第三者に対する対抗要件」とが、分けて規定されています。

ユミ　そうね。対抗要件には二通りの意味があるのよ。一つは、あなたがさっき言った物権変動と同じもので、二重譲受人の間や譲受人とその権利を差し押さえた者の間など、両立しない地位を争う者同士で優劣を決める、いわゆる「第三者対抗要件」のことね。

キララ　そして、もう一つは、譲受人が債務者に対して債権を主張するためのもの、つまり民法467条1項ですね。

ユミ　そう、それを「債務者対抗要件」と言うわ。

ひろし　つまり、権利行使するための要件ってことだな。

ユミ　そういうこと。「債務者対抗要件」と言わず、「権利行使要件」と呼ぶ学者も多いわね。株式も会社持分権と言えど、会社との関係では債権的な性質があると言えるから（注7）、この規定は参考になるわね。

キララ　そうすると、一口に「対抗」と言っても、第三者に対するもの、債務者に対するもの、どちらの者に向かって対抗することを言っているのか、異なる意味で使われる点で気をつけなければいけませんね。

ユミ　そうよ、自動車部でもこれを「タイコウシャに注意」と言うでしょ？

ひろし　言いませんよ。

不動産譲渡と債権譲渡では第三者対抗要件が変わる

キララ　ところで、不動産譲渡の場合「第三者間の対抗要件」は登記ですよね。

ユミ　そうね。民法177条に「不動産に関する物権の得喪及び変更は、……（中略）……登記をしなければ、第三者に対抗することができない」とあるわね。

キララ　それに対して、指名債権譲渡の場合の第三者間の対抗要件は、譲渡人から債務者に対する「確定日付のある証書による通知または承諾」ですよね（民467条2項）。なぜ、不動産のように登記ではないのですか？

注7　日記⑯（113頁）参照。

ひろし　債権譲渡があったことを、いちいち登記するのも、申請するのも無理だろう。
ユミ　そう、債務者に譲渡の事実を知らせたり、問合わせをして回答を得ることで代用したと言えるわね。
ひろし　つまり、債務者が債権譲渡の有無や内容を知らせる、登記所ならぬ債権譲渡インフォメーション・センターの役割を負うってことだな。
ユミ　そういうこと。それを、公正証書や内容証明郵便のような確定日付のある証書の形にするわけね（民法施行法5条）。もっとも、現代の企業が大量の債権をまとめて譲渡するのに、この証書を債権ごとに作るのは大変な手間と費用がかかるので、法人の金銭債権に限り、登記ファイルによる債権譲渡登記が認められるようになったけれどね（注8）。
ひろし　あ、それ知ってます。バブルの頃、地価の高騰を抑えるため金融機関の貸出規制が行われたので、クレジットカード会社やリース会社が、大量のクレジット債権やリース債権を譲渡することによって独自に資金調達したという社会背景が出発点だと聞きました。
ユミ　そう。今では良質の債権をたくさん持つ企業がまとめてＳＰＣ（Special Purpose Company 特別目的会社）と呼ばれるような会社に譲渡し、そのＳＰＣが債権の信用を担保に証券（資産担保証券）を発行して投資家に販売することが盛んに行われているわ。このような企業をオリジネーターと呼ぶわね。
ひろし　オリジネーターの企業は債権をＳＰＣに売って早く換金できるし、ＳＰ

注8　1998年（平成10年）債権譲渡特例法。2004年（平成16年）以降は動産債権譲渡特例法（4条1項）。

Cはその債権を証券化して資本市場に持ち込み売りさばく。これを債権の流動化といいますね。

キララ　登記ファイルで技術的に債権譲渡登記ができるようになったのなら、法人の金銭債権だけなんて言わずに、誰のどんな債権の譲渡でも第三者対抗要件は登記に一元化してしまえばいいのに。

ユミ　そう、平成二九年民法改正の時にそうすることが提案されたんだけど、議論がまとまらず、実現に至らなかったそうよ。もっとも、中小企業などは、一〇年前からすでに売掛金債権を手形ではなく電子記録債権、通称「でんさい」を利用して決済しているわよ（電子記録債権法。日記⑰一二三頁以下参照）。

キララ　先ほどの話に戻りますが、確定日付のある証書でないといけないのは、どうしてですか？

ユミ　二重譲受人の一方が、勝手に日付を遡《さかのぼ》らせて、先に譲り受けたとごまかさないようにするためよ。

ひろし　先生が大学ホームページの教員紹介欄で、毎年、生年月日を後にずらしてトシをごまかすのと逆ですね。

ユミ　ギクッ。

債務者に対する公示の言い回しを「第三者」の公示にも利用

キララ　民法467条1項は「債務者その他の第三者」に対抗できないとありますが、本項は債務者対抗要件の方を指す条文なのだから「第三者」は余分なのでは？

ユミ　そうね。第三者に対しては、2項で確定日付のある証書が公示の役割を果たしていると言えるから、1項は「債務者のみ」に対する権利行使要件と言う方がすっきりするわね。そう考える説の方が有力よ。

キララ　それじゃ、どうして「その他の第三者」も入っているのですか？

ユミ　1項を債務者対抗要件と第三者対抗要件共通の原則規定、2項を1項の原則から債務者を除いたものと見る説に立って規定しているからよ。

キララ　ああ、1項の対抗要件の意味を2項より広くとらえるわけですね。そうすると、468条の「対抗要件」は公示の意味を含まない債務者対抗要件の意味ですね。

ユミ　そう、対抗の言葉に公示の意味を含めたり含めなかったりと、回りくどい公家言葉のようなので、別名「言葉のあやのコウジ」とも言うわよ。

ひろし　先生の解説こそ、回りくどい無駄なギャグが多くて、燃費の悪さはビンテージもののアメ車並みだな。

ユミ　ハハハ。それじゃ、これから私のことを、華麗な「サンダーバード・ユミ先生」とでも呼んでくれればいいわよ。

ひろし　「サタン・ユミ先生」の方がいいのでは？

ユミ　それは、サタン（悪魔）じゃなくて、サターン（土星）でしょ！

（債権の譲渡の対抗要件）

第467条　債権の譲渡（現に発生していない債権の譲渡を含む。）は、譲渡人が債務者に通知をし、又は債務者が承諾をしなければ、債務者その他の第三者に対抗することができない。

2　前項の通知又は承諾は、確定日付のある証書によってしなければ、債務者以外の第三者に対抗することができない。

（債権の譲渡における債務者の抗弁）

第468条　債務者は、対抗要件具備時までに譲渡人に対して生じた事由をもって譲受人に対抗することができる。

2　（省略）

債権の消滅

債権はその内容が実現されれば、つまり債務者が借金を返したり、売った商品を買主に引き渡す等すれば、その目的を果たして消滅します。これを**弁済**と言い、最も一般的で原則的な債権の消滅の方法です。債務者は弁済が済み、債権が消滅することによって一切の債権者との関係・拘束から解放されます。

ユミ先生の
ワンポイントレッスン

弁済は**履行**もしくは**給付**と呼ばれることもあります。民法には、弁済のほかに債権の消滅原因として、**代物弁済**、**供託**、**相殺**《そうさい》、**免除**、**更改**、**混同**の六つが載っています。代物弁済とは、本来の給付の代わりに他の給付を行うことで債務を消滅させること（民482条）。例えば、一〇〇万円を借りていた借主が一〇〇万円の返済に代えて絵画の引渡しをする合意を貸主と行い、絵画を引き渡すような場合です。供託とは、弁済の目的物を供託所に供託して債務を免れること（同494～498条）、相殺とは債権者に同種の債権を持つ債務者が、その債権と債務を対等額につき消滅させること（同505～512条の2）、免除とは債務者に対して債権を消滅させる債権者の一方的意思表示（同519条）、更改とは、給付の内容の変更や債務者・債権者の交代により旧債務が消え新債務が成立すること（同513〜518条）、混同とは債権と債務が同一人に帰属して債権が消滅すること（同520条）です。このうち、代物弁済と更改は契約です。特に代物弁済は平成二九年民法改正により債務者だけでなく第三者でも行える諾成契約であると明記されました。他にも、民法改正によって弁済全般の規定（第三編第一章第六節473〜520条）がわかりやすく整備されています。

日記㉙では特に相殺に焦点を当てて説明されていますが、相殺は今や、その担保的機能が最も重視されていると言えます。例えば、AがBに一〇〇万円の債権（甲）を、BがAに八〇万円の債権（乙）を持つ場合、Aから見るとBが無資力となっても相殺の意思表示をすれば少なくとも八〇万円をBに弁済しなくてもよいので、その範囲で簡便にBへの債権を回収できたことと同じになるわけです。そして、このAの期待は十分に保護されるべきと考えられています。もし、他のBの債権者Cが出現し、乙債権を差し押さえてきた場合、差押時にどちらの債権も弁済期になかったとしても、また甲債権の弁済期が乙債権のそれより後であろうと、つまり差し押さえられた乙債権の弁済期の方が先に到来するのでCの方が先に請求できる順序にあると考えられようと、裁判所は弁済期の先後を問わずAの相殺を認めます（無制限説。（注9））。平成二九年民法改正ではこのことを明文化し、さらに差押後に乙債権を取得したものであってもそれが差押前の原因で生じたものなら、やはりAの相殺は認められます（民511条）。

注9　最判昭和45年6月24日民集24巻6号587頁。

日記㉙　一月×日。晴れ。

来年度ゼミ生の応募者数を増やしたいと、スカウト要員であるミヤコちゃんとはじめ君が、連日スカウト作戦会議を開いている。しかし、応募状況が振るわないため、気が気ではないようだ。

ミヤコ　リーマン・ショック以降、公務員志望が多くてゼミ説明会でも行政法ゼミや民法ゼミへの質問ばかり。先生に頼まれて買ってきたケーキとお茶を振舞っての買収作戦も失敗に終わりました。

ユミ　う〜む、ケーキが悪いとケーキ作戦も効き目なしか……。ところで、公務員志望者がなぜ民法ゼミを希望するの？

はじめ　公務員試験には、民法の問題が結構出るんですよ。

ミヤコ　会社法は民法の特別法なのに、民法ゼミへの応募の方が多いなんて腹立たしいわ！

ユミ　それじゃ、うちも民法色を出して「会社法ゼミ」改め「社民法ゼミ」とするのはどう？

ミヤコ　政党名じゃあるまいし……。

はじめ　わがゼミの人気低下の理由は、公務員試験とは無関係だと思うな。今度の見学会では、ゼミ生だけでも真面目で知的だということをアピールしよう。

ユミ　それはどういう意味よ。よし、民法ゼミを超える知性を見せるために「デット・エクイティ・スワップによる第三者割当てと相殺禁止条項の関係」を議論しましょう。

ミヤコ　デット・エクイティ・スワップ？

……、どっと食いてぇ、スコップで……。

はじめ　このゼミは落研部員が多いことも、ネックだな……。

ユミ　デット・エクイティ・スワップとは「会社に対して（金銭）債権を持つ者がその債権を現物出資して株式を取得すること」よ。

ミヤコ　資本充実の観点から、株式引受人がその払込債務と会社に対する債権とを相殺することは禁じられているのに（会208条3項〈相殺禁止条項〉）、デット・エクイティ・スワップなんて、認められないのでは？

はじめ　条文を反対解釈すれば、会社から行う相殺や、合意による相殺は認められるよ。しかも現物出資規制が緩和され、債権が帳簿価額以下の評価なら検査役の調査が不要になったから（会207条9項5号）、会社としては株式発行業務がスムーズにできるね。

ミヤコ　資本充実なんていっても、それじゃ、中身が詰まっているようには思えないわ……。

ユミ　アハハ、大きいばかりで中身がないのは、資本だけでなくミヤコちゃんの買ってきた、あのケーキと同じね。シホン・ケーキと言ったかしら？

ミヤコ　あれはシフォン・ケーキ！　ふわっと膨らんでいるから美味しいんですよ！

互いの借金は簡単にチャラ!!

ミヤコ　ところで「相殺」って、民法の授業で初めて習った時はビックリしたわ。

物騒な名前だし、読み方も変わっているんだもの。

ユミ　「殺《さい》」は削ぐ、減らすというような意味よ。民法相続編にある「遺留分の減殺《げんさい》」（民1031条以下）という用語も同じね。

はじめ　相殺とは「相殺適状にある自働債権と受働債権を一方の意思表示によって対等額で消滅させること」ですよね。

ミヤコ　難しい説明ねぇ。

はじめ　相殺適状とはいつでも相殺できる状態、自働債権とは相殺する側の持つ債権、受働債権は相殺される側の持つ債権のことだよ。

ユミ　早い話が、互いに借金し合っているような場面でチャラにすることよ。

はじめ　いやに簡略化しますね。

ユミ　そう、相殺とは決済を簡略化するためにこそあるわ。これを相殺の「簡易決済機能」と言うの。

はじめ　相殺には「公平維持の機能」もあるとテキストにあります。一方の債務が履行され、他方が履行されないとしても、相殺により解決されるので、両当事者が公平に取り扱われます。

ミヤコ　でもヘンね。債権者がほかに存在していても、資力のない当事者に対してその相手方は優先的に相殺できるとあるわ。

はじめ　つまり、僕もミヤコちゃんも共に先生に対して一万円の貸しが、一方、先生が僕に一万円の貸しがある場合、僕は先生との間の互いの債権を相殺してしまえるってことだな（二〇七頁図参照）。

ミヤコ　え〜っ？　いつも金欠病の先生から、私は永久に取り立てられないってこと？

ユミ　誰が金欠病よ。

はじめ　見た目は立派な栄養過多ですけどね。

ミヤコ　でも、債権法の最初の時間に「債権は絶対的・排他的な物権と違い相対的・対人的なので、債権成立時の前後を問わず債権者は皆平等である」と習ったはず。私とはじめ君の扱いが不平等だわ。

ユミ　「債権者平等の原則」のことを言っているのね。

ミヤコ　だから先生の唯一の財産であるはじめ君に対する一万円の債権も、比例的に分けて、半分の五〇〇〇円を私ももらいたいわ。

はじめ　僕は先生に一万円の借金全額を返さなければならないのに、貸した分は五〇〇〇円しか返って来ないなんて、僕と先生の両債権の扱いが不公平になるじゃないか。

ユミ　そうね。つまり相殺適状にある両債権の公平を優先するってことね。

ミヤコ　まるで、はじめ君の債権だけが担保付きのようだわ。

ユミ　それを、相殺の「担保的機能」と言うわよ。

ミヤコ　ふ〜む、債権を回収しようと思っていたら、実はほかに債権者がいて相殺の手段であっさり回収されてしまうなんて、コワい制度ね。

ユミ　そう、相殺には、担保物権のような公示性もないし、担保の対象となる債権に特定性も認められないので、問題視する学者は多いわ。

はじめ　相殺の効力は相殺に適するようになった時にさかのぼるという規定（民506条2項）がありますが、国際的な趨勢《すう》

図　相殺

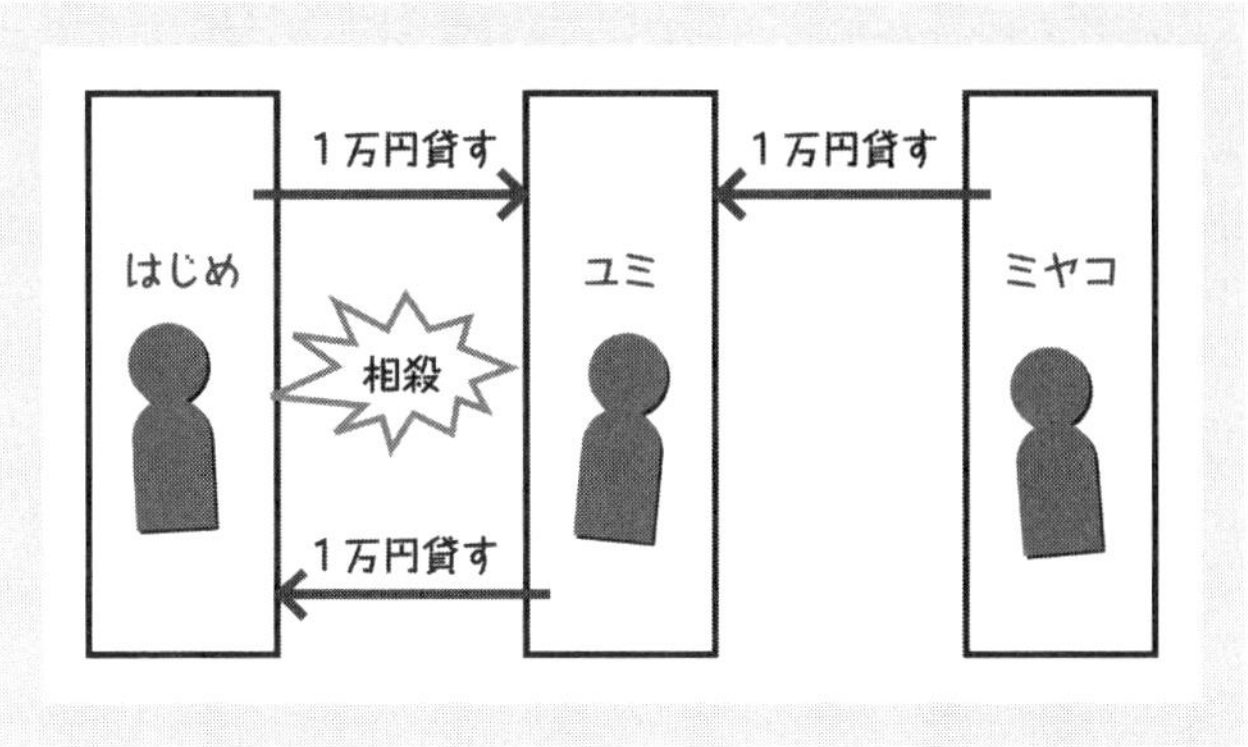

に合わせて、将来、遡及効が廃止されるのではないですか。

ユミ　平成二九年民法改正では、かなり議論されたけど506条２項は維持されたわ。もっとも、任意法規なので遡及効を否定する合意は有効よ。銀行の取引実務はこちらが主流ね。

ミヤコ　ところで先生、私が買って来たケーキの代金、早く返してください！

ユミ　あら、それはこの前カラオケで皆に美声を披露した、あの出演料で相殺よ。

ミヤコ　エーッ！　……それじゃ、皆がその後体調を崩したので、薬代と慰謝料で相殺します。

はじめ　う～む、相殺は実にコワい制度だな。

＊＊＊

日記㉚　二月×日。曇り。
新年度ゼミ生スカウト要員のミヤコちゃんとはじめ君、優秀な後輩ゼミ生を何とか獲得できたそうだ。

はじめ　近ごろ、優秀な学生は公務員志望者ばかりなので、会社法ゼミの応募が少なくて大変でした。

ユミ　そんな中で、優秀な学生をよく集められたわね。

ミヤコ　「ゼミでは、合併比率とチョー損な合併の事例を徹底調査しています」と説明したら、途端に応募者が増えました。

ユミ　そういえば、このところ、合併比率によっては一方の株主が多大な損を被り得ることを判例や経済記事で丹念に調べているわね。

はじめ　先生、ミヤコちゃんは、公務員志望者が「町村合併」と聞き間違えるよう「チョー損、合併」と言ったような気がしないでもないんです。

ユミ　ふ～む。落研秘伝の奥の手を使ったのね……。

はじめ　やっぱりワザとだったか。

ミヤコ　でも平成二一年の地方財政健全化法施行以来、第三セクター等の株式会社運営の問題は大事だから、そんな聞き間違いはすぐに感謝で帳消しになるわよ。

はじめ　法学部で事業仕分けがあったら、このゼミが真っ先に対象になると思うなぁ……。

債権の消滅要因は五つだけとは限らない

ミヤコ　帳消しと言えば、前回、債権を持ち合う者が互いにそれを帳消しにし合う「相殺《そうさい》」の話が出ましたよね。

ユミ　あぁ、債権を消滅させる方法の一つね。

ミヤコ　民法の条文を見ていたら、相殺以外に「債権の消滅」事項が並んでいるのを発見したんです。

ユミ　民法債権編ね。債権の消滅原因が「弁済」「相殺」「更改」「免除」「混同」の順に並んでいるわ（次頁図参照）。

ミヤコ　債権が消滅するのは、この五つの場合だけですか？

ユミ　そうじゃないわ。「債権の成立後、その使命を果たして一生を終えるまで」という観点からはこの五つだけだけど、債権者側の回収の観点や債務者側の履行の観点等、見方を変えれば消滅の仕方もほかにいろいろあるわ。

ミヤコ　債権者や債務者側の観点ねえ……。

ユミ　例えば、あなたたちが今度開く「新ゼミ生歓迎コンパ」で、私が自慢ののどを聞かせるミニリサイタル契約をあなたたちと結んだと考えてみて。私が当日、予期せぬ事故に巻き込まれて歌えなくなったとしたら、どうなる？

はじめ　みんなで手を取り合って喜びます！

ユミ　違うでしょ。私の債務が履行不能に陥り、あなたたちの債権はその目的を達成することが不可能となるので消滅するのよ。

（弁済）
第473条　債務者が債権者に対して債務の弁済をしたときは、その債権は、消滅する。

（相殺の要件等）
第505条　二人が互いに同種の目的を有する債務を負担する場合において、双方の債務が弁済期にあるときは、各債務者は、その対当額について相殺によってその債務を免れることができる。ただし、債務の性質がこれを許さないときは、この限りでない。
2　前項の規定にかかわらず、当事者が相殺を禁止し、又は制限する旨の意思表示をした場合には、その意思表示は、第三者がこれを知り、又は重大な過失によって知らなかったときに限り、その第三者に対抗することができる。

（更改）
第513条　当事者が従前の債務に代えて、新たな債務であって次に掲げるものを発生させる契約をしたときは、従前の債務は、更改によって消滅する。
一　従前の給付の内容について重要な変更をするもの
二　従前の債務者が第三者と交替するもの
三　従前の債権者が第三者と交替するもの
2　条件付債務を無条件債務としたとき、無条件債務に条件を付したとき、又は債務の条件を変更したときは、いずれも債務の要素を変更したものとみなす。

（免除）
第519条　債権者が債務者に対して債務を免除する意思を表示したときは、その債権は、消滅する。

（混同）
第520条　債権及び債務が同一人に帰属したときは、その債権は、消滅する。ただし、その債権が第三者の権利の目的であるときは、この限りでない。

ミヤコ　リサイタルのときに先生に花束を渡すとしてそれを反対給付だと考えると、債権が消滅するかどうかは、今度は危険負担（民536条）の問題となりますね。

ユミ　よく知っているじゃない。ほかにも解除条件の成就（民127条２項）、終期の到来（同135条２項）、消滅時効（同166条以下）など、権利一般に共通する消滅原因によっても債権は消滅するわね。

はじめ　さらに、歌を我慢して聴けば単位がもらえると勘違いしていたような場合には、錯誤の主張や意思表示の取消し（民95条、121条）、場合によっては契約解除（同545条）もできそうですね。

ユミ　どうしても私のリサイタルを阻止する気ね……。

「相殺」や「混同」は債権存続が無意味なので消滅する

はじめ　先生、弁済と同じ箇所に、引き続き「代物弁済」や「供託」の定めが載っていますが、これも弁済と見て良いのですか？

ユミ　弁済は「債務者が債務の本旨に従って給付を実現すること」、それに対して代物弁済は「弁済者が債権者との間で他の給付に代える契約をすること」（民482条）、供託は「弁済者が弁済の目的物を（供託所に）供託すること」（弁済供託。同494条）よ。どれも少しずつ違うわね。

ミヤコ　供託って、不動産相続のトラブルなどで賃貸人が誰かわからないときに、賃借人が家賃を供託するのをよく聞くわ。これで賃貸人の債権消滅？

はじめ　と言うより、賃借人の側が債務を免れるんだね。一方、賃貸人の側は供託所に対し、供託された家賃をいつでも受領する債権を取得するのさ。これを供託物還付請求権と言う。

ミヤコ　それじゃあ、供託があれば賃貸人がその還付を明日にでも請求するかも……。「キョウ」タクなのに、「アス」寄こせとはこれ如何に。

ユミ　「アスリートなのにきょうも運動するが如し」よ。

はじめ　先生、落研の練習会じゃないんだから、代物弁済や供託と、弁済との異同を教えてください。

ユミ　代物弁済も供託も、債務の本旨に従った給付、つまり債務の内容どおりの給付ではないけれど、債権者が満足するという意味では同じなので、弁済の一種と考えられているの。加えて言うと、代物弁済は諾成契約なので（平成二九年民法改正）、契約上の代物給付義務が果たされて初めて弁済と同視されるわ。

ミヤコ　それじゃ、相殺以下の消滅原因は、債権者が満足しない場合ってこと？

ユミ　債権者の満足を考える以前に、そもそも債権を存続させる意義が失われるので消滅させちゃうの。相殺と免除は債権者の一方的な意思表示により、更改は契約により、混同は債権と債務を同一人が持つという事実が生じたら直ちに、債権消滅よ。

はじめ　免除は、民法よりも税法との関係で、重要ですよね。

ユミ　そうね、不良債権の債権放棄は民法の免除に当たる一方、価値ある債権の放棄だと一種の贈与となるので、税法上は貸倒れ損失として損金処理することはできないわ（法人税法22条3項3号）。

はじめ　でも、住専問題で損金処理をした銀行への大型追徴課税の是非が問われたとき、最高裁は住専処理の特殊性を重視して課税を違法としましたよね（注10）。

ミヤコ　ところで、債務の「履行」も「弁済」と同じ意味？

ユミ　そうね。「履行」は行為に着目した表現、「弁済」は債務消滅という効果に着目した表現ね。でも「給付」は、厳密には「弁済」と同じではないわよ。

ミヤコ　えっ？「給付」も「履行」同様、「弁済」と同じなのでは。

はじめ　僕たちが先生の歌を聞かせてもらうというさっきの契約で言うと、先生が歌えば僕たちが耳をふさいでいても弁済があったことになるんだ。でも、僕たちが先生に花束を渡しても先生が受け取らなければ、「給付」はあっても「弁済」とはならない。

ミヤコ　ふ～む。つまり、物の引渡しを内容とする債務は、債権者が「受領」して初めて「弁済」となるのね……。でも先生なら謝礼が花一本でも受け取ってくれるわよ。

ユミ　「一本だけでごベンなサイ」と言えば、このゼミではすぐに債権消滅よ～！

はじめ　ゼミの威信も一緒に消滅しそうだな。

注10　最判平成16年12月24日民集58巻9号2637頁日本興業銀行事件。

Ⅱ 契約は固い約束 ～契約総論～

契約の拘束力

ユミ先生のワンポイントレッスン

　契約はひとことで言えば約束、それも守らなければならない固い約束のことです。普段、私たちが交わす約束は社交上のものであって、破っても相手によってはどうってこともない（？）のが普通です。しかし、契約は、守られなければ裁判所に訴えて強制することができ、違反に対して損害賠償を請求できるものです。つまり、契約とは法的な手段により強制される債務を生み出す約束、というわけです。このような強制力を**契約の拘束力**と呼びます。

　では、どのような場合に約束でなく拘束力のある契約を結んだことになるのでしょうか。それは、相対立する二つの意思表示の合致があった場合です。「相対立する」のですから「売る」と「買う」、「貸す」と「借りる」という風でなくてはいけません。また、「合致」ですから、ある時計を「五万円で売る」と「一万円で買う」のとでは合致があったとは言えません。

二つの意思表示には名前がついています。時間的に先の意思表示が申込み、その申込みに対して後の意思表示が承諾です。平成二九年改正民法は、**申込み**の定義をわざわざ「契約の内容を示してその締結を申し入れる意思表示」と記しています（民522条1項）。これは、あとに出てくる申込みの誘引（注11）と申込みを区別するために示されたのです。その申込みに対して相手方が**承諾**をしたときに契約が成立するとされています（同条同項）。

申込みと承諾の二つの意思表示の合致を**合意**とも言います。合意があったと言えるための意思表示は、明確なものでなければならないでしょう。しかし、実際にはタクシーを止めるための挙手や身振りであったり、ほかにも、買いたい商品を店先で指さす、電話やファクス、スマホで注文するなどさまざまです。それでは、株金を出資して会社の株主になる、いわゆる入社契約はいつ成立するのでしょうか。日記㉛の中で石部君が質問するように、株金払込みの時に契約が成立すると考えると、株式引受けや会社の割当てがあったとしてもまだ契約は成立していないということになってしまいます。法的拘束力が生じることを思うと、契約がいつ成立するのかは重大問題ですね。

注11　222頁参照。

日記㉛　一二月×日。曇り。

週に一度教えているロースクール生の石部君が研究室に来た。法学部出身ではないので、みんなに追いつくのが、やっとの様子。一年目は特に受講科目が多いので、かなり参っているようだ。

ユミ　雪でも降りそうな暗い空になってきたわね。年明けの期末試験まで風邪をひかないように気をつけなくちゃね。

石部　肺炎にでもなって、学校を休みたい気分ですよ。

ユミ　あら、真面目な石部君が投げやりね。一体どうしたの？

石部　先生、会社の募集設立や募集株式発行の際、株式の申込みの意思表示とそれに対する割当ての意思表示があれば、契約が成立するのでしょうか。それとも、この契約は株式の引受けと株金の払込みをさらに必要とする「要物契約」なのでしょうか。契約法（民法）と会社法を同時に受講しているので、頭が混乱してしまって……。

ユミ　アハハ。一部の私大で流行の科目融合入試じゃないんだから、二つの科目が同時に問われる心配なんかないわよ。

石部　将来クライアントから聞かれたらどうするんですか⁉

ユミ　そんなこと聞かれないと思うんだけどなぁ。それとも、今の石部君みたいにクライアントもやっぱりクライ（暗い）アント？

石部　ロースクールでも、そのつまらないダジャレさえなければ……と、みんなが嘆いていますよ。質問に答えてください。

株式引受けは意思表示の合致によって成立する「入社契約」

ユミ　誤解していることが二つあるわね。まず一つは「株式引受け」ね。これは、一方だけの行為を指すのではなく、株式申込みと割当ての意思表示の合致によって成立する契約のことよ。

石部　それなら「株式引受契約」という方が適切ですよね。

ユミ　そうね。通説によると、株式引受契約は「株式申込人の、株金を払い込んでその会社の株主になろうという効果意思と、それに対応する会社（発起人）の効果意思を内容とする契約」のことで「入社契約」とも呼ばれるわ。

石部　そうすると、その後の株金の払込みは契約成立後の履行行為ですね。

ユミ　そう。株金の払込みがあって初めて株主資格を得るため「入社契約」が「要物契約」であると誤解されやすいけれども、入社契約自体は、株式申込みと株式割当てによって成立するのよ。

石部　なるほど。「入社契約」によって株式申込みをした者は、株式引受人の地位を取得すると同時に株金の払込義務を負い、その払込義務を果たしたあと、株主となるワケですね。

ユミ　順を追って丁寧に言えば、そうなるわね。だから「入社契約」は物の交付を別に必要としない「諾成契約」になるのよ。ダクセイ契約と言うだけあって、メンダクセイ説明になるわね。

石部　そのダジャレを聞かされていることこそがめんどくさいですよ。

ユミ　実務では、株式の申込みに際して払込金額と同額の申込証拠金を徴収し、申込みが発行予定株式数に達すると募集を打ち切るという方法がとられているのよ。

石部　なるほど。確かに、契約成立後に現実に株金が入ってくるかは心配ですからね。

ユミ　「諾成契約」としつつも、うまく考案された大人のやり方ね。「濁清《だくせい》」併せ呑《の》むというのは、ここから来たのよ。

石部　それは「清濁併せ呑む」でしょ！

ユミ　まあまあ、ここは笑うところよ。

「契約」は「約束」と異なり「法的拘束力」が働く

石部　それで、もう一つの誤解とは何ですか？

ユミ　会社法上の契約に、民法上の契約の規定が直ちに当てはまるとは限らないということよ。

石部　そうか！　申込みや契約と聞いて民法を持ち出すより、特別法である会社法の規定を検討・適用する姿勢が大切ですね。

ユミ　もっとも、この「入社契約」も法律行為だから、一部会社法上の規定を除いて一般原則となる民法が適用されるけれどね。

石部　先生、契約法の最初の講義で「諾成契約」と「要物契約」などの分類を習

契約とは

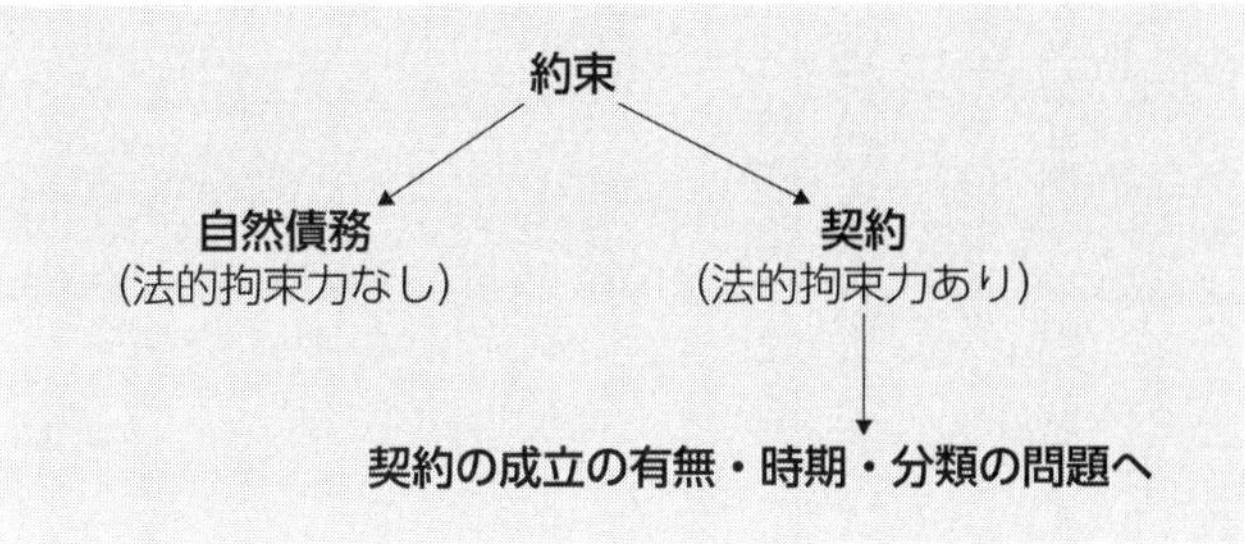

うんですが、その前に「契約」自体が何なのか、実はピンと来ないんですよ。

ユミ　他学部出身ロースクール生のつらいところね。「契約」というのはね、つまりは「約束」よ。

石部　約束……。

ユミ　そう、アイドル歌手だったころの、渡辺徹の昭和のヒット曲ね。石部君、気持ちがなごんできたかな？

石部　……古すぎて、なごめませんよ。それより、約束と呼ばず、わざわざ契約と呼ぶことにどんな意味があるのか教えてください。

ユミ　「約束」と違って「契約」には強制力が働くということね。それを守らなければ、裁判所の手を借りてでも実現するように強制されるのよ。

石部　国家権力が介入するのか……。

ユミ　そう。逆に言えば、約束は守らなくても構わないってことね。

石部　先生は道徳観ゼロですね！

ユミ　まあ、落ち着いて。単なる道徳ではなく、国家権力によって守らせようとする力を「法的拘束力」というのよ。

石部　契約には「法的拘束力」が働くからこそ、先生の安請合いなどと違って、きちんと締結されるワケですね。

「自然債務」は国家による履行の強制ができない

ユミ　安請合いとは失礼な。……そう言えば、昭和初期、大阪道頓堀のカフェーで男性客が当時女給と呼ばれるホステスの歓心を買うために金員贈与の安請合いをした「カフェー丸玉女給事件」があるわね。当時の最高裁にあたる大審院は、自ら進んで履行する場合はともかく、国家による履行の強制はできないとしたわ(注12)。このような、契約ではない約束による債務を「自然債務」と呼ぶわよ。

石部　それ、知ってます！　先生は、差戻審の大阪地裁が契約の成立を詳細に検討・認定して、結局女給を勝たせたという後日談までは知らないでしょ？

ユミ　へぇ～。当時から大阪地裁って革新的だったのね。そう言えば、大阪の裁判所は今も昔も、大阪・北新地のネオン街から目と鼻の先だわね……。

石部　先生、契約が「法的拘束力」の働く重みのあるものだからこそ、成立したかどうかや、いつ成立したのかなどが、重要な論点となってくるって、わかってきましたよ。

注12　大判昭和10年4月25日法律新聞3835号5頁。

ユミ　ようやく「契約法」のスタートラインにまで来たわね。

石部　おっ、これからその契約法の授業なので、出席して来ます。近いうちにロースクール生たちで先生を高級フレンチにご招待しますよ。

ユミ　まあ、嬉しい。きっとよ！

石部　「約束」しま～す。

申込みの誘引／申込みの拘束力

ユミ先生の
ワンポイントレッスン

契約が単なる約束とは違い、法的に守られるものとなる以上、早く成立した方が良いように思えます。しかし、日記㉜の中で説明されているように、例えば会社が株式申込人の募集をするだけで社員契約の申込みがあったととらえると、それに対する予想外の大量申込みは「承諾」ということになり、会社は全員に株式の割当てをしなければ契約違反、つまり債務不履行となってしまい、会社にとってあまりに理不尽です。このような募集行為は、相手に申込みをしてほしいと誘っている段階にすぎないので、**申込みの誘引**と呼ばれます。新聞の折込みチラシや店のショーウィンドウの商品陳列も同様に考えられますが、売る気満々の店側にすれば、これらの行為自体を申込みととらえてもよいかもしれません。この点で、平成二九年改正民法は申込みを「契約の内容を示してその締結を申し入れる意思表示」であると、定義を明示して申込みの誘引と区別しています（民522条1項）。ただ、契約の内容自体が「この商品をいくらで何個限り」というように、はっきりしている場合は申込みととらえてよさそうですが、はっきりしない場合はやはり申込みか申込みの誘引かがはっきりしません。どちらになるかは契約の内容が十分に確定しているのかどうかがポイントとなりそうですが、そうだとしてもその確定の程度は、結局、意思解釈の問題（法律条文の解釈ではなく当事者がどう考えていたかという事実の解釈の問題）であり、取引慣行等から総合的に判断されるものです。したがって、ショーウィンドウの陳列の商品に、明示された値札が付けられている場合は、「申込み」と考えてよいのではないでしょうか。

一方、例えば企業のM&Aや国際取引の実務で見受けられるケースで、こちらの申込みを受けて取引相手がその承諾の中に有利な契約条件を添えてくると、それを含めた契約が成立してしまわないよう契約条件を変更した新たな申込みと見られる契約書をこちらが改めて送る、相手もまた自己に有利な条件に変更した新たな契約書を送り返す……互いに契約書の書式を書き換えて契約の成立を先に延ばすという、**書式の戦い（battle of forms）**が繰り広げられることがあります。これも最後は、取引慣行等も含めた意思解釈の問題として処理されます。さらに、これに関連して、契約に至るまでの中間的合意や予備的合意の効力をどこまで認めるかの問題や、契約の準備段階の問題もあります。有名な判例の事案で、分譲マンションの購入を希望する歯科医Aのために、マンション業者Bが開業に必要な特別な電気工事などをわざわざ行ったのに、Aが突然契約交渉を破棄してしまったというものがあります。これにつき最高裁は、契約準備段階における信義則上の注意義務違反を認めました（注13）。以前は、

注13　最判昭和59年9月18日判時1137号51頁。

契約締結上の過失という、ドイツの学者イェリングによって提唱された理論が日本の判例・学説に影響を与え解決されてきましたが、今ではフランチャイズ契約や不動産売買契約を締結する前の会社側の情報提供、治療前のインフォームド・コンセントなど、多岐にわたる契約交渉過程の問題が次々に起きているので、それぞれの場合に働くルールを個別・具体的に考えるべきだと言われています。

申込み者と承諾者が互いに目の前にいて、互いの意思表示をすぐに受け取れる場合、つまり**対話者**間の意思表示であればよいのですが、意思表示をすぐに受け取れない隔地者同士の場合は、意思表示の不到達・延着といった通知のタイムラグによるリスクが生じ、このリスクをどちらが負担するかは通信手段の発達していなかった時代には大問題でした。だから、不到達・延着等につき旧民法521～527条、97条等で細かく定められていたのです。しかし、通信手段の発達した今では、タイムラグのリスクを心配する必要性は低くなりました。そこで、平成二九年民法改正では「隔地者」に限定することなく意思表示は相手方に到達した時から効力を生じることとし（到達主義。民97条）、よって契約の成立は承諾の通知が申込人に到達した時ということになります（同522条1項、527条参照）。また、対話者間の関係も明文化され、対話継続中はいつでも申込みの撤回ができること、対話終了とともに原則として申込みが失効することがはっきり示されるようになりました（同525条2・3項）。

日記㉜　一月×日。曇り。
ロースクール生の石部君がまたやって来た。会社法も民法もみんなより遅れているので、冬休みも帰省せずに、学習室にこもって勉強しているようだ。勉強のしすぎなのか、体調が悪そうに見える。

石部　先生、今年は授業の始まるのが早いですね。ゴホッ、ゴホッ。

ユミ　あら、石部君、風邪なのに学習室でずっと勉強？　週末くらい、ゆっくり休まなくちゃダメよ。

石部　休んでなんかいられませんよ。先月教えてもらった株式引受契約の「申込み」と「承諾」のところが、やっぱり、よくわからないんです。

ユミ　契約とは「申込み」の意思表示とそれに対応する「承諾」の意思表示の合致で成立するのよ。募集設立や募集発行の場合の株式引受契約では、株式申込人の株式申込みが「申込み」、会社の株式割当てがそれに対応する「承諾」ね。

石部　いや、その前に会社が行う株主の募集がありますよね。それが「申込み」にあたり、株式申込人の申込みは、実は「承諾」にあたるのではないかと思い始めたんです。そうすると、株式割当てが行われる前にすでに契約は成立していることになりますよね。

ユミ　会社法の勉強のときは民法を忘れたら？　それより早く帰ってゆっくり風邪を治すことが先よ。

石部　先生、本当はそこらへんのこと知らないのでは？

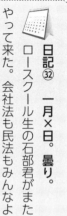

ユミ　ギクッ。金曜なのにドーヨウするわね……。

石部　くだらないダジャレで、ますます風邪がこじれそうですよ。熱が出ないうちに、僕の質問に答えてください。

会社の株主募集は「申込み」ではなく、まだ「申込みの誘引」

ユミ　まあまあ、肩の力を抜いて。確かに、一般投資家を保護するために詳細な募集内容を決めて募集するから「申込み」に見えるけど、募集株式数よりも多くの株式申込人が殺到することもあるから、この段階ではまだ「申込み」ととらえないほうがいいわね。

石部　あぁ、そうか。募集を申込みととらえてしまうと、殺到した申込人の申込みがすべて「承諾」となり、大量の契約が成立してしまってマズイことになりますね。

ユミ　そう、会社（発起人）は、株式割当てを受けられない申込人全員から、債務不履行責任を問われることになってしまうわね。

石部　契約成立の時期が早くなりすぎると、債務者に酷なことになりますね。

ユミ　この株主募集のような行為は「申込み」ではなく「申込みの誘引」と呼ばれているの。どう？　ちょっといかがわしい響きがすると思わない⁉

石部　思いませんよ。そもそも先生は大学のセクハラ委員でしょ！

ユミ　セクハラ？　それは巨人軍のピッチャーの名前？

石部　それはシノハラでしょ！

ユミ　新人のタハラもいるわよ。

石部　それより「申込みの誘引」とは何ですか？

ユミ　典型例としては、店の前に「店員募集」の張り紙を出すような場合が挙げられるわね。

石部　そうか。店としてはどんな人物かを見極めて雇うかどうか決めるのだから、募集の張り紙を出しただけでは、雇用契約の申込みをしたとは言えませんよね。

ユミ　この場合、雇ってほしいとやって来た人の申出が「申込み」、店側の採用決定の返答が「承諾」と言うべきね。

石部　そうすると、この研究室のドアに貼ってあるオフィスアワーの掲示も、学生が賄賂をもって来たかどうかを見極めてから、先生は質問を受けるか決めているので、「申込みの誘引」ですね。

ユミ　賄賂とは人聞きが悪いわね。第一、私は公務員ではないから、真正身分犯となる「収賄罪」の構成要件に該当することはないわよ。

石部　う～っ、民法を忘れるようにと言っておきながら、刑法まで思い出させるなんて、熱が出そうだ……。

ユミ　オフィスアワーの時間は必ず質問に応じることになっているから、掲示そのものが「申込み」となるのよ。

石部　質疑セッション契約の申込みってところですね。そうすると、質問を受けている最中に先生がよく研究室を出て行ってしまうことがあるのは、債務不履行ということになりますね。あれはトイレに行くフリをして、日本シリーズの中継をチェックしに行っていた……？

ユミ　またもや、ギクッ！

通販やネット販売の商品掲載は、「申込みの誘引」

石部　それじゃ、店のショーウィンドウに値札をつけて商品が飾られているのは「申込み」、それとも「申込みの誘引」？

ユミ　客を見極めたり、交渉がさらに必要とされるような商品でない限り「申込み」と考えられるわね。客がこれを買いたいと言った時点で売買契約が成立よ。

石部　この場合は店が売るのを断ると債務不履行となりますね。

ユミ　それじゃ、通信販売やネット通販の商品掲載はどう思う？

石部　商品の写真やサイズ、値段などがカタログや画面上に掲載されるのだから、店のショーウィンドウと同じように考えればいいのではないですか？

ユミ　ところが「特定商取引に関する法律」、いわゆる特定商取引法13条は通信販売の「販売業者等は…契約の申込みを受け、」と規定しているのよ。

石部　ということは、カタログ等への商品掲載段階では「申込みの誘引」と解されますね。通常の店とどうして扱いが違うのですか⁉

ユミ　もし、「申込み」ととらえると、不都合が生じるわ。在庫の量をはるかに超える思わぬ注文の殺到があった場合、販売業者に債務不履行責任を負わせるのは酷だからよ。

石部　なるほど。さっきの募集設立や株式募集発行とよく似た事情ですね。

ユミ　そう、通販やネット販売の場合は、特定商取引法という特別法によって、契約成立の時期を規制しているのよ。

石部　確かにネットなどでは、通常の店と違って大量注文の可能性があるので、販売業者を救済する必要がありますね。

ユミ　これがほんとの「セーフティ・ネット」ね。

石部　本当に熱が出そうになってきました。もう帰ります！

ユミ　そういえば、アメリカ帰りのウエハラもいるわよ～！

＊＊＊

日記㉝　二月×日。小雨。

ロースクール生の石部君がまたやって来た。相変わらず、勉強が進めば進むほど頭が混乱しているようだが、今回はクールな友人の小寺君も一緒だ。二人は対照的な性格なのに、仲が良さそうだ。

小寺　先生、うちの大学のノーベル賞学者と親しいそうですね。

ユミ　ああ、物理学の益川教授ね。キャンパス内で軽く挨拶する程度よ。

小寺　同じ名古屋人どうし、学食で一緒に好物のエビフライ定食を食べているって聞きましたよ。

ユミ　そんなデマがデマわっているとは！

小寺　ダジャレの質まで同じだな。

ユミ　それより、もう学期末試験の時期じゃないの？

石部　僕は相変わらず、民法の勉強のときは会社法が、会社法の勉強のときは民法が邪魔をします。

ユミ　困ったものね。ちょうど、私がフランス語を話すときドイツ語が、ドイツ語を話すとき英語が邪魔になるのと同じね。

石部　……。譲渡制限付株式の譲渡承認請求株主が、会社がその株式の譲渡を承認しない場合には会社や指定買取人に株式の買取りを併せて請求しておくという「買取請求」（会138条1号ハ）が気になっています。これは、会社や指定買取人に対する株式譲渡契約の「申込み」ですよね。

ユミ　会社法と民法を同時に考えないほうがいいと言ったでしょ。

民法と会社法の「食い違い」

石部　でも、どう構成するかで「買取請求」を一方的に撤回できるかどうかが問題となった判例があったと聞きました。

ユミ　そう言えば「指定買取請求」をした株主が、その請求を撤回した事件で、民法の規定によって撤回を否定するのではなく、会社法（当時は商法）の趣旨から撤回を肯定するとした最高裁の決定があったわね（注14）。それを明文化したのが、会社法143条と言われているわ。

石部　となると、会社法143条は、民法523条1項や525条の特別規定と言えますね。

ユミ　会社法141条4項や142条4項を見ても、この場合の株式譲渡は売買契約と言えるわ。かなり前の下級審で、そのこと

注14　最決平成15年2月27日民集57巻2号202頁。

に触れたものがあるわね（注15）。

石部　やっぱり、会社法の事件でも、民法が関連するじゃないですか。

ユミ　う～む。会社法の姿をしていると思ったら、中身は濃い民法だったという事件ね。チョコレートパフェを頼んだのに、中身はほとんどコーンフレークというのに似ているわね。

小寺　民法はコーンフレークか……。

石部　確かに、ローマ法まで遡る民法の細かい議論と、ダイナミックな会社法の議論とは、毛色が違いますね。

ユミ　ミンポウは会社法の敵、そしてＮＨＫの敵よ！

小寺　ダジャレのくだらなさは、ノーベル賞級ですねぇ……。

石部　考えてみれば、現実の価格が決まってもいないのに（会144条）、売買契約の「申込み」や「承諾」をするとは、奇妙な話ですね。

小寺　契約成立の後で、双方が協議して価格を決める（会144条）なんて、ヘンじゃないのかなぁ。

ユミ　確かに、非上場会社では契約が成立しても、株価の決定をめぐって紛糾することが多いわね。だから、会社法の定める契約の成立時期がそもそもおかしい、と批判する学説もあるくらいよ。

石部　民法と会社法の食い違いがないよう、立法段階からコーディネートしておく必要がありますね。

ユミ　そーでねーと！

注15　大阪高判平成元年4月27日判時1332号130頁。

承諾期間の有無に関係なく、申込みをした者がリスクを負う

石部　食い違いで思い出しましたが、先ほどの民法523条と525条にも食い違いがありますね。

小寺　承諾期間を定めた民法523条1項の申込みはその期間内、承諾期間を定めない525条の申込みは承諾を受けるのに相当の期間内、どちらも撤回できない点では食い違いはないけどね。

ユミ　それを「申込みの拘束力」と言うわね。相手方が熟慮して、承諾すると決めた矢先に申込みを撤回されたのでは、承諾者が損害を被ることがあるからよ。

小寺　でもそうすると、申込者が申込み直後に急いで撤回を申し入れても、承諾者は申入れを無視して承諾を通知すれば、価格の変動によっては、有利な契約が結べますね。

ユミ　そうね。いったん申込みをした者が、その後の価格変動のリスクを負う立場を、法はとっているのよ。

石部　「すぐ撤回する」と言ってるのに、承諾者はそれに応じてやるべきではないですか？

小寺　それを「おてっかい」と言うんだよ。

ユミ　君のダジャレもノーベル賞級ね。申込者は価格変動のリスクを負いたくなければ、撤回権を留保しておけるようになったわよ。平成二九年改正後の523条1項但書と525条1項但書に明記されたわ。

石部　食い違いは、民法の525条に、523条2項のような定めのない点ですね。承諾期間のない場合、永久に申込みの効力が

続くことになります。

小寺　つまり、承諾期間のない承諾者は、自分にとって都合の良い時期に承諾の通知をすれば契約が成立するから、断然有利ということだな。

ユミ　でも、忘れたころに承諾するのはあまりに不当なので、適当な時期に申込みの効力がなくなるものと解されているわよ。商法にはきちんと、明文で規定されているわ（商508条1項）。

当時の郵便事情を反映した「隔地者間の契約」

石部　ところで、平成二九年民法改正前には、申込みの撤回が承諾発信後に延着した場合や承諾の延着についての規定がありましたね（旧民527、522条）。

小寺　複雑だったなぁ。

ユミ　立法当時の郵便事情が背景にあったからね。このような、即座に申込みと承諾ができない「隔地者」の言葉は削除され、「対話者」に関する規定が増えたわよ（民525条2・3項）。

小寺　現代にマッチしない規定なんか改正によってすべてデリートですね。

ユミ　その代わり、改正によって懸賞広告（民529～530条）や契約上の地位の移転（民539条の2）、定型約款（民548条の2～548条の4）などが新設されたわ。

二人　え～っ！　古い規定がデリートされて喜んだのに、そんなに新たな規定がデルートは！

Ⅲ 民法に載っている契約を大づかみにしよう ～契約の分類～

契約の種類

ユミ先生の
ワンポイントレッスン

契約にはさまざまなものがありますが、民法では第三編第二節から第一四節までに一三種類の契約を並べています。現実にはもっと多様ですが、民法はひとまず典型的な一三個の契約を挙げることによって、契約ごとの性格をはっきりさせようとしました。これを**典型契約**と言います（表参照）。民法にその名があるので**有名契約**とも言います。それ以外の契約は**非典型契約**とか**無名契約**と呼びます。複数の典型契約の要素を含む契約を**混合契約**と呼びますが、現代社会では数え切れないほどの非典型契約や混合契約があります。

一三の典型契約

▼財産を移転するための契約 ―― ①贈与、②売買、③交換
▼財産を利用するための契約 ―― ④消費貸借、⑤使用貸借、⑥賃貸借
▼役務を提供するための契約 ―― ⑦雇用、⑧請負、⑨委任、⑩寄託
▼その他特殊な契約 ―― ⑪組合、⑫終身定期金、⑬和解

契約はいろいろな視点から分類することができます。売買のように、当事者が互いに対価的な意味を持つ給付を行い合う契約を**有償契約**と呼び、そうでない契約を**無償契約**と呼びます。売買のほか、交換、賃貸借、雇用なども有償契約です。有償契約には売買の規定が準用されます（民559条）。例えば、売主が引き渡してきた物にキズがついていたり、数量が足りなかったりと、契約の内容に合わない給付があった場合、売主は買主に対して修理・補充や代替物の引渡しなどに応じなければならないといった、いろいろな義務を負わなければなりません。双方が同じ対価を出し合う以上、その公平を図る必要があるからです。これを売主の**担保責任**と呼びます。無償契約だと、例えば、贈与契約の贈与者は、贈与の目的物を現状のまま（負担付贈与なら負担の限度で）引き渡せばよいだけです（同551条。無利息消費貸借や使用貸借で準用。同590条、596条参照）。有償契約、無償契約に分類する実益はまさにこの売買規定の準用にこそ

あると言えるでしょう。日記㉞のさくらちゃんはストロボ部分の壊れたデジカメを会社設立の出資金代わりに現物出資しようとしましたが、現物出資はたとえ民法上の契約でないとしても、通説によれば、有償契約と同様にとらえて担保責任を負うと考えられています。なお、平成二九年民法改正以前は、売主が引き渡した物に隠れたキズ（瑕疵）がある場合の売主の法定責任として「瑕疵担保責任」が規定されていましたが、改正後はその呼び名もやめ、売主に法定責任ではなく契約責任、つまり債務不履行責任を負わせることを明らかにしています（同562条以下）。

次に、両当事者ともに対価的な意味を持つ債務を負担する契約を**双務契約**、一方の当事者しか負担しない契約を**片務契約**と言います。双務契約は互いの債務が対価的な関係にある以上、公平に生まれ消滅していくよう、民法は、契約の成立の上でも履行の上でも存続の上でも、互いにつながりがあるようにしています。これを契約成立、履行、存続上の**牽連性**《けんれんせい》と呼びます。成立上の牽連関係の現れが**原始的不能**（一方の債務が元々履行できない場合には、他方の債務も当然に成立しないこと）、履行上の牽連関係の現れが**同時履行の抗弁権**（民533条。一方の債務が履行されるまでは他方の債務も履行しなくてよいと主張できる権利を両債務者が持つこと）、存続上の牽連関係の現れが**危険負担**（同536条1項の債務者主義。一方の債務が債務者の責任のない理由で消滅したら他方の債務も消滅すること）です。このように、牽連関係のある双務契約で原始的不能、同時履行の抗弁権、危険負担が問題となるわけですから、双務契約かそうでないかを分類することは、大変重要です。

双務契約は互いが債務を履行することによって対価的に意味のある行為をし合うのだから、常に有償契約となります。これに対して、有償契約が常に双務契約とならないので注意しましょう。その理由は、日記㉟で説明されているとおりです。

これまでにも何度か出てきましたが、契約には諾成契約と要物契約とがあります。**諾成契約**とは当事者の合意だけで成立する契約、**要物契約**とは合意だけでは足りず、その上に物の交付を必要とする契約です。典型契約のうち消費貸借が要物契約です（民587条）。それは、この契約が基本的には無償契約なので、例えば、親切でお金を貸す約束をしただけの人に、合意があったからと直ちに契約の拘束力を認めるべきでないと考えられたからです。実は、歴史的には使用貸借も寄託も同様の理由から要物契約とされてきました。しかし、今日では取引の一環としてこれらの契約が利用されることが多く、物の引渡し前から契約の拘束力を認める必要があります。そこで、平成二九年民法改正により、どちらも原則として諾成契約とされ（民593、657条）、無償で貸してくれる（預かってくれる）人への手当ては別の規定で調整することにしたのです。つまり、使用貸借でも寄託でも、貸主から借主へ、または預ける者（寄託者）から預かる者（受託者）に物が移る前であれば、貸主も受寄者も一方的に解除できます（同593条の2、657条の2第2項）。ただし、契約を書面で行ったような貸主や受寄者は軽率に契約した者とは考えにくいので、契約の拘束力が及びます。これは、同じく無償・

片務契約でありながら諾成契約である贈与契約と同じ扱いとなっています（履行の終わらない部分につき書面によらない贈与の贈与者はいつでも解除できる。同550条）。なお、消費貸借だけが要物契約であると述べましたが、消費貸借についても現代の取引社会では諾成契約とするニーズが強くあります。そこで、平成二九年民法改正で、例外的に書面によるなら、諾成的消費貸借契約を締結できることになりました（同587条の2）。また、消費貸借でも利息付きの特約をつければ有償消費貸借契約となること（同589条）、寄託も報酬の有無で有償契約、無償契約となりうること（同657条の2第3項、659条）など、契約の性質に関する規定が改正により整備されています。

さらに一定の契約については、契約成立に届出や書面作成等の要式が必要とされる**要式契約**があります。元来、**契約自由の原則**の中の方式の自由（民522条2項）により、契約成立には何の要式も必要ないはずですが、婚姻や養子縁組のような身分契約、定期借地権、定期建物賃貸借で更新しない旨の特約等は、どれも当事者の明確な意思確認が特に必要と思われるので、書面の作成が契約の成立に例外的に必要とされているのです。保証契約も平成一六年から要式行為とされています（同446条2項）。前述の、書面による諾成的消費貸借契約も同じです。

最後に、一時的契約と継続的契約をあげておきましょう。**一時的契約**は、売買のように一回の給付で契約関係が終わる契約のことです。**継続的契約**は、賃貸借、雇用、委任、組合がその典型で、給付が継続的に行われ、契約関係が長期にわたるものです。

緊密な長い付き合いなので、互いに信頼関係を裏切らないよう、一時的契約よりも強い**信義則**（＝**信義誠実の原則**）が支配します。例えば、契約を解除する要件を満たすかどうか検討する際、**信頼関係破壊の法理**が判例理論となっていますし、そのほかにも日記㊱で説明されるように解除の効果やその他の点で違いが生じます。

日記㉞　一一月×日。曇り。

花札亭さくらちゃんが、同じ落語研究会の仲間で理学部一年生の阪神亭トラ太君を連れてやって来た。環境サークルを落研のメンバー有志で立ち上げたので、新たに顧問になってほしいと頼みに来たようだ。

さくら　先生、地球温暖化を考えるサークル「環境研究会」をつくったので、顧問になってください。

ユミ　あら、環境サークルなら、ゴミの分別活動を行う「クラブ・エコ」がすでにあるんじゃない？

トラ太　環境を「科学」するんです。今の地球温暖化防止の動きが正確なデータを根拠としているのか、疑問を持つ科学者が世界中にたくさんいるんですよ。

ユミ　ふ〜む、データ自体が「データらめ」だということ？

トラ太　……。ダジャレを言っている場合ではありません。科学的視点からデータを分析するんです。

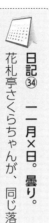

ユミ　つまり、大喜利のような「データとこ勝負」ではダメなのね。

トラ太　落研の顧問に環境研究会の顧問はやっぱり無理かも……。

契約の分類には意味がある

さくら　ところで先生、サークル立上げの時に私のデジカメを設立資金の代わりに現物出資したのですが、ストロボ部分が壊れていたんです。みんなに悪いので、結局現金を拠出しましたが、これがもし会社設立の現物出資なら、どうなりますか？

ユミ　出資は民法上の契約ではないけれど、有償契約に準じて担保責任等を負わせようというのが大方の学説ね。

さくら　でも一方で、同時履行や危険負担については双務契約の例によらないという記述も、会社法のテキストにありますよ。

トラ太　出資が民法上の契約でないと言いながら、「有償契約」「双務契約」と契約の名前が次々と出てきて、理系の僕は頭が痛いよ。

ユミ　本当ね。でも、それは契約の名前ではなくて、契約の種類よ。

さくら　法学部の私でも、契約法はまだ習っていません。

ユミ　すると、二人とも契約が分類されることは知らないわけね。

さくら　えっ？　先生は以前、法律行為を分類しても無意味だとおっしゃっていたのでは？（注16）

ユミ　アハハ、法律行為の分類は無意味

注16　日記⑤（43頁）参照。

契約の種類

「有償契約」　相手方からの給付を受けるのに対価が必要な契約（売買、雇用、請負、賃貸借など）

→『売買』の規定は、売買以外の有償契約について準用する（民559条）

「無償契約」　対価の必要でない契約（贈与、使用貸借など）

「双務契約」　当事者の双方に、債権・債務がともに発生する契約

→対価関係のある債務を互いに負担＝「有償契約」

「片務契約」　片方の当事者だけに債務が発生する契約

でも、契約の分類には意味があるわよ。まずは今出た有償契約と無償契約ね。有償契約は「相手方からの給付を受けるのに現金などの対価が必要な契約」よ。

トラ太　対価の必要でない契約が「無償契約」ですね。

さくら　「民法Ⅰ」で習った民法の規定上の典型契約を例に取れば、売買、雇用、請負、賃貸借などが有償契約、贈与や使用貸借などが無償契約、原則的には消費貸借も委任も寄託も無償契約ですね。

ユミ　そう。そして有償契約は給付者が対価をもらう分、完全な物を給付する担保責任のレベルが高くなり、無償契約では低くなるわ。

トラ太　そうか、贈与者のようなタダでくれる人に対しては完ぺきな担保責任なんて問えませんよね。

ユミ　そうね。無償契約における善意や責任は、CO_2と同様、すぐ消えてしまうわね。これを「雲散・ムショウ」というわよ。

さくら　「霧消」と「無償」をかけたんですね。ア〜ハッハッハ！

トラ太　先生の「企業法入門」を受講し始めて単位がかかっているとはいえ、わざとらしいな。

さくら　先生、「民法Ⅰ」の授業で売主の担保責任を習ったことを思い出しましたが、それは有償契約一般ではなく売買契約の効力として習いましたよ。

ユミ　民法の「売買」の節の総則最後の条文、559条本文を見落とさないで。

さくら　「この節の『売買』の規定は、売買以外の有償契約について準用する」とありますね。そうか、この条文によって売買契約の効力は有償契約にもあてはまりますね。

ユミ　そう。この条文は「有償契約の通則」と呼ばれ、売買の規定が他の有償契約すべてにも適用される根拠となる大切な条文よ。

双務契約はすべて有償契約

トラ太　それでは「双務契約」というのは何ですか？

ユミ　当事者の双方に、債権・債務がともに発生する契約のことよ。

さくら　双「務」と呼ぶのは、債務の方に注目したからですね。

ユミ　そうね。これに対して、片方の当事者だけに債務が発生する契約を「片務契約」と言うわ。

トラ太　さきほどの「贈与」では、贈られる側はただ受け取りさえすればよく、贈る側だけが物を引渡す債務を負うので片務契約ですね。

ユミ　そうね。片務契約なら一方向の債務が履行されれば済むけれど、双務契約は対価関係のある債務を互いに負担し合っているので、コトは単純には済まないわよ。

さくら　ん？　対価関係があるってことは、つまり、双務契約はすべて有償契約だということ？

ユミ　そうよ。そして、双方がともに対価関係に立つ債務を持ち合うため、互いの存在を必要とし合う強い関係となるわね。これを「双務契約の牽連性」と呼び、契約の成立―存続―履行、どの時点も法は牽連性を要求しているのよ。

トラ太　ふ〜む、ちょうどさくらちゃんのような学生が受講期間中ずっとユミ先生の排出するギャグで無理に笑い、先生は単位を与えるという関係と同じですね。

さくら　違うわ。先生は愛と知識を惜しみなく与える、地球にとっての太陽のような存在よ！

トラ太　こちらの牽連性も相当強いようだな……。

「履行期における牽連性」と「存続期における牽連性」

さくら　今のたとえで「同時履行の抗弁」も「危険負担」もわかったわ！「同時履行の抗弁」は、履行期に双方が同時に履行をすべきで先履行は嫌だと主張できる「履行期における牽連性」、「危険負担」は、契約の存続中・履行期前に引き渡すべき目的物が地震などで消滅すればもう一方の代金支払といった債務も消滅させてしまう「存続期における牽連性」ね。

トラ太　なるほど。じゃ、残る「契約成立期における牽連性」は？

さくら　契約の成立時にすでに目的物が地震などでなくなっていたような場合、はじめから目的物を引き渡せない以上、それに対する代金支払債務の方も成立させないとする考え方のこと。そうですよね？

ユミ　そう、それを「原始的不能」と呼ぶわよ。

トラ太　ふむ、整然と分類されていると分析しやすいですね。

ユミ　そうね。地球温暖化のデータ分析と同様、クールな頭が必要よ。さて、私も地球温暖化防止の立場から顧問として一肌脱ぐかな。

さくら　えっ？　先生は地球が温暖化に向かうというデータを持っているのですか？

ユミ　うむ。実は、近いうちに太平洋の水が熱湯になって膨張し日本が水没すると、ノストラダムスが予言しているのよ。

トラ太　やっぱり顧問を頼むのはやめたほうがよさそうだな……。

＊＊＊

日記㉟　一二月×日。曇り。

落語研究会の花札亭さくらちゃ

んと阪神亭トラ太君が新春の大学落研対抗戦に勝つための戦略を練っている。顧問としては勝ってほしいが、団体戦の大喜利については策が無く、二人とも無言。そこへ国際法を専攻する大学院生の池田君がやって来た。驚いたことに三人は高校時代の先輩・後輩だそうだ。

池田　先日は、わが国際法研究会にゲストコメンテーターとなって頂き、ありがとうございました。

ユミ　あら、池田君、こちらこそ「条約とビジネス」の討論は勉強になって楽しかったわ。

さくら　先輩、昨日の学内同窓会では私たちにいろいろな助言をありがとうございました。

ユミ　あなたたち、同じ高校出身？

トラ太　僕たちにとって池田先輩は母校が誇る優秀な卒業生です。昨日も個人戦の新作落語では干支にちなんで「虎経済」のネタが良いとアドバイスをくれましたよ。今後の活力あるアジアの新興諸国を虎に見立て、タイガー・エコノミクスつまり虎経済と呼ぶそうです。

ユミ　へぇ～、経済落語ね。楽しみだわ。

有償契約は必ずしも双務契約ではない

トラ太　ところで先生、前回「双務契約」と「片務契約」、「有償契約」と「無償契約」について教わったとき、先生は「双務契約はすべて有償契約」と言いましたよね。それを池田先輩に話したら「双務契約がすべて有償契約だからといって、有償契約がすべて双務契約とは言えない」と言われたんですよ。

ユミ　さすがは池田君、民法のこともよく知っているわね。

池田　トラ太君、「逆は必ずしも真ならず」、例えば「条約はすべて国際法」だとしても「国際法はすべて条約」とは言えないだろ？

トラ太　確かに、国家間の慣習も国際法と言われますよね。

さくら　でも有償契約の場合、相手からの給付を受けるのに必ず対価が必要でしょ？　そうすると、有償契約は必ず双務契約と言えるのでは？

ユミ　利息付消費貸借の場合はそうとは言えないわよ。

トラ太　利息付消費貸借って、利息を取ってお金を貸すような契約ですね。

池田　銀行の住宅ローンもそうだね。僕が受けている奨学金も、低い利率だけれど利息付き教育ローンだな。利息付消費貸借契約というのは、貸主の給付と借主の利息支払義務が対価関係だけど、貸主の給付は契約の成立要件そのものなので、双務契約ではないとされるんですよね。

ユミ　そうね、貸主の給付があって初めて契約が成立するのね。

トラ太　ってことは、貸主が借主にお金を渡さないうちは貸主と借主は契約関係にはないってこと？

さくら　貸し借りの合意だけで契約成立とはいかないの？

ユミ　大抵の契約は当事者の合意さえあれば契約は成立するわね。これを「諾成契約」というわ。

池田　平成二九年の民法改正では、実務上のニーズに応えて諾成的消費貸借契約を結ぶことも認められるようになりましたね（民587条の2）。

ユミ　書面で契約することが必要とされているわよ。

池田　これに対し、合意に加えて目的物の引渡しといった物の給付が必要な契約を「要物契約」と言いますね。

ユミ　そう、要物契約には、金銭のほか、塩・砂糖などを消費した後、同種同等同量の物を返すことを約束する「消費貸借」に加えて、特定の物を使用して返すことを約束する「使用貸借」もそうであるとされていたけど、民法改正により諾成契約に改められたわ（民593条）。

トラ太　さくらちゃんがいつも扇子を忘れるので、僕の扇子を貸しているけど、これは使用貸借だな。

さくら　その代わり、トラ太君や他の部員の足袋をいつも失わないよう、保管してあげているじゃない！

ユミ　それは「寄託契約」と言って、人の物を保管することを約束して受け取る契約ね。それもやはり要物契約から諾成契約に改められたわよ（民657条）。

要物契約と無償契約はセット

池田　要物契約では、物を引渡してしまった側は以後債務を負わないため「片務契約」となるね。

さくら　ふ～む、利息付消費貸借の場合、利息付の点で有償契約、でも消費貸借契約自体が要物契約だから片務契約、だから「有償契約なのに片務契約」という現象が起きるわけですね。

トラ太　要物契約の趣旨がわからないなぁ。「利子付きでも借金できるのなら車を買おう」と喜んで車庫などの準備をしていた人に、貸す側が急に「貸さない」と言っても、契約が成立していないから何の責任も負わないわけでしょ。

ユミ　その疑問はもっともね。でも実は、要物契約はそもそも無償契約と結び付けて考えられたものなの。例えば、君が困っている仲間に合宿の参加費を貸してあげるとしましょう。好意から相手に一方的に利益を与える無償契約では、貸すと約束しただけで拘束されるのではなく、実際に物を引き渡して初めて契約が成立するとした方が公平にかなうでしょ。

トラ太　なるほど。「貸してあげる」と言った瞬間に貸す債務が発生し、後日貸すことができなくなった場合にも相手から債務不履行責任を負わされたのでは、気の毒ですよね。

ユミ　そう。だから本来要物契約は無償契約とセットで考えられるべきものよ。一方、諾成契約は有償契約となじみやすいわね。

さくら　それで多くの契約が諾成契約となってしまったわけですね。

日本では贈与は不要式契約

トラ太　あれ？　先生は今、無償契約と要物契約が結びつくと言いましたが、前回、無償契約の例として出た「贈与」は確か諾成契約ですよね（民549条）。

契約の種類 その２

「諾成契約」 当事者の合意さえあれば成立する契約。
「要物契約」 合意に加えて目的物の引渡しといった物の給付が必要な契約。
「要式契約」 契約の成立に書面や公正証書などの要式を必要とする契約。

→「消費貸借」……金銭の他、塩・砂糖などを消費した後、同種同等同量の物を返すことを約束する。

原則：要物契約
例外：諾成契約にしたければ要式契約にする。

さくら そうすると、好意で贈与するとささやいただけで、贈る債務が発生してしまうの？

ユミ よく気がついたわね。贈与は諾成契約なのでこっそり約束しただけで大変なことになるわ。

池田 日米間の核「密約」と同じだな。

ユミ 実は、日本以外では贈与の意思を書面や公正証書など、一定の明確な形式や手続きを備えなければならないとする国が多いの。契約の成立に要式を必要とするという意味で「要式契約」と呼ぶわ。

トラ太 日本では贈与は諾成契約つまり不要式契約というわけですね。口約束で拘束されるなんて嫌だな。

ユミ だから諾成契約としつつも、書面によらない贈与は解除が認められているの（民550条）。これによって簡単に元に戻せるよう、契約の拘束力が弱められているわけね。さっき出た、使用貸借も、寄託も同じ扱いよ（民593条の2、657条の2第2項）。

さくら　いい案があるわ！　大喜利団体戦の当日に私が審査員の間を即座に回って贈り物をするとささやくの。わが落研に票が集まった後でさっと解除しちゃえば勝利はこっちのものよ！

池田　それこそ新年の奇襲攻撃「トラ・トラ・トラ」だな。

＊＊＊

日記㊱　一二月×日。曇り。

卒業を控えた四年生の大柴君が、落語研究会の一年生、花札亭さくらちゃんとともに研究室にやって来た。どうやら大柴君の所属する軽音楽部と落研の間で、練習場所をめぐってもめごとが発生したようだ。

ユミ　あら、大柴君、卒業旅行の相談？

大柴　そうじゃありません。僕の所属する軽音楽部の南館に向かって、最近、北館の落研の一年生たちが鉦《かね》・太鼓の騒音を鳴らして邪魔なんです。落研顧問のユミ先生からも厳重に注意してくださいよ。

さくら　あの方向でしか、お囃子《はやし》の練習ができないんだもの。発表会の前の予行演習くらい、かまわないでしょ。

大柴　未熟な音をいくらぶっ放しても、うまくならないよ。

さくら　ふん。私たちは不屈の精神で演習を繰り返すのみよ！

契約の種類 その3

「一時的契約（単発的契約）」

……贈与や売買、交換など一回の履行で契約関係が終わるもの。

「継続的契約」

……貸借・雇用の他、使用貸借・消費貸借・寄託・委任・組合など、履行が一定期間にわたるもの。

「典型契約（有名契約）」

……世間で典型的によく行われる契約を指す。

「非典型契約（無名契約）」

ユミ ふ〜む。南北間で深刻な対立ね。互いに「融和政策」をとらないとダメよ。

大柴 ハハハ、まるでどこかの大統領のようですね。それじゃあ、さくらちゃん、Kポップグループのコンサートチケットをプレゼントするから練習を中止するというのはどう？

さくら う〜ん、それなら中止してもいいかな……。

ユミ 不屈の精神じゃなかったの？

有償契約も要式契約になり得る

さくら 先生、プレゼントで思い出しましたが、前回、贈与について「日本では何の要式も必要でない諾成契約、つまり不要式契約だけれど、諸外国では要式行為とされる」と言ってましたよね。
ユミ　そう、贈与契約は無償契約なので贈与者側を保護する必要性が高いからよ。
さくら　すると「有償契約が要式契約になることはあり得ない」ということ？
ユミ　そんなことないわ。フランスなどでは「一定額以上の売買は契約書の作成を契約成立に必要とする要式契約」よ。
さくら　なるほど。それによって高額売買の締結を慎重に行わせようという趣旨ですね。
大柴　有償契約をも柔軟に要式契約とするとは、さすが西洋、「要式」ならぬ「洋式」契約だな。その点、和式は遅れているなぁ。
さくら　トイレみたいに言わないで。お囃子と同じく「和」にも良さがあるわ。ね？　先生。
ユミ　そうね、日本の民法も早くから頑張っているわよ。平成一六年、典型契約ではないけれど、保証契約は諾成契約から書面で行う要式契約であると改正されたわ（民446条2・3項）。義理人情に厚い保証人に慎重さを促すためよ。
大柴　加えて「個人根保証契約」の極度額についてもその規定が準用されていますね（民465条の2第3項）。
ユミ　そう。さらに平成二九年には事業に関する保証・根保証契約は公正証書によることが必要となったわ(民465条の6)。
大柴　でも、会社の経営陣や大株主がそんな保証や根保証に関わっても適用されませんよね。
ユミ　義理人情と関係ないものね。
さくら　根保証って何ですか？
ユミ　当座貸越契約や手形割引、雇用や賃貸借といった継続的な契約関係から将来生じる不特定多数の債務を保証し続ける継続的な保証のことを根保証というのよ。

さくら　でも、保証って、確か、特定の主たる債務が現に存在しなければ保証も存在しないはずでは？

ユミ　保証債務の「付従性」のことね。通常の保証は、根保証に対して「特定保証」と呼ばれているわ。

大柴　さくらちゃん、大人の長い付き合いでは、付従性にとらわれず、将来の債務もまとめて保証するものなんだよ。それが根保証。「根」が単純な君にわかるかな？

さくら　ふん。偉そうに言う、その息の「根」を止めてやりたいわ。

ユミ　争いの「根」は深そうね。

継続的契約には信頼関係が必要

さくら　「継続的な契約関係」で思い出したけど、契約の種類に「継続的契約」と「一時的契約」があると、民法入門で習ったわ。

ユミ　契約の分類の一方法として、そのような種類も教科書に載っているわね。

大柴　「継続的契約」とは履行が一定期間にわたるものであり、「貸借」「雇用」のほかに「使用貸借」「消費貸借」「寄託」「委任」「組合」などがありますね。

ユミ　そう、それに対して、一回の履行で契約関係が終わってしまうものを「一時的契約」というわ。「単発的契約」とも呼ばれるわよ。

大柴　贈与や売買、交換などがありますね。

さくら　この分類をすることに、意味があるのかしら？

ユミ　あるわよ。一回きりの履行で終わらない特別な関係なので、単発的契約とは異なる法的処理や契約の解釈が行われるの。

大柴　解除の要件・効果、同時履行の抗弁などの点で、違いが生じてきますね。

ユミ　そうね、例えば継続的契約を終わらせることを、法文上は「解除」と言うけれど（民620条、630条、652条、684条等）、遡《そ》及《きゅう》効《こう》を持たず将来に向かってしか効力を生じない「解約（告知）」だと解されているわ。複雑になる原状回復の計算等を回避するためね。

大柴　その解約ができる場合についても、当事者間の信頼関係が破壊されたかどうかを基準とするという判例理論（注17）が確立していますよね。

ユミ　単発的契約と違い、互いの信頼関係がなくなれば契約を継続しにくいものね。これを「信頼関係破壊の法理」と呼ぶわ。

さくら　まさに継続は力なり。私たちも繰り返し練習しなくちゃ。

大柴　傍《はた》迷惑な練習ではかえって信頼関係が破壊されるよ！

増える「新種の契約」に法律が追いつかない!!

ユミ　このほかにも、別の観点からの契約の種類として「典型契約」と「非典型契約」があるわよ。

大柴　世間で典型的によく行われるとい

注17　最判昭和27年4月25日民集6巻4号451頁、最判昭和50年2月20日民集29巻2号99頁など参照。

サックスのセッションなんてどう？

二人　そんなセッショーンな！

う意味で、典型契約と言うんですよね。

ユミ　そうね。「有名契約」とも言うわよ。「有名」といっても、この華麗な私がキャンパスで目立ち有名という意味ではないわよ。

さくら　それくらいわかっています。「民法に名前が有る」という意味の「有名」でしょ。

大柴　第一、先生が目立つのは華麗とは違う意味だし……。

さくら　典型契約といっても、民法ができたころとはマッチしない現代的な「新種の契約」や、契約を組み合わせた「混合契約」などがたくさん出現して、今や特別法でも追いつかない状態だわ。

ユミ　そうね。それじゃ、君たちも現代的な混合契約と同様、仲良く混合で新しいものを作ってみたら？　三味線と鉦と

Ⅳ 契約内容あれこれ ～契約各論～

売買の予約

ユミ先生のワンポイントレッスン

ストック・オプション、ワラント債、買収防衛などに利用される新株予約権は、会社法上の権利ですが、予約権自体は民法の「売買」の中で定められているものです（民556条）。民法上の予約は一方的に行使できる予約完結権に妙味があるのですが、これは現代では特に担保権として活用されています。例えば「もしAから一〇〇万円の借金をしたBが期日に借金を返せなければ、AはBの家屋を代物弁済として譲り受ける」という売買予約をし、仮登記（不動産登記法2条2号）をしておくわけです。Aとしては借金返済がなければ直ちに予約完結権を行使できるので、家屋は安心できる担保と言えます。ただ、家屋の値段が一〇〇万円をはるかに超えるものであって、例えば一億円だとすると、Bは借金を返済できなければ理不尽な損害を被ることになります。そこで一九七八年（昭和五三年）にA側の清算支払債務などを含む仮登記担保法が制定され、公平な処理が図られることになりました。

ところで、予約については、注意しなければならないことがあります。それは、予約と日常呼ばれているもの、つまりホテルの予約や劇場の座席の予約、本やクリスマスケーキの予約などはすべて、ここでの民法上の予約ではなく、本契約の売買に当たることです。例えば、ホテルの予約はホテルの部屋を何月何日に使うという宿泊契約そのものであって宿泊の予約ではありません。

日記㊲　三月×日。曇り。
会社法ゼミの四年生、大柴君と北君が、研究室にやって来た。卒業記念旅行の行き先をめぐって、話し合いがまとまらない様子だ。

大柴　先生、ＬＣＣの格安航空券で卒業旅行の予約をしようとしたら、北君が「国内の温泉がいい」と言うんですよ。

北　ゼミ生全員、就職戦線を乗り切ったんだから、温泉でゆっくりするのがいいよ。残雪の東北なんか最高だと思うなあ。第一、海外だと、内定先の企業に迷惑をかけることにならないかい？

大柴　「日本版ＬＣＣである『合同会社』の研究のため、海外の視察に行ってました」って、ごまかせばいいんだよ。

ユミ　それはＬＣＣでなくＬＬＣ(Limited Liability Company ＝有限責任会社）でしょ。

北　まぎらわしいなぁ。そんなウソをついて海外に行くより、温泉がいいよ。温泉だけにホットする、な～んてね。

ユミ　ハハハ、ダジャレまで北君らしく、ほのぼのしててイイわね。

会社法上の「予約」と民法の「予約」

大柴　予約と言えば、先日、民法の条文を何気なく見ていて疑問に思ったのですが、会社法上の「新株予約権」の「予約」と、民法556条の「予約」とは、同じものですか？

ユミ　民法556条？　ああ、「売買の一方の予約」のことね。新株予約権者が権利行使することで契約が成立する、という点では同じものと言えるわ。

大柴　つまり、新株予約権者が会社に向けて一方的に予約を完結できるってことですね。

北　ん？　カンケツ？　そういえば別府や宮城の間欠泉もイイなぁ。

ユミ　あらら、頭から温泉が離れないようね。

大柴　新株予約権者が予約完結権を行使すれば、民法556条により会社と新株予約権者との間で売買契約が成立する、と考えて良いのですか？

ユミ　会社が手持ちの自己株式を交付する場合はそう捉えて構わないわね。でも、新株を発行する場合は売買そのものとは言いにくいし、団体法的規制の面からも契約法の適用は大幅に制限されるでしょうね。

北　先生、そもそも「予約」って何ですか？　ここにある用語辞典には「将来において売買など特定の契約（本契約）をすると約束する契約」と載っていますよ。

大柴　本契約をすると約束……？　その定義だと、例えば将来売買の予約をしても、一方が「買おう」と言ったところで、他方は改めて「売る」との承諾をしない限り、売買契約は成立しないということ？

ユミ　通常の意味の「予約」だとそうなるわね。もっとも、契約は成立しないとしても、予約した以上、売る側には、「売る」と承諾しなければならない義務が発生しているわよ。

北　もしそのとき、承諾せずに「売らない」と言えば？

大柴　予約に基づき、承諾義務者に承諾を強制できるので、民事執行法174条によれば、裁判所で承諾に代わる判決を得て本契約の売買契約を成立したことにできるよ。

北　ひぇ～、そんな面倒なことをしなければならないのなら、もともと予約のメリットなんかないのでは？

ユミ　ウフフ、そうね。そんな予約など誰もするわけがないから、民法はもっと実効性のある意味の「予約」を定めるのよ。

大柴　あ、それでこの民法556条があるわけですね。

ユミ　そう、当事者に「予約完結権を与える」という内容の「予約」ね。

大柴　予約完結権は「形成権」だから、

行使すればすぐに契約が成立するというわけさ、北君。

北　形成権？

ユミ　一方的な意思表示だけで法律関係の変動が形成されてしまう、そんな権利のことよ。

大柴　例えば、予約完結権を持つ買主が「買おう」と言いさえすれば、相手の承諾を待つまでもなく売買契約は成立、売主は「売ろう」と言いたくなくても必ずそれを売らなければならないんだよ。

北　ふ～む、なるほど。でも待てよ。いくら予約完結権が形成権だと言っても、双方互いに予約完結権を持つ予約だったら、最初から本契約をするのと同じことになってしまうね。

大柴　えっ？

北　だって、はじめから本契約の売買契約を締結しておいて、ただ「実際の履行は『履行せよ』とどちらかが言った時に行う」と条件（停止条件）をつけておくのと変わりないじゃないか。

大柴　う～ん……。

ユミ　形成権だけに、まさにケイセイ逆転ね、大柴君。民法556条が双方互いの予約完結権でなく、わざわざ売買の「一方の」側の予約完結権だけを規定しているのは、そのせいよ。

大柴　そうか！　本条は「売買契約の予約」とも「売買の双方の予約」とも異なる「売買」の「一方の」予約だけを定めていることがやっと理解できましたよ。

ユミ　ウフフ、「よーやく、予約をヨーヤク」できるようになったってわけね。

予約の利用価値

大柴　先ほど北君が言ったように、条件をつけて始めから本契約ができるとすれば、予約そのものにあまり利用価値があるとは言えない気がします。

ユミ　そうね。予約はむしろ、債権を担保するのに利用価値があると言えるわ。

二人　えっ？　担保？

ユミ　そう。例えば、金銭債権を担保するため「債務者の資産が悪化した場合はそれまでに存在する互いの債権と債務の弁済期を到来させ、相殺できる」とあらかじめ合意しておく「相殺予約」(注18)、親会社が、子会社のため、子会社に対する融資先と締結する「保証予約」(注19)などが、判例で認められているわよ。

大柴　そういえば、貸金債務を債務者が返済できない場合、債務者の不動産を代物弁済として譲渡するために「代物弁済の予約」をしておくことがよくありますね。

ユミ　そうね。そして、将来の代物弁済により成立する所有権移転請求権保全の仮登記をあらかじめしておくのよ。

大柴　そのような形態の担保を「仮登記担保」(注20)と言うんですよね。

北　仮登記担保か……。そういえば、秋田の温泉で「きりたんぽ」を食べるのもいいなあ……。

ユミ　アハハ。大柴君、ここはひとつ北君の熱い願いを「完結」する旅の「予約」をしてあげたら？

注18　最判昭和45年6月24日民集24巻6号587頁。
注19　最判平成11年6月24日金判1070号10頁。
注20　「仮登記担保契約に関する法律」参照。

役務提供契約／注意義務の基準

ユミ先生の
ワンポイントレッスン

近ごろ、会社の役員の肩書に執行役員、CEO（Chief Executive Officer の略。最高経営責任者）、COO（Chief Operating Officer の略。最高業務執行責任者）など、いろいろと見られるようになりましたが、そもそもこれらは法律上の役職ではありません。会社の経営陣となる法律上の役員は厳密に言うと「取締役」とそれを監督する「監査役」、そして会計を担当する会計参与（会329条1項カッコ書）。代表権があれば「代表取締役」、業務執行権があれば「業務執行取締役」と呼ばれますが「取締役」であることに違いありません。ソニーやオリックスなど監査委員会、指名委員会、報酬委員会の三つの委員会設置型というアメリカ型のシステムを採用しているところでは、「取締役」に加えて業務を行う「執行役」（同402条）が加わるだけです。だから厳密にいうと、三委員会設置型の会社の執行役なら経営側の役員として会社法が適用され、執行役員なら労働者として民法や労働法が適用されることになります。就任や辞任といった地位に関する法的根拠が異なり、例えば取締役や執行役は株主総会や取締役会で選任されるのですが、解任されればもちろんのこと、一年の任期の後に同じく株主総会や取締役会で再任されなければ、その地位は労働者を兼務していない限り保全されません。その点、労働者である執行役員は、比較的労働者の保護に厚い日本の労働法によりその地位が保障されています。一方、普段の仕事については、委任契約に基づくか雇用契約に基づくかの違いがあるのですが、現実には会社のために役務（サービス）を提供する点で大きな違いがあるとは言えません。

役務提供型の契約は民法には雇用・委任・請負・寄託の四つが定められています。それぞれの違いは日記㊳の中で説明されていますが、実際には共通点も多く、はっきりと区別できるものではありません。例えば、委任といっても、「この訴訟に勝てば成功報酬を受け取る」という合意をクライアントとの間で行う弁護士のように成果報酬方式による場合（成果完成型）もあれば、「日々、顧問として法律相談に乗る」という合意を顧問先の会社との間で行う弁護士のように、行った事務処理に対し報酬が支払われる場合（履行割合型）もあります。前者は請負と同じなので、平成二九年民法改正により、請負の規定（民633条）と同じく、成果の引渡しと報酬支払いを同時履行とする規定が置かれました（同648条の2）。後者は雇用契約と似ているので、たとえどのような事情で契約が履行の中途で終わったとしても、労働者と同様、受任者は終わった履行割合に応じて委任者に報酬を請求できるとすべきです。そこで、民法改正により、履行割合に応じた報酬請求に関する雇用契約と同様の規定が設けられました（同624条の2、648条3項）。また、このことは請負人にも成果完成型の受任者にも同じくあてはまるので、それぞれ同様の規定が新設されています（同634条、648条の2第2項）。また、倉庫寄託のように、倉庫業者などが同一種類、品質の代替性ある寄託物を複数の業者から預かり保管する**混合寄託**についても、明文の規定のニーズが高まり、民法改正により新設されました（同665条の2）。さらに、日記㊳で話題になっているように、受寄者が寄託物を消費することができ、寄託物と同一種類、品質、数量の物を返還すればよいという契約つまり**消費寄託**に関する条文を整備し、原則は寄託ですが、通常の寄託と異なる点で消費貸借の規定が準用されます（同666条）。

今日では各種教育・医療・老人福祉・美容・健康サービスと、無名契約や混合契約が拡大し続けています。また、役務提供型契約の中でも、サービスを行う際の注意義務の程度は、特に議論が錯綜《さくそう》するところです。例えば、委任契約における受任者の**善管注意義務**（民644条）は無償で任せられたとしても受任者としての地位に合わせた注意の程度が要求されますが、無償寄託は自己のためにするのと同一の注意義務でよいとされています（同659条）。経営のプロである会社役員たちには相当高い注意義務が認められそうですが、報酬が低い場合は日記㊴でも説明されているように、注意義務のレベルを下げようという考えもあります。下級審の判例では、特に専門的能力を買われて監査役に選任された者に期待される水準は高いとされたり（注21）、障害者介護のボランティアでも注意義務が軽減されるわけでないとされたり（注22）、さまざまです。

注21　東京高判昭和58年4月28日判時1081号130頁。
注22　東京地判平成10年7月28日判時1665号84頁。

日記㊳　三月×日。晴れ。

研究室で調べ物をしていると、冬の間中、滑降の練習ばかりで滅多に大学に来なかった、スキー部員の翔太君が来た。単位が取れたお礼を言いに来たと言うが、本当は選手権入賞の自慢をしに来たようだ。

翔太　先生、今春最後のスノボー、最高のデキでしたよ。

ユミ　スノボー？　どこのお坊さんの話かしら？

翔太　いきなり頭にくるボケ方はやめてください。わがスキー部のスノーボード部門で、一番よく滑ったのが僕なんです。インスタにアップした僕の勇姿を見てくれましたか。

ユミ　あぁ、あのゲレンデを背にだぶだぶのウェアを着た君の写真ね。

翔太　イヤだなぁ、あれがスノボーファッションですよ。ともかく、欠席続きのスキー部員たちにも「会社法」の単位を出していただいたので、執行部を代表して先生にお礼を言いに来ました。

ユミ　「会社法」は、出席点よりも試験の成績が大切だからね。

翔太　そう聞いていたので、みんな最後の得点狙いで、期末試験に賭《か》けたんですよ。

ユミ　アハハ、スキー部だけに、一発勝負が「板」に付いているようね。

「雇用」と「委任」の違い

翔太　執行部といえば、企業でも「執行役」、「執行役員」と呼ばれる人たちがいますよね。呼び名はさまざま違いますが、違いはあるのですか。

ユミ　まとめて「ＣＥＯ」と呼ばれたりもするけれど、法律的に言えば、執行役は委員会設置会社で業務を執行する機関、執行役員は一般的な会社で代表取締役の指揮の下にその役割の一部を分担する、いわばハイレベルな従業員ね。

翔太　ということは、執行役員と会社との関係は取締役と会社のような委任関係（会330条）でなく、雇用関係だということ？

ユミ　取締役を兼務しない限り、そういうことになるかな。

翔太　そうすると、実質的には業務執行取締役と同じことをしていても、取締役としての義務や責任を免れてしまうのでは？

ユミ　そうね。たとえて言うならスキー場で、どんな危険な滑り方をしても、スノボーウェアさえ着ていなければ目立たず、パトロール隊の取締りを免れるのと同じね。

翔太　たとえになっていませんよ。

ユミ　執行役員を「事実上の取締役の理論」によって取締役と同視しようっていう方法はあるわよ。

翔太　ところで、「雇用」や「委任」といった契約は民法の授業で習いましたが、どう違うのかわかりにくいですね。

ユミ　「雇用」は、労働者が労務の提供を「使用者の指揮下で」行うことであるのに対して、「委任」は、同じ労務の提供でも受任者が「自己の裁量で」行うことよ。

翔太　委任については、確かその労務が法律行為でなく事実行為の場合、「準委任」と呼ばれますね（民656条）。

ユミ　そう。会社の取締役などは広く業務全般の事実行為も任されるので、正確に言えば委任と準委任のミックスね。

翔太　雇用と委任は、言葉では区別できても実際には難しいなぁ。雇用の労務は使用者の指揮下にあるとしても、例えば営業マンがどう売り込むかなど、自分の裁量で工夫し、仕事をするわけでしょ？

ユミ　そういえば、私も大学と雇用関係にあるけれど、ユーモアあふれる良い授業作りのために、自分の裁量で日々努力しているわね。

翔太　いや、先生の授業中のギャグだけは、使用者の厳重な指揮下に置いてほしいなぁ。

「役務提供型」の契約

ユミ　実は、雇用や委任だけでなく、「請負」も区別しにくいわよ。

翔太　請負は大工さんが家屋を建築する場合のように「仕事の完成」が目的です（民632条）。だから、単に労務を提供しさえすればよい雇用や委任との区別は簡単ですよ。

ユミ　それじゃ、私がスリム美人になろうとエステに通う場合は？

翔太　減量が「仕事の完成」となるので

雇用・請負・寄託の違い

雇用……相手方に対して労働に従事することを約し、相手方がこれに対してその報酬を与えることを約すること（民623条）。
委任……法律行為をすることを相手方に委託し、相手方がこれを承諾すること（民643条）。
請負……ある仕事を完成することを約し、相手方がその仕事の結果に対してその報酬を支払うことを約すること（民632条）。
寄託……ある物を保管をすることを相手方に委託し、相手方がこれを承諾すること（民657条）。

請負です。でも、先生の場合、それ以上美しくなるのは無理なのでそもそも「原始的不能」です。

ユミ　後半は大正解！　ただしこの場合、履行不能、契約不成立だからといっても、損害を受けた者は賠償請求できるという平成二九年民法改正で新設された規定に注意が必要よ（民412条の2第2項）。

翔太　待てよ、リバウンドで元のデブ体型に戻るかもしれないことや中高年の健康維持のことも考えると、単に減量の結果さえ出せばよいというものではありませんね。すると「委任」かな。

ユミ　誰がデブ体型の中高年よ！

翔太　経営者が税理士に確定申告を依頼する場合はどうですか？　確定申告書の作成だけなら「請負」ですが、節税方法などいろいろと助言も受けるのなら「委任」？

ユミ　ウフフ、帳簿類を引き渡すなら「寄託」も成立するわね。

翔太　そう言えば「寄託」も労務を提供するという意味で、雇用・委任・請負と共通する契約だと習ったのを思い出しました。「物の保管」という労務ですね。

ユミ　雇用・委任・請負・寄託を全部まとめて「役務提供型」の契約と呼ぶわ。

翔太　寄託は物を預かった時に契約が成立するのですか？

ユミ　寄託は、以前は要物契約とされていたけど平成二九年民法改正によって諾成契約に改められたわ。預りましょうと承諾すれば契約成立よ（民657条）。

翔太　その方が取引社会にマッチしますね。契約も滑降と同じ、スピーディ、スムーズに限りますよ。

「役務」にまつわるいろいろな問題

翔太　役務提供契約で共通するところは、かなり民法上整備されていますよね。

ユミ　例えば、契約の途中でクビになったとしても、それまでに提供した役務に対する報酬がもらえるということが、雇用の労働者、請負の請負人、委任の受任者に共通して認められているわ（民624条の2、634条、648条）。

翔太　報酬と言えば、委任も請負のように事務処理を完成させた時に報酬を受け取る「成果完成型」の規定が新設されていますね（民648条の2）。

ユミ　勝訴判決を得るとか債権回収に成功するなどして初めて成功報酬を受け取る弁護士などがそうね。クライアントに

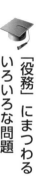

頼まれて少額の債権回収や過払い金の返還を行う弁護士などがその例よ。

翔太　あれ？　委任も寄託も無償契約だと「民法入門」の授業で習ったような気がしますよ。そもそも報酬がもらえるなんてヘンですね。

ユミ　委任では無償契約であることが原則、報酬付きの特約があれば例外的に有償契約となると、規定されているわ（民648条1項）。寄託では報酬なしの場合とありの場合、つまり無償契約と有償契約を並列的に規定しているわね（民657条の2、659条）。

翔太　ややっこしい書き方ですね。

ユミ　寄託については、ほかにも混合寄託（民665条の2）や消費寄託（民666条）が規定されているわよ。混合寄託というのは、一つの倉庫が複数の業者のために同種・同質の原料や製品をまとめて保管するやり方ね。業者にとってはコスト削減になるでしょ。

翔太　消費寄託というのは、金銭やゴールドなどを預かって運用の後に返還するものですよね。僕が預けている預貯金は、銀行との間の消費寄託契約によるってことか……。

ユミ　平成二九年の民法改正では、寄託物の返還時期について、預貯金を預かる銀行を保護する規定が盛り込まれているわ（民666条3項）。混合寄託では預ける各業者の保護が考えられているわね（民665条の2第2項）。「寄託」の議論は面白いわよ。でも、いったん話し出すと止まらなくなりそうでコワいから、このへんで「帰宅」するかな。これがホントの「キタク恐怖症」、な～んちゃって。

翔太　先生のダジャレが一番よくスベリそうだな……。

＊　＊　＊

日記㊴　四月×日。晴れ。
落研の阪神亭トラ蔵君がやって来た。幹部に昇進したトラ蔵君、新入部員達が早く打ち解けられるよう、ゴールデンウィークを利用してのドライブ旅行を計画しているようだ。

トラ蔵　連休に車に分乗して、新入生歓迎ツアーを開催するんです。先生の車にも一年生を乗せてくれませんか？

ユミ　乗せてもいいけど、私の愛車「ポルシェちゃん」は荷物搭載厳禁よ。

トラ蔵　先生の国産軽自動車になど何も入りませんよ。ところで、新入生たちが盛り上がる所といえば、キャンプ場かなぁ。

ユミ　私は海岸沿いを飛ばすのがいいわ。春の日差しの中でヨットも乗ってみたいわね。夕食は私の好物の海の幸、食後は私のカラオケ・ショーでどう？

トラ蔵　それでは新入生の歓迎になりませんよ。

ユミ　何を言ってるの！　公演料は、うんと安い新入生歓迎料金にするわよ。

トラ蔵　えっ！　あの声を延々と聴かせた上、善良な一年生たちからお金を取るつもりですか……。

専門職に就く役員の善管注意義務

トラ蔵　「善良」といえば、会社と役員の関係は委任関係なので（会330条）、役員は受任者としての「善良なる管理者の注意義務」（民644条）を負いますよね。

ユミ　そうね。「善管注意義務」とか「善管義務」と略称するわ。

トラ蔵　会社法の教科書には「役員が弁護士や会計士などの場合は、その善管注意義務の基準はその人の専門的能力に応じて高くなる」と書いてありました。

ユミ　だから専門職に就いている人が役員だと、一般の役員よりも重い責任が追及されやすいの。

トラ蔵　ところが、民法の教科書では「客観的な注意が基準となり、個別具体的に判断されない」と書かれています。そうすると、役員がたまたま弁護士でも、一般の役員として通常期待される注意さえしていればよいのでは？

ユミ　確かに、会社は役員として任用する契約を結ぶけれど、善管注意義務の基準を決める際の地位は、役員の地位とは限らないわよ。

トラ蔵　えっ？　「役員としての地位にある者に通常期待される程度の義務」が、ここでの注意義務の基準ではないのですか？

ユミ　会社が特にその人の専門能力を評価して経営を委ねたのなら、その専門職に就く者に通常期待される客観的な注意が必要ということになるわ。

トラ蔵　ふ～む。でも、高名な法律学者などが少ない報酬で役員となり、会社の品格を上げることがありますよね。高度な専門知識があるばっかりに報酬が少なくても高い注意義務が課せられるのは、何だか気の毒な気がするなぁ。

ユミ　そうね。だから報酬の額が低ければ、注意義務も軽減すると解する学説もあるくらいよ。

トラ蔵　へぇ……。でも、委任は、元々無償が原則の契約ですよね(民648条1項)。

ユミ　ローマ法では、高貴な人が事務を頼まれれば、それは高尚で名誉なことなので、委任は基本的に無償とされたのよ。

トラ蔵　そうすると、報酬が下がれば注意義務も低くするなんて打算的な考え方はおかしいなぁ。

ユミ　「報酬の減額によって高度な注意義務を期待しないという内容の特約があった」と考える方がスッキリするわね。ま、私が役員の仕事を頼まれたら、無報酬でも専門知識を最大限提供するわ！

トラ蔵　いや、先生の場合、会社の品格が上がることはないので、そもそも頼まれないと思います。

「善管注意義務」と「自己のためにするのと同一の注意義務」

ユミ　実は、報酬の額によって注意義務の程度が軽減するという学説の背景には、無償寄託に関する条文があるの。民法659条を見てごらん。

トラ蔵　「無報酬の受寄者は、自己の財産に対するのと同一の注意をもって、寄託物を保管する義務を負う」。つまり、タダで他人の物を預かる人は、自分の財産を管理する程度の注意をすれば足りる、

民　　法

（財産の管理における注意義務）
第827条　親権を行う者は、自己のためにするのと同一の注意をもって、その管理権を行わなければならない。

（相続財産の管理）
第918条　相続人は、その固有財産におけるのと同一の注意をもって、相続財産を管理しなければならない。ただし、相続の承認又は放棄をしたときは、この限りでない。
2～3　（省略）

（相続の放棄をした者による管理）
第940条　相続の放棄をした者は、その放棄によって相続人となった者が相続財産の管理を始めることができるまで、自己の財産におけるのと同一の注意をもって、その財産の管理を継続しなければならない。
2　（省略）

というわけですね。

ユミ　この条文を根拠に、委任契約でも報酬の額と注意義務の程度を連動させようとするのよ（注23）。

トラ蔵　あ、この条文以外にも、子の財産を管理する親権者（民827条）、それに他の相続人のために財産管理をする相続人（同918条1項）や相続放棄人（同940条1項）は、「自己のためにするのと同一の注意」、「その固有財産におけるのと同一の注意」で足りると書いてありますよ。一方、善管注意義務は、644条以外に、特定物の保存の場合（同400条）、後見人（同869条）や後見監督人（同852条）が被後見人の財産管理をする場合に、規定がありますね。

ユミ　善管注意義務は、君が最初に言ったように「その地位にある者に通常期待

注23　商事寄託の場合は無償でも善管注意義務を負う（商595条）。

される客観的な注意が基準となる」のに対して、自己のためにする注意義務の方は「行為者自身の具体的・主観的な注意能力を基準とすれば足りる」と解されているのよ。

トラ蔵　なるほど。さっきの例でいくと、役員に任用された弁護士は、通常弁護士として期待される注意を払うべきなのであって、その弁護士が個人的に能力の低い弁護士だったとしてもその低い能力を基準とはしない、ということですね。

ユミ　そう、それに比べ、無報酬の受寄者や子の財産を管理する親権者などは、かなりウカツな人であっても、その低い能力を基準として判断すればよいことになるわ。

トラ蔵　ふ〜ん。でも、具体的・主観的な注意能力の基準って、突き詰めて考えると、その人が自分なりに注意していれば注意義務を尽くしたことになっちゃうんだから、注意義務に反する場合などそもそもあり得ないのではないですか?

ユミ　そうね。だから通常の人を基準にすべきだという客観説もあるわ。「通常の人が、自分や自分の財産に対して客観的に払うと思われる程度の注意」を基準にするの。

トラ蔵　何だか理屈っぽいなぁ。要するに、具体的な個人には注目しないわけですね。

ユミ　注意義務を軽減するための論法だから、複雑な解釈をせずに、具体的な個人を基準にする方が素直ね。「その人が自分や自分の財産に対して、通常払っている程度の注意」と考えればいいんじゃないかしら。

トラ蔵　それなら、具体的・主観的な基準でも注意義務違反を認定できそうですね。

ユミ　そうね。「自分の物を、普通はそんなにぞんざいに管理するはずがない」と証明すれば、その人の注意義務違反が認定できるわね。

トラ蔵　いや、待てよ。それだと、自分のことしか考えず、自分の物にだけ細心の注意を払う超エゴイストの場合は、逆に、注意義務の程度が極度に高くなってしまいますね。先生、無報酬の受寄者になってはいけませんよ。

ユミ　どういう意味よ！

組合と法人／組合の財産関係／「民法上の組合」以外の組合

ビジネス社会には会社だけでなく組合と呼ばれる団体も意外と多く活躍しています。例えば、大型建設工事の際に複数の企業で結成されるジョイントベンチャー（＝ＪＶ。（注24））、マンション住人の管理組合（建物の区分所有等に関する法律３条）、弁護士事務所などです。もちろん、日記㊵で落研のメンバーがつくろうとしている会社設立のための発起人組合も、古くから組合と解されています。これら組合は、民法上の組合契約（民667条1項）により成立する団体です。**組合契約**とは、二人以上の者が出資をして共同の事業を営もうと約束することですが、単純な契約と考えてしまうと、実は不都合なことが起きます。例えば、利害の対立する契約当事者間の公平を考えて同時履行の抗弁権が規定されていますが、組合員たちが「他の組合員が出資するまで自分は出資しない」と互いに主張し合っていては、組合がいつまでたっても成り立ちません。危険負担、担保責任、解除の規定などについても同じです。そこで、それらについては組合契約には適用されないとされています（同667条の2）。そして組合行為の法的性質につき、「組合契約

ユミ先生のワンポイントレッスン

注24　最判昭和45年11月11日民集24巻12号1854頁。

は単純な契約ではなく、実質は合同行為である」と考える学説が有力です。

会社は人の集まりである社団ですが、二人以上の者が集まり組合契約を結ぶ組合とは、どこがどう違うのでしょうか。民法起草者は法人格を持つ団体を社団、持たない団体を組合と考えていたわけですが、その後、そのようにスッキリ考えない議論が日本に入ってきたために、違いがわかりにくくなってしまいました。結局、組合は（民法の組合の規定を適用するのが妥当なほどに）組合員が緊密な関係、社団は構成員がそれほど緊密でない関係の団体というしかないのです。そうは言っても組合財産は組合各人のものでなく、組合としての団体的拘束が認められるべきです。日記㊶でも、トラ吉君は車からオーディオ機器を持ち出せると考えるべきではありません。民法は、単なる共有者のように、各組合員が持分の処分をすることはなく、清算前に分割請求できないとします（同676条）。これを共有と区別するため、**合有**と呼びます。組合の債権も債務も分割されるわけではありません。さらには組合の業務も組合員の変動、解散、清算も持分会社と同様に考えられ、民法の規定が整備されています（同670条、677条の2、680条、686条等）。ただ、会社と違い、組合には法人格がないので、対外的に業務執行を行う場合、誰かが代表で行うしかありません。これを**組合代理**と言います（同670条の2）。組合代理になった組合員は本人としての立場と他の組合員の代理人としての立場を併せ持つ特殊な地位にあり、自分自身にも法律効果が及ぶということになります。

日記㊵　九月×日曇り。

ゼミ生で落研の部長、笑法亭冷奴さんが、後輩の阪神亭トラ吉君を引きずるように連れてきた。ファンクラブの仲間と会社「トラホーム」を興すと吠えていたトラ吉君であったが、今日は借りてきたネコのようだ。

冷奴　トラ吉が「会社を設立するのにぜひとも車が必要だ」と言うから「落研で使っている私の軽自動車を売ってやってもいいわよ」と言ったんです。すると、その日から代金も払わずに乗り回しているんですよ。

ユミ　あの車は冷奴部長のものなの？

冷奴　落研のために、私がアルバイトをして買った中古車なんです。でも、ガソリン代が馬鹿にならないし、地球に優しいエコ派の私としては、車を手放そうと思っていたところだったんですよ。部員も、自転車や徒歩で移動する方が、体を鍛えられることだし。

トラ吉　地球より、僕たち部員に優しくしてくださいよ～。

冷奴　トラ吉ったら、このガソリン高の時期に、CO_2をまき散らして車で野球場まで野球を観に行ってるんですよ。文字どおり、油を売っているんです。

ユミ　うまい！　ガソリンと油を掛けたのね。それに比べ、環境のことも考えないトラ吉君は考えものね。

トラ吉　えっ、先生もエコ派？

ユミ　そう、だから冷奴部長を特にひいきにするわけ。これがほんとの「エコひいき」よ。

冷奴　先生もうまい！　素敵だわ。

トラ吉　二人でイヤな感じだなぁ。

組合は団体をつくる合意契約により成立する

冷奴　車の代金を払ってくれないなら、トラホーム組合に請求させてもらうわよ。

トラ吉　僕は組合でなく、会社をつくろうとしているんですよ。

ユミ　みんなで会社をつくろうというんだから「発起人組合」が成立するわね。民法667条の組合契約よ。

トラ吉　えっ？　僕たち、組合契約なんか結んでいません。

ユミ　発起人が複数の場合は契約を締結したものと解されているわ。

トラ吉　えぇ～っ。締結した覚えのない契約によって成立してしまう組合って、一体何ですか？

冷奴　組合も知らないの？　共同で出資し合って事業をしようという者たちの団体よ。

ユミ　前に、トラ吉君に話した社団法人と似たようなものね（注25）。でも、組合は法人ではないから、権利・義務の主体にはなれないわよ。

冷奴　その代わり、組合は成立が簡単ですよね。法人だと登記を要する（会49条）など法律の根拠が必要（民33条）で面倒だけど、組合はみんなで何かやろうと約束するだけで成立してしまうんだから。トラ吉、私たちとエコ生活推進事業をやらない？　ともに環境保護の精神をはぐくむ、はぐくみあいよ。

ユミ　冷奴さんに座布団一枚！

注25　日記④（37頁）参照。

トラ吉　エコ組合なんてイヤですよ。環境オタクの鬼部長と、エコひいき教授なんて、憎むべき存在だ！

冷奴　にくみあいも組合のうちよ。

ユミ　座布団もう一枚！

トラ吉　組合契約が約束だけで成立する諾成契約であることはわかりましたが、僕は本当に何の約束もしていないんです。

ユミ　会社設立の場合は、「発起人間に発起人組合契約があったと擬制される」と解されているわよ。マンションを建て替える際の建替参加者の間でも同じような擬制が解釈で認められているわ。

トラ吉　ウヒャ～。勝手に契約締結を擬制されたって、僕には出資をするお金など、すぐにはありませんよ。

ユミ　労務という形の出資でもいいのよ（民667条2項）。

冷奴　トラ吉の場合は財力も知力もないんだから体力だけが頼りね。

会社法

（株式会社の成立）

第49条　株式会社は、その本店の所在地において設立の登記をすることによって成立する。

民　　法

（法人の成立等）

第33条　法人は、この法律その他の法律の規定によらなければ、成立しない。

（組合契約）

第667条　組合契約は、各当事者が出資をして共同の事業を営むことを約することによって、その効力を生ずる。

2　出資は、労務をその目的とすることができる。

トラ吉　失礼な。落研ナンバーワンの芸人としての「魅力」がありますよ。

ユミ　それが一番欠けてると思うなぁ。

組合は権利能力なき社団と異なる

トラ吉　組合が法人でないとしても、人の集まりである以上「社団」ですよね。そうすると、民法のテキストに載っている「権利能力なき社団」と「組合」とは、どこが違うのですか？

冷奴　そういえば、どちらも法人格のない「人の集まり」という点で変わりがないわねえ。

ユミ　う〜ん。痛いところを突いてきたわね。古くは社団といえば法人格を持つ組合と考えられていたけど、その後「社団は組合とは違う」というドイツの峻別《しゅんべつ》論が輸入されたの。そこから、社団だが組合でも法人でもない、いわゆる「権利能力なき社団」の概念が生まれたのよ。

トラ吉　う～ん。何を言っているのか、さっぱりわからない！

冷奴　トラ吉、頭から煙が出始めたわよ。権利能力なき社団は組合でない団体、組合は民法の組合の規定を適用するのがふさわしい団体、ってことよ。

トラ吉　ウエ～ン、ますますわからないぃっ！

ユミ　アハハ。民法学者が喧々囂々《けんけんごうごう》の議論をしているけど、結局は、メンバー間のつながりや個性の違いにつきるわね。

冷奴　組合の方が、メンバー間に強いつながりがあるとされるんですよね。

トラ吉　あれ？　確か、合名会社もメンバー間の強いつながりや個性が認められると、会社法のテキストに載っていますよね。

ユミ　そうね。だから「合名会社とは組合に法人格が与えられたものである」と説明されることもあるわね。

トラ吉　ところで、組合に法人格がないとすると、車の所有権は発起人組合にはないということ？

冷奴　えぇっ？　そうすると私は車の代金を組合に請求できないってこと？

ユミ　まぁまぁ、二人とも落ち着いて。お腹もすいてきたことだし、まずは環境によいものを食べに行こうか。私がおごるわよ。

二人　環境によい食べ物って？

ユミ　もちろん、関西名物「エコのみ焼き」よ！

二人　……。

＊＊＊

日記㊶　九月×日。晴れ。
昨日に続いて、冷奴部長とトラ吉君がやって来た。トラ吉君がタイガース関連グッズ販売会社立上げの前に軽自動車を冷奴部長から譲り受けておきながら、代金支払いの決着がつかないようだ。

冷奴　先生、昨日はごちそうさまでした。ところで、トラ吉たち発起人で作るトラホーム発起人組合に車を売ったつもりなのに、組合には法人格がないから所有権は組合には移らないのですか？

ユミ　そうね。訴訟上は組合に売買代金を請求できるだろうけど。組合は組合契約によって結合した組合員の集まりにすぎないから、車の所有権を持つことはないわね。

トラ吉　設立後は会社という法人になるんだから、僕が行ったような営業のための準備行為の効果も「設立中の会社」に実質的に帰属させればよいと、誰かが言っていましたよ。

ユミ　確かに「設立中の会社」に「権利能力なき社団」の概念を取り入れて、こういった開業準備行為を会社が事後的に追認できるように理論構成しようとする有力説はあるけれど、判例の立場では「財産引受」（会28条2号）の手続きをとらない限り、会社への帰属を認めないわね。

トラ吉　発起人組合に所有権がないとい

うことは、僕が所有者？

ユミ　昨日、民法668条を見ておくように言ったでしょ。組合の財産は総組合員の「共有」となるの。

冷奴　キノウ言っても「キョウゆう」ですね。

ユミ　さすが落研部長、座布団一枚！

トラ吉　そうすると、僕は車の五分の一の所有者となるワケか。発起人は全部で五人ですからね。オーディオ機器だけ取り外して下宿に持ち帰ってもかまわないってことだな。

冷奴　とんでもない発起人ね。民法676条3項を見てみなさいよ。組合の清算前、つまり終了しない限りは分割できないとあるわよ。

ユミ　「共有」といっても、分割できない点では「物権」の章にある一般的な意味の「共有」（民256条1項）とは違うわね。だから、組合員の共有は、一般的な「共有」と区別する意味で「合有」と呼ばれているわ。

冷奴　トラ吉、オーディオで遊びたかったら取り外さずに車にこもることね。

トラ吉　車内でわびしく遊んでも「ごうゆう」か……。

組合員の過半数の同意があれば、組合を拘束する

冷奴　ところで、組合に法人格がないとすると、私は組合員全員と車の売買契約を結ばなければならなかったのですか？

ユミ　原則はそうね。でも、誰か、対外的取引をする業務執行者を定めておくことができるわよ。これを「組合代理」と

呼ぶわ。

トラ吉　組合に法人格がないのに、その代理が認められるなんておかしいですね。僕が組合代理として、誰を本人とすればいいのですか？

ユミ　他の組合員を代理するのよ。平成二九年の民法改正で明記されたわ（民670条の2）。もっとも、判例では組合名だけの表示や組合名と肩書きを付した組合代理名の表示でよいとされているけどね（注26）。

冷奴　トラ吉、どっちにしても発起人組合の組合代理なんでしょ。

トラ吉　そんなんじゃありませんよ。大事なことは皆で行うことになっていますからね。もっとも、冷奴部長と車の話をしたときは五人の発起人全員でなく、トラ太とそのガールフレンドしか来ていなかったかなぁ。

冷奴　そういえば、一年生の阪神亭トラ太も同席していたわね。アイツも発起人仲間なの？

トラ吉　タイガースファンなので僕がトラ仲間として、会社設立に誘ったんですよ。だけど、僕ほどには格式あるコアファンではないんだよなぁ。

冷奴　エラそうにファンぶって。そういうのを「トラぶる」のもと、というのよ。

ユミ　座布団もう一枚！

冷奴　組合の内部関係では、組合の業務の意思決定を組合員の過半数でできるとされているし（民670条）、対外関係に関しては、組合代理を組合員の過半数で決められるとされているし（民670条の2）、規定がすっきりしてるわ。

ユミ　規定が整備されるずっと以前でも、

注26　最判昭和36年7月31日民集15巻7号1982頁。

発起人組合の組合員七名中四名が締結した売買契約は組合を拘束するとした判例（注27）があったわね。

冷奴　トラホーム組合の組合員五人のうち過半数の三人が契約締結に来ていたんだから、売買契約は組合を拘束するはずよ。これで私はトラホーム組合に車の代金を請求できるわね。

損失分担割合を知らなかった場合、均等割合により請求が可能

トラ吉　トラホーム組合が冷奴部長から代金を請求されると、僕たち五人の組合員は、各自五分の一の代金を冷奴部長に支払うことになるのですか？

ユミ　明文の規定はないけれど、古い判例で、組合の債務は分割債務となるのではなく組合員全員に合有的に帰属するとされているわね（注28）。

トラ吉　えっ、債務も合有ですか。トラホーム組合の財産としていろいろ集めたタイガースグッズがあるから、それで弁済しますよ。

冷奴　そんなガラクタ要らないわよ。トラ吉の個人財産から先にかかっていくつもりよ。落語の練習会をサボってアルバイトばかりしているのを、部長の私はちゃんと知っているんだから。

ユミ　アハハ。持分会社のような補充責任の規定（会580条1項）が組合にはないため、組合債権者は組合に財産があっても組合員の個人財産から先にかかっていけると解されているわね。もっとも債権者が損失分担ゼロの組合員だと知っていた場合はダメだけど（民675条2項但書）。

注27　最判昭和35年12月9日民集14巻13号2994頁。
注28　大判昭和11年2月25日民集15巻281頁。

民　法

(組合財産の共有)

第668条　各組合員の出資その他の組合財産は、総組合員の共有に属する。

(業務の執行の方法)

第670条1項　組合の業務は、組合員の過半数をもって決定し、各組合員がこれを執行する。

2～5　(省略)

(組合員に対する組合の債権者の権利の行使)

第675条
2　組合の債権者は、その選択に従い、各組合員に対して損失分担の割合又は等しい割合でその権利を行使することができる。ただし、組合の債権者がその債権の発生の時に各組合員の損失分担の割合を知っていたときは、その割合による。

トラ吉　そうそう、損失が出ても僕は一切負担しないとみんなに言ってあるので損失分担ゼロですよ。他の組合員に請求してください！

冷奴　こっちはそんなこと知らなかったんだから民法675条2項本文の条文どおり、五分の一についてはトラ吉にも請求できるはずよ。

トラ吉　え～っ。僕はトラ太たちにいろんな貸しがあるから損失分担ゼロなんです。このままだと貸し借りをめぐって僕たち大ゲンカになっちゃいますよ～！

冷奴　それは楽しみ、ゆっくりこちらからトラ吉・トラ太のケンカを見物させてもらうわ。

ユミ　これがホントの「タイガーんの火事」ね。

冷奴　先生も座布団一枚！

＊＊＊

日記㊷　一一月×日。晴れ。
大学祭の二日目、休講期間を利用して研究室で本の整理をしていると、トラ吉君が顔をのぞかせた。タイガースグッズ販売会社設立の途中で来なくなってから久しぶりに見る顔だ。

ユミ　あら、トラ吉君。発起人組合の財産をめぐって、もめていたけど、あれから会社設立にうまくこぎつけたの？

トラ吉　いやぁ、大儲《もう》けするワケでもないし、それに会社にすると法人税を支払わないといけないので、面倒になってトラホーム組合のままでいくことにしました。でも、お世話になったお礼に、売れそうな商品を持ってきました。使いやすい大根おろし器ですよ。

ユミ　ふ～む、その名も「六甲おろし」ねえ……。確かに大儲けの見込みはないわ。それより、大喜利大会の出番が近いんじゃないの？　君を見込んで可愛がっていた卒業生のひかる君がキャンパスに来ていたわよ。

トラ吉　えっ！　ひかる先輩が来ているなんてイヤだなぁ。昔から、オチが決まらないとコワい顔で睨《にら》むんだからぁ。

特別法に基づく組合の例

トラ吉　ところで先生、組合と組合員との関係のことで、気になっていることがあって来たんです。

ユミ　トラホーム組合の組合員はほとんどが落研のメンバーでしょ？
トラ吉　いや、ウチの組合ではなくて大学の「生協」ですよ。
ユミ　あぁ、「大学生活協同組合」のことね。
トラ吉　トラホーム組合のグッズの持分権を持つのと同じように、生協の商品に対する持分権も生協組合員である僕は持っているはずですよね。でも、どうもそんな気がしないんだよなぁ。
ユミ　生活協同組合には法人格があるから、君には持分はないわよ。
トラ吉　えぇっ、組合が法人とはこれいかに⁉
ユミ　謎掛けやってるんじゃないわよ。名前は組合だけど、消費生活協同組合法4条によって法人格が認められているの。
トラ吉　民法上の組合とは違うのかぁ……。
ユミ　そう、だから組合員といっても、生協の財産権からは分離されることになるわね。
トラ吉　なるほど。これがほんとの「セイキョウ分離」ですね。
ユミ　本当は大喜利の練習に来たんじゃないの？
トラ吉　農業協同組合も法人ですか？
ユミ　そう。労働組合も同じよ。皆、特別法で法人格が認められているわ。トラホーム組合のような法人格がない団体でさえ「権利能力なき社団」の理論で法人に近付けようという議論があるわね。
トラ吉　それじゃ、一体どんな集まりだと民法上の組合だと言えるんですか？
ユミ　相続財産について問題となること

があるわね。例えば、次女夫婦が切り盛りしていた父親の店を父親の死後、姉たちが遺産として受け継ぐ権利があると主張した事件があるわ（注29）。可哀想な妹を助けるにはどうすればいいと思う？

トラ吉　シェークスピアの『リア王』のような話ですね。う〜ん、組合だけにとっくみあいをして勝ち取る、なぁんちゃって……。

ユミ　次女夫婦が労務の出資をした組合であると認定したのよ。

トラ吉　なるほど。遺産の範囲を確定するときに、民法上の組合概念を用いて店の財産を組合の財産としたわけですね。

ユミ　そう。組合財産なら、清算しても父親の持分三分の一しか相続の対象とならず、あとは次女夫婦のものとなるわね。

トラ吉　三分の二は遺産の範囲外となるのか……。

ユミ　遺贈などの対象にもできなくなるわね。

トラ吉　イゾウ？　焼酎の名前ですか？

ユミ　それは「森伊蔵」。あきれた法学部生ね。大喜利なら高得点だけど……。

出資者と営業者間の個別契約「匿名組合」

トラ吉　先生、ライブドア事件で有名になった「投資事業組合」というのは、民法上の組合ですか？

ユミ　民法上の組合としてもいいし、ＬＰＳ法（注30）に基づいてもいいし、商法535条に基づく「匿名組合」としても作れるわね。もっとも匿名組合だけは、組合といっても組合でないわよ。

注29　東京高判昭和51年5月27日判時827号58頁。
注30　Limited Partnership 法。投資事業有限責任組合契約に関する法律。

匿名組合とは

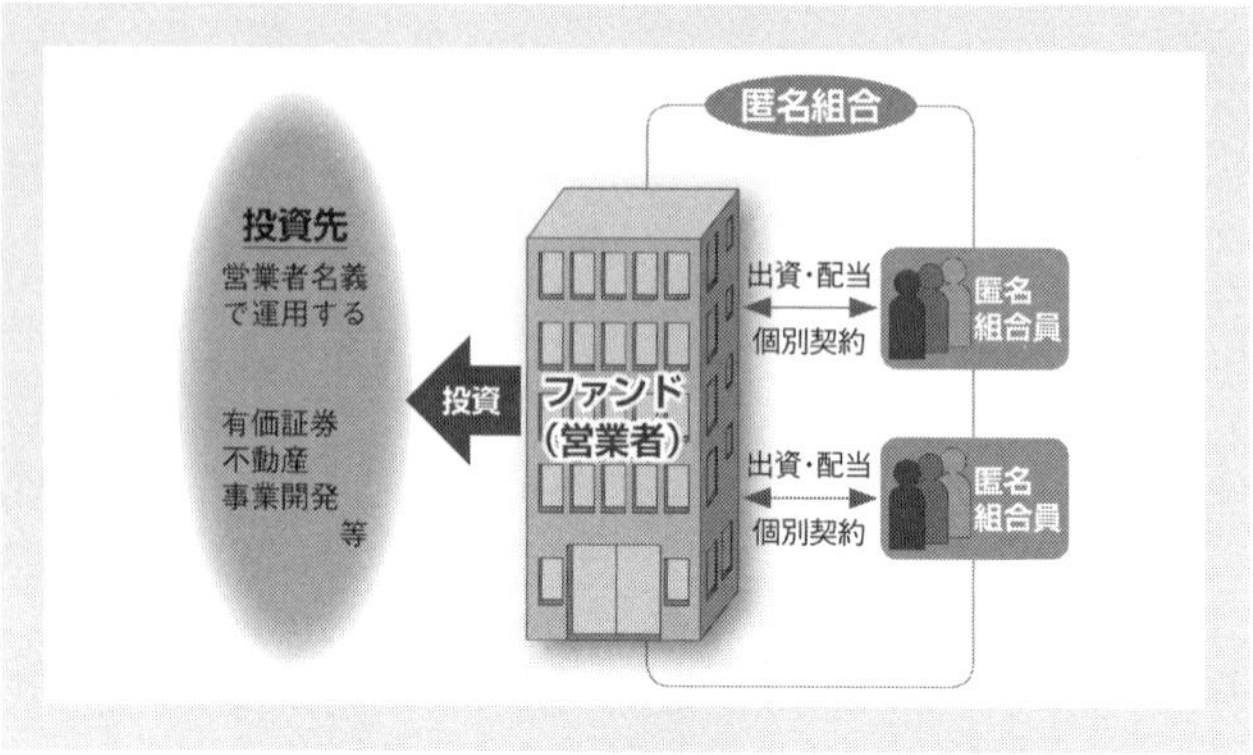

トラ吉　じゃ、生協と同じように法人？

ユミ　民法どころか商法の授業にも出ていないようね。匿名組合員と呼ばれる出資者が営業者に出資金を渡し、利益が出たら営業者から分配してもらうという、出資者と営業者間の個別の契約よ（図参照）。

トラ吉　それじゃあ、組合員どうしの横のつながりはないのですか？

ユミ　そこが民法上の組合とは異なるわね。実体は金銭消費貸借契約だと言えるわ（商535条）。

トラ吉　なぁんだ、それならひかる先輩が僕たちから資金を出させて競馬場に行っていたのと同じじゃないスか。儲かったら分け前をくれるからと言ったのに、損を返してほしいなあ。

ユミ　えっ、あのひかる君が君たちにお金を出させてギャンブルをしてたの？叱《しか》ってすぐお金を返させなくちゃ。

トラ吉　ハハハ……、匿名組合ですから「匿名」希望でお願いします。ところで先生、そんな関係なら世間によくある会員制クラブなどもそうですよね。組合のようで組合でない。

ユミ　おっ、よく気がついたわね。会員制ゴルフクラブなどはその典型ね。会員は入会金以外に高額の預託金を支払うことが多いのでゴルフクラブの組合員のように見えるけれど、実はクラブと会員個人が継続的施設利用について個別に契約しただけなのよ。一般に「会員権契約」と呼ばれているわね。

トラ吉　それ、知ってます。預託金を出させたまま、ゴルフ場は未完成でトラブルが頻発して、社会問題にもなったんですよね。

ユミ　そう、だからその後、「クーリング・オフ」制度や契約書の交付義務など、トラブルが起きないようにゴルフ会員契約の適正化を目指す法律が制定されたのよ。そもそもゴルフという紳士のスポーツに投機マネーが絡むことが……。

トラ吉　わっ、ひかる先輩だ！　出番ですので、これで失礼します！

ユミ　えっ、これからゴルフ会員権の価格暴落とゴルフ場の経営破綻のいきさつについて、じっくり話そうと思っていたのに……。

トラ吉　ゴルフの話だけに、ＯＢがコワいんですよ～。

ユミ　大喜利の優勝だけは保証するわよ～っ！

Ⅴ 知らない間柄でも深い関係!? ～事務管理・不当利得・不法行為～

意思表示に基づかない債権発生原因

ユミ先生の
ワンポイント
レッスン

企業で働く人が仕事中に運転ミスで交通事故を起こした場合、企業は被害者に対して責任を負わなければならないのでしょうか。この問いに答える前にまず、前提知識として知っておかなければならないことがあります。それは事故を起こした従業員自身が不法行為に基づく損害賠償責任を負わなければならないということです。本章ではこれまで契約をはじめとする意思表示基づく債権関係について解説してきました。しかし、契約に基づかなくても債権関係が発生し、契約不履行がなくても相手の被った損害を賠償しなければならない場合があるのです。つまり、債務不履行に基づく損害賠償責任（民415条）とは別のタイプの、偶発的な事件・事故を原因とする損害賠償です。その典型が交通事故などに代表される不法行為です。他に民法は偶発事件・事故の種類により、事務管理、不当利得を「意思表示に基づかない債権発生原因」として載せています。

事務管理とは、法律上の義務がないのに他人の事務を処理することです。例えば、隣の家が留守中に台風で壊れたので、勝手に修繕してあげるような場合です。民法はこの場合、利益を受けた者とお節介とも言える隣人との間の公平を考えた規定を設けています。例えば隣人である事務管理者の**費用償還請求権**や**善管注意義務**などです。

不当利得とは、ある者が法的に正当化されない利得を、他の者の損失の上に保持したままでいることを言います。例えば、隣の養殖ウナギが大雨でこちらの池に流れてきたような場合や、借金を返したのに、まだ返していないと思って二重弁済してしまったような場合です。いわれのない利得があれば全部返すのがスジのはずですが、民法は、何も知らずに利得を受けた**善意の受益者**なら今ある現存利益の返還で足りるとします（民703条）。他方、知って利得を得た**悪意の受益者**なら利得の返還に加えて利息の支払いと損害賠償を命じています。ペナルティの意味を含めているのですね。

では、**不法行為**が成立するのはどのような場合でしょうか。民法709条は「故意又は過失によって他人の権利又は法律上保護される利益を侵害した者は、これによって生じた損害を賠償する責任を負う」と定めています。当事者の間に契約が何もなかったのですから、不法行為責任を認めるにはこの条文に従い、故意・過失があったか、権利・利益の侵害があったか、損害があったか、侵害行為と損害との間に因果関係があったか、さらに加害行為を咎《とが》められるだけの能力があったか（民712、713条）が吟味されます。損害が治療費や修繕費などで示せない精神的損害についても金額が算定されます（民710条参照。いわゆる**慰謝料**）。この不法行為を原則型の不法行為という意味で**一般的不法行為**と呼ぶことがあります。

法人の不法行為責任と使用者責任

ユミ先生のワンポイントレッスン

「意思に基づかない債権発生原因」で説明した一般的不法行為に続けて、民法はさらに、**特殊不法行為**と呼ばれる不法行為の類型を続けて載せています。不法行為を行った未成年者や被用者を監督・使用する者への**監督者責任**（民714条）、**使用者責任**（同715条）、土地工作物占有者・所有者の**工作物責任**（同717条）、**動物占有者責任**（同718条）、加害者が数人の場合の**共同不法行為責任**（同719条）です。これらはすべて、被害者救済のために責任が強化されているものです。日記㊸で取り上げられているのは、このうちの使用者責任です。

さて、「意思表示に基づかない債権発生原因」の冒頭の問いに戻りますが、被害者は直接の加害者である従業員（民法は被用者と呼ぶ）に不法行為に基づく損害賠償を請求するはずです。しかし、通常、被用者は十分な賠償資力がありません。そこで被用者が「事業の執行について」不法行為をした場合には、被害者は被用者だけでなく使用者である企業にも賠償請求できるのです。元々、この条文を定めるときには、立法者は使用者の監督不行き届きを責任の根拠ととらえていました。だからこそ、被用者をきちんと選任し監督していたことを立証すれば、使用者は責任を免れるという内容の民法715条1項但書を置いたのです。このように、立証責任を加害者に転換させることで加害者側が無過失責任を免れる余地を残す責任を**中間責任**と呼びます。しかし、現代の通説・判例は、使用者は常日頃、被用者に仕事をさせて利益をあげているのだから、そこから生じた不利益についても責任を負うべきであるという**報償責任**の考えを根拠に、使用者は実際に不法行為をした被用者の代わりに責任を負わなければならないとしています（**代位責任**）。そこで、今では715条但書は適用されることがまったくなく、使用者責任は無過失責任として扱われています。

　ところで使用者責任を定める民法715条と似た規定に一般法人法78条があります。これは以前、民法にあった法人の規定（旧44条）がこちらに移ったもので、不法行為を行った法人の代表者に代わって法人が損害賠償責任を負うものです。会社法350条も同じく不法行為を行った会社代表者に代わる会社の責任を定めるものです。これらは**法人の不法行為責任**と呼ばれています。会社など法人の代表者であるか、法人の被用者であるか、その違いはあっても、法人に属する（法人以外の）人間が不法行為を行えば法人も必ず責任を負う点で、法人の不法行為責任と先の使用者責任は、今では同様に考えられています。したがって、一般法人法78条や会社法350条の「職務を行うについて」という文言も、民法715条1項の「事業の執行について」と同意義に解され、互いの判例が参考にされています。つまり、職務行為に属していなくても、行為の外形から観察してその範囲に属するとみられる場合は広く要件を満たすという基準が採用されているのです。これを**外形標準説**と呼びます。

もっとも、どちらの場合も代表者や被用者の不法行為が成立しないと法人に責任追及することができません。大規模で組織系統の複雑な企業活動の中で、個々の構成員の活動が埋没しがちな現代では、直接の加害者を特定することが困難なため、被害者の救済が図れなくなっています。そこで、法人自体の不法行為責任を正面から認めるために、いわゆる組織過失を問うべきだと主張する学説も多く、下級審でもこうした観点から責任を認める判決が多数見受けられます。

日記㊸　二月×日。晴れ。

チアリーダー部の主将でゼミのしっかり者、女子学生リキミちゃんが顔をのぞかせた。ミニスカートが似合う可愛い女子学生だが、仲間を高々と持ち上げるほど馬力があるので、リキミちゃんと呼ばれている。新ゼミ生が何人集まったか気になるようだ。

リキミ　先生、ゼミの応募状況はどうでしたか？

ユミ　たくさん応募があったわよ！　リキミちゃんがうちのゼミを宣伝してくれたおかげね。チアガールのユニフォーム姿が効いたのか、今年は珍しくイケメン男子学生が殺到したのよ。勉強しなさそうだけど、ま、いいか。グフフ……。

リキミ　先生、そんなことを言ってると、セクハラ懲罰委員会にかけられますよ。

ユミ　いいもんね～。私がその懲罰委員会のメンバーだもの。

リキミ　え～っ。どこかの企業のコンプライアンス委員会みたいですね。

会社は代表者の行為について責任を負うことになっている

リキミ　ところで先生、卒業したらチアリーダーの仲間でイベント会社を立ち上げるつもりなんだけど、社長の私が捕まったら会社が責任を負うハメになりますか？

ユミ　いきなり物騒な話ね。犯罪性のあるイベントビジネスなの？

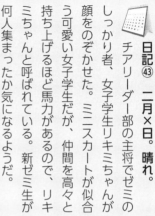

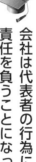

リキミ　そう、ピンクのポンポンを持って怪しいダンスを……違いますよ。機材運搬も私が担当するつもりなんですが、もし運ぶ途中で交通事故を起こしたら会社に迷惑がかかるのかな、と思って。

ユミ　そうね、会社法350条「株式会社は、代表取締役その他の代表者がその職務を行うについて第三者に加えた損害を賠償する責任を負う」が、代表者の行為についての会社の責任を定めているわよ。

リキミ　以前は、法人の不法行為責任に関する民法44条が準用されていたけど、会社法は民法を準用せず、別に明記するようになったんですよね。

ユミ　さすが、会社を起こそうというだけあって、よく勉強しているわね。

リキミ　その民法44条も、かなり前に新しい法律（注31）に移動しましたね。

ユミ　「法人」の条文が38条から84条までごっそり移って、民法も初めて見るようなエトランジェの気分だったわ。これを異邦人、というわね。

リキミ　移・法人、イ・ホウジン、異邦人……、バンザ～イ！

使用者の行為についても使用者責任を負う可能性あり

リキミ　ところで先生、交通事故を起こすのが社長の私でなくアルバイトなら、会社の不法行為にはなりませんよね。

ユミ　ならないけど、会社は使用者責任を負う可能性があるわ。

リキミ　あ、そうか。民法715条ですね。

ユミ　そう。「ある事業のために他人を使用する者は被用者がその事業の執行に

注31　一般社団法人及び一般財団法人に関する法律78条。

ついて第三者に加えた損害を賠償する責任を負う」と定める715条1項ね。会社法350条と民法715条の両方あるから、事故の相手からすれば運転手があなたであろうとバイトであろうと、会社が賠償責任を負うのは同じよ。

リキミ　でも、715条1項には、但書があるので、選任や監督にさえ注意をしていれば会社は免責されるわけでしょ？

ユミ　起草者はそこを重点的に考えていたみたいね。選任・監督業務を尽くしたと立証すれば免責される（中間責任）ととらえていたの。でも、使用者は被用者つまり従業員によって利益を上げているんだから、従業員の不法行為責任を使用者が代わって負うべき（代位責任）と考えられるようになったのよ。さぞかし起草者はビックリしたでしょうね。起草者だけに……。

リキミ　キソウテンガイ、でしょ。先生のダジャレは、深みがないのですぐわかるようになりました。

ユミ　要するに「利益の存するところ、損失も帰する」ということね。これを危険責任とか、報償責任と呼ぶわ。

リキミ　ちょうど、来春からイケメンの学生に囲まれてゴキゲンなんだから、先生は彼らが勉強嫌いでも丁寧に指導しなければならない、と言えるのと同じですね。

ユミ　ちょっと違うような気がするけど。ともかく、この報償責任を根拠に、判例も戦後ずっと、選任・監督の上で注意を払ったとの免責の立証を認めていないわね。従業員が不法行為責任を負えば即座に使用者も責任を負う。つまり事実上の無過失責任ね。立法論としては免責を定めるこの但書を削除しようという意見もあるくらいよ。

「それは部下が勝手に……」という言い訳は通用しない

リキミ　ふ〜む。そうすると、法人と使用者の責任に違いはないわけですね。それじゃ「職務を行うについて」も「事業の執行について」も同じということですか？

ユミ　そうね。どちらも報償責任を根拠として、同じような解釈がされているわよ。つまり、その職務（事業）そのものに属していなくても、その行為が外形からその範囲内と見られるなら会社は責任を負う、ということね。

リキミ　株券のところで習った古い判例を思い出しました。それまでは、違法な行為は「事業の執行について」の行為にはならないとされていたのが、庶務の発行担当課長が行った株券偽造事件で、それは事業の執行にあたるとして会社の責任が認められたんですよね（注32）。その後、最高裁も会計係員の行った手形の偽造事件で、外形から観察するという基準を明示しました（注33）。

ユミ　この基準は、外形理論、外形標準説などと呼ばれ「職務の執行について」にも同じように機能すると言われているわね。

リキミ　イケメンかどうかの外形が、先生のゼミの選抜基準となったのと同じですね。

ユミ　それも違う気がするなぁ。ま、法

注32　大判大正15年10月13日民集5巻12号785頁。
注33　最判昭和40年11月30日民集19巻8号2049頁。

人も使用者も、どちらも広く解釈しようとされている点で同じってことね。例えば、法人の「代表者」には代表権のない理事なども含めようという説があるし、「被用者」には元請負人と下請負人の被用者のように直接の雇用関係がなくても指揮監督関係があればよいという判例があるわよ。近時の判例では、ヤクザの抗争に巻き込まれて警官が射殺された事件で、大親分と系列下部組織の子分との関係でもよいとされたわ（注34）。

リキミ　え〜っ？　そんなのも指揮監督関係と考えるんですか？

ユミ　そうよ。大親分を相手に訴えるなんて素晴らしいことね。あなたも会社を経営するからにはしっかりしなくちゃ。仕事でヤクザに遭遇したら法的にどう対処する？

リキミ　う〜ん。……まずは、ふわふわポンポンのダンスで、なごんでもらいます！

ユミ　……。

民　法

（使用者等の責任）

第715条　ある事業のために他人を使用する者は、被用者がその事業の執行について第三者に加えた損害を賠償する責任を負う。ただし、使用者が被用者の選任及びその事業の監督について相当の注意をしたとき、又は相当の注意をしても損害が生ずべきであったときは、この限りでない。

2・3　（省略）

注34　最判平成16年11月12日民集58巻8号2078頁。

第4章 担保

I 債権者は担保を欲しがる！ ～担保総論～

担保の種類と性質

ユミ先生の
ワンポイントレッスン

商法や会社法でも、担保付社債や株式質など担保にまつわる用語がよく登場します。担保とは第3章以下で学ぶ債権が回収されるよう、あらかじめその弁済を確保しておく手段のことですが、そもそも、なぜ担保が必要なのでしょうか。債権は、どんな債権であっても最終的には損害賠償請求権などの金銭債権になり（民415条、709～711条参照）債務者の財産に対する強制執行（執行妨害なく強制執行ができるよう、平成一五年に民事執行法が大幅に改正された）で弁済を受けられるはずです。そして、そのために債務者の財産をなるべく確保しておこうと**債権者代位権**（民423条）と**詐害行為取消権**（同424条）の制度が設けられています。どちらも、債権者にとって債権回収の方法がより明確にわかるよう、平成二九年の民法改正により詳細な規定が設けられています。例えば、債権者代位権では、債権者は債権額の範囲で相手方に直接請求できること（民423条の2、423条の3）、所有権移転登記請求権も代位行使できること（同423条の7）などが明記されています。また、詐害行為取消権では、詐欺行為の前の原因により生じた債権であれば詐害行為取消の対象になること（民424条3項）、無資力とならないような、相当の対価を得た財産処分でも取消要件が明記されたこと（同424条の2、破161条1項参照）、すべての転得者の悪意（民424条の5）、取消方法の明確化（同424条の6〜424条の9）、債務者にも取消しの効果が及ぶことなど（同425条以下）が挙げられます（注1）。

　これらの制度があるにもかかわらず、民法は担保制度を設けて、さらに債権者を手厚く保護しようとしています。それはなぜでしょうか。債権者が複数いて、債務者に債権者全員を満足させるだけの十分な資力がないとき、債権の種類や成立時期を問わず債権者たちは全員で債権額に比例して、つまり**按《あん》分比例**によって公平に財産を分け合わなければなりません（破194条2項参照）。このように各債権者が、債務者の財産から平等の割合で共同して弁済を受けなければならないとする**債権者平等の原則**がある以上、債権者としては債権を回収するまで心配でなりません。そこで、債権者としてはそのようなリスクを回避し、自分が優先的に債権を回収できるよう、弁済を保証してくれる人や一定の財産を引当てとしておくわけです。前者を人的担保と言い、後者を物的担保と言います。

人的担保は、債務者以外の人が保証人として、債務者の弁済を肩代わりするわけで

注1　日記㉗（184頁）参照。

す。保証人に資力がありさえすれば、債権者は安心、いわば保証人の信用が担保ということになります。人的担保には、保証人のほか、連帯保証人や連帯債務者などがあり、債権編総則に出てきます。平成二九年民法改正では個人根保証契約（民465条の2以降）も含め、利害の調整が図られています。

物的担保には、法定担保物権と約定担保物権があります。**法定担保物権**は、保護されるべき債権者を法律自体が定め、その債権に物的担保を付けるものです。保護されるべき債権者とは、例えば、未払いの給料債権を持つ従業員や農業・工業労務者、未払いの宿賃債権を持つ旅館などです。彼らは、雇用主や宿泊客と特に約束していなくても、雇用主の財産や旅客の手荷物に**先取特権**を持つのです。また、クリーニング店は洗濯代が支払われるまで洗濯物を当然に留置できるという**留置権**を持ちます。一方、**約定担保物権**は、債権者と財産保有者との間の合意によって定める担保物権です。財産保有者は債務者であってもなくてもどちらでも構いません。民法には約定担保物権として**質権**と**抵当権**があります。これら以外に仮登記担保や譲渡担保など、民法に載っていないものもあります。それらを民法上の担保物権である**典型担保**に対し、**非典型担保**と呼んでいます（日記㊹の図参照）。

日記㊹　五月×日。晴れ。

バスケットボール部のたかし君が企業訪問の帰りに久しぶりに研究室に立ち寄った。

昨年、証券会社のインターンシップに参加してからというもの、ますます投資熱に浮かされているようだ。就職先も金融関係を希望しているらしい。

たかし　先生、早くも銀行と証券会社、数社の内定を取りましたよ。

ユミ　さすがミスター体育会、卒業単位も危ないのに、企業にはウケがいいのね。

たかし　ハハハ、体力だけじゃなく、趣味の投資の話で溢《あふ》れんばかりの知性をアピールできたからですよ。ところで先生は、学生の間でも人気の「FX」をご存知ですか？

ユミ　Foreign Exchange、外国為替証拠金取引のことね。そんな話で知性をアピールできるとは思えないなぁ。

債務不履行リスクに備えて債務者が担保を設定

たかし　確かに、主婦がこれで数億円を稼ぎ、脱税の罪で有罪判決を受けていたニュースがありましたからね。でも「証拠金」を少し預ければ、その何倍、取扱業者によっては何百倍もの各国通貨を貸してくれて、それで為替取引ができるんですよ。外貨建預金をするより、為替手数料が安い上に、リターンが大きいんですよね。

ユミ　リスクも大きいんでしょ。危ない

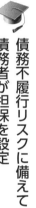

なぁ。第一、わずかな証拠金で、よく貸し付けてくれるわね。

たかし　証拠金が担保となるのだと聞きましたよ。

ユミ　そんな担保ではダメよ。担保、湯タンポ、どちらも生ぬるいものでは役に立ちません。

たかし　さすが落研の顧問、大喜利向けの古臭いネタならお手のものですね。

ユミ　「古臭い」はひとこと余計よ。

たかし　おおっ、「担保とは、債務者が債務を履行しない場合の危険を考慮して、債権者があらかじめ債務の弁済を確保して満足を得るための手段とするものをいう」と、スマホの画面に出てきました。

ユミ　スマホで法律用語も調べることができるのね。だから近頃、法律書を抱える学生の姿が減ったのか。何でもスマホで済ませるとは、いかがなものかね。

たかし　先生もそろそろスマホを持ったらどうですか？　フェイスブックで友達もすぐにできますよ。

ユミ　えっ、友達もできるの？　ふ〜む、スマホっていいわね……。

たかし　先生、本当は友達がいないんですね……。おっ、「担保の方法には人的担保と物的担保の二種類がある」と出ました。

ユミ　人的担保って保証人のことですね。「保証債務」（民446条以下）が典型例だけど、他にも「連帯債務」（同432条以下）や「不可分債務」（同430条）などがあるわよ。要するに債務者以外の人のフトコロを当てにするわけね。

たかし　他人の資力という人的信用に頼るんでしょ？　ちょっと心配だなぁ。

ユミ　そう、シリョクだけに人選でとんだメガネ違い、となるかもね。……いま「資力」と「視力」を掛けたのよ。わかった？

たかし　先生に友達のいない理由がわかるような気がします。

ユミ　それじゃ、物的担保は？

たかし　物を引当てにする担保です。債務者の所有する土地を「抵当」にとったり、高級腕時計を「質」にとったりすることで、弁済を確保するんですよね。

ユミ　価値ある物でさえあれば、債務者以外の人の所有する物でも構わないわよ。要するに担保物権なんだから。債務者のために担保物を提供する人を「物上保証人」と言うわね。つまり、物上保証と保証は似て非なるものね。

たかし　そうか、だから物上保証は「物権」のところ（民法第二編第七章以下）で、保証は「債権」のところ（同第三編第一章第三節「多数当事者の債権及び債務」）で習ったのか……。同じ弁済の確保を目指すものなのに、バラバラに習ったままでは本当に理解したとは言えませんね。

ユミ　そうよ。民法の勉強はあちこちを関連づけてしっかり練るといいのよ。「ねる子は育つ」って言うでしょ。

たかし　先生のギャグは、昭和のニオイがぷんぷんしますね。

所有権など権利自体が債権者に移転する担保もある

ユミ　それじゃ、復習といくわよ。いま、君が例に挙げた質権、抵当権をまとめてなんと言う？

たかし　「約定担保物権」と言います。

当事者の設定契約によって発生します。

ユミ　設定するのは誰？

たかし　担保を必要とする債権者、つまり質権者や抵当権者側です。訪問した銀行の面接官が説明していました。

ユミ　ブー！　プロでも間違えることが多いけれど、担保物を差し出す側が設定するのであって、債権者は設定を受ける側よ。

たかし　なるほど。ところで、民法が定めるほかの典型担保として、留置権、先取特権という「法定担保物権」がありますよね。

ユミ　そうね。法律の定める要件を満たせば当然に発生する権利のことね。それじゃ、仮登記担保などのように、民法にはない担保があることを知ってる？

たかし　非典型担保と呼ばれます。「譲渡担保」や「所有権留保」もそうだと習いましたよ。

ユミ　よく覚えていたわね。典型担保が制限物権型なのに対して、非典型担保はどれも権利（主に所有権）自体を債権者に移転してしまうので「権利移転型担保」と呼ばれるわよ。

たかし　それって確か、金融取引の世界で、担保のために便宜的に所有権を移すだけ、という空気ができたからなんですよね。学生の間でKYと呼ばれるユミ先生には理解しづらい担保なのでは？

ユミ　ん？　キマタ・ユミをKYと呼ぶなんて、カッコイイじゃん！

たかし　えーっ、KY（空気読めない）の意味を知らないとは、遅れてるなぁ。あっ、就職センターから呼び出しがかかりました。また来ま～す。

ユミ　え?、待って〜!　KYの意味を教えてよ。同じナウなヤングじゃないの〜!

担保の種類

典型担保（制限物権型。民法で規定）

- **人的担保**
  →保証、連帯保証
- **物的担保**
  - **法定担保物権**（法律の規定により成立）
    →留置権、先取特権
  - **約定担保物権**（設定者と担保者の合意で成立）
    →質権、抵当権・根抵当権

非典型担保（権利移転型）
→譲渡担保、所有権留保

担保物権の基本的性質

ユミ先生の
ワンポイント
レッスン

担保物権は債権を担保するためのものなので、担保される債権、つまり**被担保債権**がなければ存在する意味がありません。だから被担保債権があれば担保物権も成立し、被担保債権が消滅すれば担保物権も消滅するという関係にあります。これを担保物権の**付従性**と呼びます。また、被担保債権が他の人に譲渡されると担保物権もそれに伴って移転します。これは帰属における付従性と呼ばれますが、特に**随伴性**とも呼ばれます。また、被担保債権が弁済され、残り少なくなったとしても、被担保債権全額の弁済があるまで担保目的物の全部により担保されます。これを担保物権の**不可分性**と言います。

最後に担保目的物が売却・賃貸されたり滅失・損傷などすることがあっても姿を変えた物、つまり債務者が受け取る代金や賃料その他の物に対してかかっていくことができます。これを**物上代位性**と言います。これらは担保物権に共通の性質と説明することがよくありますが、必ずしもそうとは限りません。例えば、留置権については物上代位性がありません。一方、**根抵当権**はメーカーと問屋のような継続的に取引が行われている者の間で生じる多数の債権を一括して被担保債権とする担保権ですが、どの債権が被担保債権となるかを確定する元本確定の時までは被担保債権がはっきりしません。その意味で元本確定前の根抵当権には付従性も随伴性もないと言われます。

なお、日記㊺の最後で説明されるように、留置権だけは他の担保物権が備える優先弁済的効力も持ちません。

日記㊺　六月×日。小雨。

銀行に就職が内定している四年生のたかし君が、一カ月ぶりに研究室にやって来た。

前に学んだ担保のことが内定先の信託銀行で話題になり、今度は「担保付社債」のことで質問に来た。

たかし　先生、前にここで担保のことを習いましたが、会社法に出てくる「担保付社債」の担保とは、どんな担保なんですか？

ユミ　あぁ、担保物権の付いた社債の話ね。工場抵当法などで認められる財団抵当のような抵当権が付いていることもあるし、企業の総財産を一括した企業担保（企業担保法1条1項）という物的担保が利用される場合もあるわね。

たかし　担保物権も含め、物権は一個の物に一個の権利が存在する「一物一権主義《いちぶついっけんしゅぎ》」が原則だけれど、企業財産という集合物にも一個の担保物権を設定できるようにとのニーズから認められたのですね。それにしても、そもそも社債に、担保をつけるものなんですか?　銀行から借金せず、直接金融の形で機動的に資金調達しようとする会社が担保を用意しなければならないなんて、なんだかヘンだなぁ。

ユミ　第一次世界大戦の頃、資金調達の需要が増えて社債が無担保でどんどん発行されたの。でも、その後の戦後不況で不払いが続出、大騒ぎよ。それ以来、社債発行には担保を必要とすべきという「有担保の原則」が慣行となったのよ。

たかし　見てきたかのように説明する先生は、ひょっとして大正生まれ!?

ユミ　アハハ、見た目は二〇歳代だけれど、古い歴史には詳しいのよ。石の貨幣でナウマン象取引をしていたころからの会社法を知ってるわよ。

たかし　……。ところで先生、銀行の先輩が「担保付社債の付従性は変容している」と言うのを聞いたんですよ。「付従性」って、担保物権の重要な性質の一つではないのですか?

ユミ　「付従性」は、その存続や消滅が担保される債権の運命に付き従うことよね。被担保債権という親亀がこけたら担保という小亀も足場をなくして不自由、フジユウ、フジュウ、付従……。

たかし　聞かされているこちらが、いたたまれない不自由な気持ちになってきますよ。

「担保物権」の法的性質

付従性（随伴性）……
担保権が債権と離れて独立した地位を持ちえない。

不可分性……
債権が履行されるまで、担保目的物すべてに権利行使できる。

物上代位性……
担保目的物が金銭に変じた場合、その変形物にも効力を及ぼす。

担保付社債の社債権者は担保権者ではない

ユミ　「担保付社債の担保物権は社債権が成立する前でも効力を生ずる」と、担保付社債信託法38条に定めがあるわね。でも、これは付従性が変容しているのではなく、そもそも担保付社債は、担保権者と債権者が異なるからなのよ。

たかし　え～っ？　社債権者が担保権者ではないのですか？

ユミ　社債権者は担保権を取得しないの。担保付社債は、多数の社債権者が一括して担保の利益を受けられるように信託の仕組みを利用したものなのよ。つまり、社債の発行会社（委託会社）と信託銀行（受託会社）との間で信託契約を結ぶことによって受託会社が担保権を取得するわけ。受託会社は、形式上は担保権者だけれど、総社債権者のために担保権を保存し実行する義務を負うのね。こういったことがすべて担保付社債信託法、略して「担信法」で定められているのよ。

たかし なるほど、そうやって信託銀行は受託会社として手数料を稼ぐわけか。でも、社債発行会社は機動的な資金調達をしたいのに、担信だと、担保は要るわ、その評価や管理費用などの手数料は要るわで、面倒ですね。

ユミ でも、担保さえあれば気楽なものよ。これを「タンシンらんまん」というわね。

たかし 天真爛漫でしょ。強引だなあ。

ユミ 今では資金調達のニーズを原因とする社債発行自由化の動きや、バブル経済崩壊後の担保価値急落の苦い経験から「有担保の原則」が見直され始めているわね。特に優良企業では、無担保社債が次々に発行されだしているのよ。担保付社債でさえ、社債発行自由化の影響を受けて、平成一九年の改正で、担保となり得る物を厳格に制限するそれまでの担信法4条を削除したわ。

担保物権の随伴性・不可分性・物上代位性

たかし 話を元に戻すと、社債権者が担保権者でない以上、担保物権の「付従性」以外の性質も担保付社債には無関係ということになりますね。

ユミ そうね。でもついでだから、他の性質も復習しておきましょう。

たかし そう来ると思った。

ユミ　つい、教えたくなるのが教師のサガ県、唐津市よ。

たかし　被担保債権が移転すると担保物権も移転するという「随伴性」がありますね。

ユミ　付従性の一種と説明することもできるので「帰属における付従性」ともいうわよ。「十郎あるところに五郎あり」、曽我兄弟みたいなものね。

たかし　なんだか古臭いなぁ。

ユミ　債権がすべて履行されるまで担保目的物全体に権利行使できることを、担保物権の「不可分性」と言うわね。

たかし　おっ、留置権の不可分性を示す規定が出てきました！　民法296条です。「他の担保物権は本条を準用する」とあります。

ユミ　企業担保だと、集合物全体に権利行使できることになるわよ。

たかし　あっ、企業担保法9条に「民法296条を準用」と出てます。

ユミ　担保物権の第四の性質として、「物上代位性」があるわね。

たかし　「担保権の目的物が売却・賃貸・滅失または毀損《きそん》によって売却代金や賃料、損害賠償金などに変形した場合、その変形物に担保物権の効力が及ぶこと」です。典型担保の中でも留置権だけは物上代位性がありません。留置権は、物を留め置いて心理的に履行を強制しようとするところに特色のあるものだからです。

ユミ　そうね。「物の交換価値を把握する権利ではない」とも説明されているわね。で、根拠条文は？

たかし　え～っと、先取特権の物上代位性を示すのが、民法304条ですね。あとは準用されています。

ユミ　さっきからスマホをのぞいているけど、スマホで条文も検索できるのね。だから君は六法全書も持って来ないのか。ちょっと見せてちょうだい。

たかし　わっ、僕のスマホを触らないでくださいよ。今ハマっている「セカンドライフ」の僕のアバターを見られたくありません！

ユミ　えっ、セカンドライフ、第二の人生？　そんな頃にはアバタだらけのお爺《じい》さんになっているって？

たかし　もういいです。それじゃ、このへんで。さよなら～！

Ⅱ ビジネスの場面に登場する担保物権 ～典型担保物権と譲渡担保～

権利質の特徴

日記㊺で**質権**には**留置権**と同様、**留置的効力**があると説明しました。しかしながら、質権の目的物が留置できる物でなければ、当然、留置的効力はないことになります。日記㊻の中でたかし君が疑問を述べているように、証券のない一般の権利質だと留置的効力はありません。権利という無形の存在を留置しようにもできないからです。株券不発行会社の株式を質入れする場合も同じですね。

ユミ先生のワンポイントレッスン

一方、**先取特権**や**抵当権**は、目的物を留置して心理的に債務者にプレッシャーを与えようとするものではありません（表参照）。特に抵当権は、債務者に引き続き目的物を占有させて債務の弁済をスムーズに行わせるために設定が目論まれるという利点があります。例えば、抵当権の目的物が債務者の家屋であれば、債務者はそこに移住したまま債務の弁済に励むことができるし、土地であれば耕作収入や賃料収入等で弁済を早めることができます。抵当権者にとっても、目的物を受け取って管理する煩わしさを免れることができるので、都合がよいと言えます。その代わり、抵当権の対象は、占有していなくても第三者に公示できる不動産、そして不動産上の物権である地上権および永小作権に限るとされています（民369条）。

	留置権	先取特権	質権	抵当権
優先弁済的効力	×	○	○	○
留置的効力	○	×	○ （⇒権利質を除く）	×

日記㊻　七月×日。晴れ。
学期末試験中の暑い昼下がり、またもやバスケ部のたかし君が研究室に現れた。

銀行に内定が決まって以来、金融の研究に余念がなく、前回の担保の話が気になるらしい。

ユミ　今日は蒸し暑くて、せっかくの美ぼうも台無しだわ。

たかし　ありゃっ、汗で化粧が崩れて、眉《まゆ》も目もありませんよ！

ユミ　うるさいわね！　最近、投資信託で損をしたんだから、イライラさせないで！

たかし　機嫌が悪いのはそのせいですね。何が入っているか、わからないごちゃ混ぜ商品はよくないと言って、学食のおまかせ定食から正月の福袋まで批判していた先生が投信を買うなんて！

株券不発行会社では、株式に質権を設定できない？

たかし　前回の続きですが、質権には、留置権と同じく、目的物の占有を債権者側に移すことによって債務者に心理的圧迫を加え、弁済を促す効力がありますよね。

ユミ　質権の「留置的効力」ね（民347条）。

たかし　質権は目的物の占有を移すところに特徴があるのだから、その設定契約も物の交付を要する要物契約ですよね。株式質の場合は株券の交付ですが（会146条2項）、株券不発行会社では株券がありません。その場合は質権を設定できないのですか？

ユミ　あのね、株式は、動産や不動産のような「物」ではないわよ。

たかし　あっ、そうか。株式は株主たる地位、つまり「権利」の固まりですね。株式質は「物上質」ではなく「権利質」みたいなもんだな。そんな単純なことに気づかなかったとは、ここから「投身」したい気持ちです。

ユミ　わざと「投信」を思い出させようとしているでしょ。

たかし　そうすると、会社法146条1項は株券のない株式が合意だけで質権を設定できることを示しているわけですね。株券が電子化された上場会社の株式も合意だけでOKですか？

ユミ　上場会社など振替株式制度を利用する会社の株式は、質権者の口座に振替記載しなければ質権を設定できないという、特別の規定があるわよ（社債等振替法141条）。

たかし　債権はどうですか。株式と同じく株券のような証券を持つ債権とそうでない債権がありますよ。

ユミ　指図証券や記名式所持人払証券など証券と一体化している債権については有価証券として規定がまとめられたわね。（民520条の2～520条の20）。質権の設定には証券の交付が必要と書かれているわ（民520条の7、520条の17、520条の20）。

たかし　それ以外の債権については、合意で質権が設定されるわけですね。……あれ？　そうすると、質権の第一節「総則」に目的物の引渡し（民344条）や留置的効力（民347条）の定めがあっても一般の債権質には適用がないってこと？

ユミ　そう、質権の「総則」は「物」を念頭に置いた規定ばかりなので、権利質には適用されないと解されているわね。

たかし　ふーむ、実体のない権利を対象にする権利質って、あいまいだなぁ。そもそも、権利質なんて利用されているんですか？

預金担保貸付けは債権質の典型

ユミ　預金担保貸付けなら知ってるでしょ。普通預金がゼロの場合でも定期預金残高があれば、それを解約せず担保にして銀行から借金することよ。預金者の持つ定期預金債権に質権を設定したと構成するの。定期預金に高金利がついていた時代には解約しなくてすむメリットがあった貸付制度ね。

たかし　定期預金がなければ、借金はできませんか?

ユミ　普通預金を対象に質権設定ができないかという議論が高まってきているわよ。給与振込みなど一定の残高があるような普通預金口座そのものに担保価値を認めようとする考えね。

たかし　へぇ〜普通預金口座なんかに価値があるなんて、少し前なら誰も考えなかった発想ですよ。

ユミ　預金だけに、ヨキン不可能だったわね。

たかし　……。ところで先生、銀行の側が質権を設定するこんな場合はどうでしょう。銀行が、長期ローンのような弁済期の到来しない貸金債権を持っているとして、その債権を担保に他の銀行から借金するんです。これならすぐにも手元に現金が入ってきて、新たな運用ができますよ。

ユミ　未来の銀行マン、いいセンスしてるじゃない。さらに手早く現金をつくりたければ、その貸金債権を担保とする証券を発行して売ればいいわよ。資産の流動化・証券化というわ。日本では、昭和

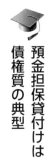

六年の抵当証券法制定が始まりね。

たかし 抵当証券はバブル期のものではないのですか？

ユミ 抵当証券自体は、厳しい手続きによって登記所から発行されるものよ。バブル期の証券は、銀行や抵当証券会社が受け取った抵当証券を基礎に販売する単なる預かり証よ。預かり証なら手続きを経ずにいくらでも出せるので、悪質な業者までもが何の裏づけもない証書を乱発したわけね。

たかし そうか。抵当証券とは似て非なる金融商品ですね。

ユミ アメリカでは資産の証券化がもっと緩和されていて、「RMBS（住宅ローン担保証券）」など盛んに利用されているわよ。

たかし でも、証券化が緩和されると質の悪い債権もわかりにくくなり、証券を買った多くの人が被害を被ることになりませんか？

ユミ それが、「サブプライム問題」ね。住宅価格が上がることをあて込んで弁済能力のない債務者に高金利で組んだ、無理のあるローンを担保に発行した証券なの。

たかし それを他の商品と混ぜて売りさばいたワケですね。それじゃ、証券を買った者がその証券を担保にさらに新しい証券を発行する、なんてのはアリですか？

ユミ 「CDO（債務担保証券）」と呼ばれる金融商品ね。すでに発行されてるわよ。

たかし ひぇ～！ そうなると、実体もないのにリスクが無限につくられますね。コワい時代だなぁ。

ユミ　実体なきリスク拡大の経済は、メディチ家が信用取引を考案した一五世紀から始まっているわ。買い手を陥れる危険な金融商品がどんどんできて、世界経済は破滅への道まっしぐらよ！　みんな損をすればいいわ！　オ～ホッホッホ。

たかし　世界経済より、先生が真っ先に破滅しそうな気がするなぁ……。

譲渡担保

ユミ先生の
ワンポイント
レッスン

譲渡担保とは、形式的・法的には所有権を移転させるかに見せながら、実質的・経済的には債権を担保するもののことです。例えば、AがBに一〇〇万円の借金をする際、一五〇万円の自分の自動車の所有権をBに移しておき、債権が無事回収されれば、つまりAがBに借金を返し終わったら自動車の所有権移転を解消し、BからAへとその権利関係を復帰させます。もし、回収されなければ、Bは自分に移っている自動車の所有権を確定的なものとしつつ、後は元本一〇〇万円プラス利息分と一五〇万円とを清算し、残りをAに返却するのが一般的なやり方です。このような方法は民法に規定がないので**非典型担保**と言われるものですが、民法94条1項の虚偽表示に当たらないか、**物権法定主義**に反しないか、かつては問題視されたものです。しかし機械や道具等の生産手段となる動産を担保とする場合、動産質として債権者に引き渡してしまわなければならないので、そのような不都合性を回避するのに今日、譲渡担保は、とても有用な担保です。学説・判例は慣習法上の物権と解しているようですが、譲渡担保の法的構成を所有権的構成ととらえるか、担保権的構成ととらえるかで見解が分かれています。
　なお、先の例の自動車の場合は、自動車抵当法という特別法により、自動車登録ファイルへの登録を対抗要件として抵当権を設定することができます。

日記㊼　七月×日。曇りのち雨。
　夏休みを控えたある日曜の午後、研究室の整理をしていると、保険会社に就職した元野球部主将のゴジラ君がやって来た。学生地区対抗戦が迫っているので、忙しい合間を縫って、野球部の陣中見舞いに来たようだ。

ユミ　久しぶりね。調子はどう？
ゴジラ　仕事はきついし、ボーナスは年々下がるし、ひどい会社ですよ。でも、七月末の地区対抗戦を控えて特訓中の後輩たちも大変なので、激励に来たんです。
ユミ　さすが元主将、試合の応援にも行くの？
ゴジラ　最近、雨続きなので、試合日の延期が心配です。来月に入るともっと忙しいので、行けなくなるんですよ。
ユミ　「シチ月《がつ》だけに、流れると怖い」ということね。
ゴジラ　アハハ、「七」と「質」を掛けたんですね。古典的なジョーク、ぜ～んぜん変わっていないなあ。
ユミ　人を進歩のない人間のように言わないで。

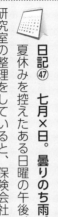

「譲渡担保」より略式株式質の方が便利

ゴジラ　質といえば、株式の質入れをするのに、実務では株券の交付だけで行う「略式質」の方法を採り（注2）、「登録質（会149条1項）」は利用しませんね。

ユミ　保険会社に勤めるだけあって、株券担保にも詳しいわね。

ゴジラ　担保も保険もリスク管理に欠かせませんからね。略式質は、略式の譲渡担保と同じに見えますが、どちらと推定されるのか争いがあるようですね。

ユミ　質入れのために株券を渡す場合も「譲渡担保」、つまり担保のために目的物自体を債権者に譲渡する方法で株券を渡す場合も、見た目は変わりがなく、どちらなのか認定できない、そこで当事者の合理的意思を探って推定するわけね。

ゴジラ　譲渡担保の方が簡単に売却できて、便利に思えるんだけど。

ユミ　略式質でも、被担保債権が商行為なら流質契約（商515条）を付けて同じ効果を狙《ねら》えるわよ。それに、略式質だと債権者が会社に配当金等を直接引き渡してもらいたければ、譲渡担保と違い、株券を会社に示せばOKよ（会147条2項）。

ゴジラ　そうか、譲渡担保だと会社に対する対抗要件は株主名簿への記載・記録だから（会130条）、結局、登録質や登録譲渡担保と変わらないことになるのか……。株式質の便利さを初めて垣間見た気がして驚きです。

ユミ　それを、「シチとの遭遇」と言うわね。

ゴジラ　昔の映画「未知との遭遇」をも

注2　振替株式制度の略式質の場合は、総株主通知の際に株主（＝質権設定者）のみが通知される。社債等振替法132条3項5号、141条、151条2項2号。

じったんですね。やはり先生が進歩しているとは思えないなぁ……。

「譲渡担保」は「物権法定主義」に反するのか

ゴジラ　株券担保が商行為上行われるなら流質契約付きで構わないと思うのですが、商行為でない場合は、どうも奇妙な気がします。

ユミ　「流質契約」とは、債務が弁済期に履行されない時、質権者が質物を自分の物にしてしまうか、任意に売却できるとする契約のことね。

ゴジラ　商法はこれを認めるけれど、民法上は禁止されています（民349条）。融資を受ける債務者の弱い立場に乗じて、高価な物を移転するなどの不利な移転契約が結ばれないようにするためですね。

ユミ　そう、だからこそ力の格差を考慮しなくて良い商人間の商行為では、流質契約の禁止をしてはいないのよ。

ゴジラ　そこで疑問が起きるのですが、

会　社　法

第147条　（省略）
2　前項の規定にかかわらず、株券発行会社の株式の質権者は、継続して当該株式に係る株券を占有しなければ、その質権をもって株券発行会社その他の第三者に対抗することができない。
3　（省略）
（株主名簿の記載事項を記載した書面の交付等）
第149条　前条各号に掲げる事項が株主名簿に記載され、又は記録された質権者（以下「登録株式質権者」という。）は、株式会社に対し、当該登録株式質権者についての株主名簿に記載され、若しくは記録された同条各号に掲げる事項を記載した書面の交付又は当該事項を記録した電磁的記録の提供を請求することができる。
2～4　（省略）

例えば、僕が先生から個人的に五万円借り、虎の子の一〇〇万円相当の株券を先生に担保として渡すとしたら、先生、どうしますか？

ユミ　株式を高値で売って旅行するわ。地中海に行きたいわね〜。

ゴジラ　そういう話ではなくて、法律的にどう対処するかですよ。

ユミ　あ、そういうことね。譲渡担保と明言して株券を受け取るわ。流質契約が禁止される質入れより譲渡担保の方が、こちらにとって断然有利だもの。

ゴジラ　そうすると、譲渡担保というのは、質権の脱法行為になりませんか？

ユミ　そうね、歴史的に見ると、譲渡担保は担保物丸取りの手段だったと言えるわ。経済的弱者は融資を受けたいばかりに、資本家の暴利のために踊らされたの。これを「ボウリショイ・バレエ」というわよ。

ゴジラ　踊るからバレエですか……。

ユミ　でも、今では丸取りが防止され、判例（注3）・学説どちらも、差額を清算する義務があると解しているわ。

ゴジラ　それなら脱法行為にはなりませんね。それじゃ、担保のためなのに所有権を移転する点で虚偽表示（民94条1項）にあたるのでは？

ユミ　それも古い判例で解決済みよ。「担保のために所有権を移転する」という意図でまさに所有権移転の意思表示をするのだから虚偽表示ではないとされたわ（注4）。

ゴジラ　先生、もっと根源的な疑問が湧《わ》いてきました。譲渡担保を質権や抵当権のような一種の担保物権として認めるこ

注3　最判昭和46年3月25日民集25巻2号208頁。
注4　大判大正3年11月2日民録20巻865頁。

とは「物権は自由に創設できない」とする「物権法定主義（民175条）」に、そもそも反しませんか。

ユミ　譲渡担保を担保物権と見るか特殊な所有権と見るかは、争いがあるけれど、「慣習法上の物権」として認めて良いという点では、異論はなさそうよ。根抵当権のように、譲渡担保もそのうち慣習法上の物権から法律上の物権になるかもしれないわね。

ゴジラ　さまざまな法律上の疑念をクリアしてでも、判例も学説も、譲渡担保を何とか認めようとするのですね。その理由は何ですか？

ユミ　そうね、第一に、「動産質」だと設定者は目的物を債権者に引き渡してしまわなければならないけれど、譲渡担保なら設定者の下に置いておけることね。

ゴジラ　なるほど。工場の機械などの生産手段だと設定者は引き続き使用して利益を出し、債務の弁済にあてることさえ可能ですね。

ユミ　第二に、変動する在庫商品（流動動産）をも担保物にできること、第三に、面倒な競売手続き（民事執行法180条以下）なしに債権回収できることね。

ゴジラ　なんだか、質権や抵当権より便利そうだなぁ。

ユミ　まさにリスク回避のための知恵が結集した、担保の慣習法ね。あなたもそろそろ人生のリスク管理を真剣に考えなくちゃいけないわね。

ゴジラ　う～む……。よし、これからはボーナスをつぎ込んで、業績の良いライバル会社の株式をどんどん買うぞ～！

ユミ　……。

第5章

番外編（債権法改正）

番外

I　ナニが変わった？　ドコが変わった？　～債権法改正を徹底演習～

「わかりやすい民法」をめざして

日記㊽　七月×日。晴れ。

回転寿司チェーンでアルバイトばかりしている寿夫君、通称スシ夫君から久しぶりに連絡があり、ゼミ生のミヤコちゃん、はじめ君とともに寿司店を訪れることになった。ミヤコちゃんは司法書士、はじめ君はロースクール進学をめざしているので、二人の話題は専ら法律改正と国家試験のことだが、ゼミに顔を見せないスシ夫君のことが、本当は気になっていたようだ。

ミヤコ　スシ夫君、ゼミにちっとも顔を出さないから、みんなが心配しているわよ。この時期、就職活動の方はどうなの？

スシ夫　誰かと思ったら、ミヤコちゃんにはじめ君！　僕は日ごろの働きぶりが上司に認められてこのチェーン会社に就職が決まったよ。

ユミ　あら、良かったわね。寿司屋だけに就活の「アガリ」も早いじゃない！

スシ夫　ハハハ、先生の下手なダジャレは相変わらずですねぇ～。

ユミ　下手なダジャレですまなかったわね。謹んで「アワビ」申しあげるわ。

スシ夫　ヒドい寿司ネタギャグだな……。それで、ゼミの様子はどう？

はじめ　最近は、民法改正とそれに連動する商法・会社法の話題でみんなの発表はどれも波乱含みだよ。でも施行されてみないとね。

ミヤコ　確かに「改正されても施行の様子を見て勉強すべきよ」なんて言う受験生仲間もいるけど、私はそんなに長い間、何もしないわけにいかないわ！

ユミ　勉強をいつ始めるかなんて、そんなのイクラでもイワシておけば？　おっとスシ夫君、まずはイクラとイワシが食べたいわね。

ミヤコ　民法は明治時代の制定から一二〇年以上も経っていたんですよね。

ユミ　実務運用の現状と乖離《かいり》した条文を改め、これから法律を学ぶ学生や日本法を参照する外国人にも一目でわかるグローバル社会に合わせた法律がめざされたのね。

ミヤコ　でも民法は日本国内で使われるものでしょう。グローバル・スタンダードが本当に必要なのかしら？

はじめ　そういう疑問を出す実務家も多いけれど、立法担当者としては、世界の人に説明できる明快な法律を理想に掲げているようだよ。この改正は五〇年後、一〇〇年後のためのメンテナンスらしいね。

ミヤコ　五〇年先よりも今の受験生のことを考えてほしいわ。民法の一番のユーザーは私たちよ！

ユミ　実務家も同じことを言ってるようよ。学者のカレイな一時のヒラメキだけで変えるのならゲッソリ、ってことね。スシ夫君、カレイにヒラメにゲソ、頼むわよ。

消滅時効については総合的な見直しも

スシ夫　それで、民法のどこが改正されたのですか？

ユミ　ここにある表が、ざっと改正された事項よ（表参照）。これによると、債権のところだけでなく、民法の債権関係を抜本的に見直す関係で、総則や担保物権の規定も改正されたわ。

ミヤコ　第一に「意思能力のない状態で行われた法律行為は無効」と明記されました（民3条の2）。第二に90条が、公序良俗規定を広く捉えるスッキリした条文になりましたね。

はじめ　意思表示規定もです。まず、錯誤による無効（民95条）が、判例の意図を汲んで、取消しとなり、動機の錯誤も明文化されました。

ユミ　そうね。第三者保護も4項に置かれたわ。第三者保護については、心裡留保や詐欺の場合も改正があったわね（民93条2項、96条3項）。

はじめ　判例理論が確立しているものを明文化したものとしては、代理権濫用規

表　平成29年改正民法の主な改正点

①　意思能力（第３条の２創設）
②　公序良俗（第90条改正）
③　意思表示（第93条・第95条～第97条等の改正）
④　代理（第101条以下の改正・削除。第107条の創設）
⑤　無効・取消し（第121条以下の改正・削除。第121条の２の創設）
⑥　条件成就の妨害（第130条２項の創設）
⑦　消滅時効（第168条以下の削除等。第151条、第167条および第724条の２の創設）
⑧　根抵当権（第398条の２以下の改正）
⑨　債権の目的（第400条・第410条の改正）
⑩　法定利率（第404条・第419条第１項の改正、第417条の２の創設）
⑪　履行請求権等（第412条の２の創設、第414条の改正）
⑫　債務不履行による損害賠償等（第412条以下の改正、第413条の２および第422条の２の創設）
⑬　契約の解除（第541条以下の改正、第543条および第545条第３項の創設）
⑭　危険負担（旧民法第534条・第535条の削除、第536条の改正）
⑮　受領遅滞（第413条の改正、第413条の２の創設）
⑯　債権者代位権（第423条以下の改正、第423条の２～７の創設）
⑰　詐害行為取消権（第424条～第426条の改正、第424条の２～９、第425条の２～４の創設）
⑱　多数当事者（第428条以下の改正・削除、第432～435条の２の創設）
⑲　保証債務（第448条第２項以下の改正、第458条の３・第459条の２・第465条の２～10の創設等）
⑳　債権譲渡（第466条～第468条の改正、第466条の２～６・第469条の創設）
㉑　有価証券（第520条の２～20の創設等）
㉒　債務引受（第470条～第472条の４の創設）
㉓　契約上の地位の移転（第539条の２の創設）
㉔　弁済（第473条以下の創設、旧民法第476条・第480条の削除等）
㉕　相殺（第505条第２項・第509条以下の改正、第512条の２の創設）
㉖　更改（第513条以下の改正、旧民法第516条・第517条の削除）
㉗　契約自由の原則（第521条・第522条の創設）
㉘　履行不能（第412条の２第２項の創設）
㉙　契約の成立（旧民法第522条・第527条の削除、第522条・第523条・第525条・第526条・第529条の２・第529条の３の創設、第529条・第530条の改正）

㉚　定型約款（第548条の２～４の創設）
㉛　第三者のためにする契約（第537条第２項・第538条第２項の創設）
㉜　売買（第557条・第568条第１項・第579条・第581条の改正等、第560条～第562条・第567条の創設）
㉝　贈与（第549条～第551条の改正）
㉞　消費貸借（第587条の２・第589条の創設、第588条以下の改正・削除等）
㉟　使用貸借（第593条以下の改正、593条の２の創設）
㊱　賃貸借（第601条以下の改正、第605条の２～４・第622条の２・第607条の２・第616条の２の創設等）
㊲　請負（第634条の創設、旧民法第634条～第642条の削除・改正等）
㊳　委任（第644条の２・第648条の２の創設等）
㊴　雇用（第624条の２の創設、第627条・第628条の改正）
㊵　寄託（第657条の２・第660条第２項・第３項・第662条第２項・第664条の２・第665条の２の創設、第657条以下の改正等）
㊶　組合（第667条の２～３・第670条の２・第680条の２の創設、第670条以下の改正）

定がありますよ（民107条）。

スシ夫　表見代理の重畳適用も109条２項と112条２項で解決されたし、今後は解釈論を展開する必要がなくなるってこと？　あの頃法解釈を一生懸命勉強したのに、何だか損した気分だなあ。

はじめ　合理性のない短期消滅時効（旧民170～174条）の廃止、一〇年から五年という債権の消滅時効期間の改正（民166条）や生命・身体の侵害による債権の消滅時効の創設（同167条）、中断から更新といった用語の変更、商法・会社法への影響（旧商522条削除等）など、消滅時効の改正は気が抜けませんね。

スシ夫　エッ、それじゃ「飲み屋でのツケは一年、弁護士へのツケは二年、医者へのツケは三年」って、覚えたことが無意味になるの⁉

ミヤコ　そんなもの覚えて、どうするつもりだったのよ。

はじめ　債権関係の改正は、第三編の債権だけでなく、第一編の総則にも影響があるんですね。

ユミ　そうね。あちこちサワラないわけにはいかないものね。スシ夫君、鰆《さわら》が食べたいわ。

スシ夫　ハハハ、先生、活きのいいのが入ってますよ。鰆一丁！

明治時代仕様の「発信主義」撤廃で申込みも承諾もスッキリ統一

はじめ　債権関係では契約の成立から消滅まで大幅に見直されましたね。

ミヤコ　契約の成立といえば、通信手段も満足になかった明治時代ならではの規定「承諾の発信主義」（旧民526条）が撤廃され、いよいよ申込みも承諾も到達主義で統一ですね。

ユミ　そうね。今や電話すら古い通信手段、「電話にデンワ」なんて言ってる時代ではないものね。

ミヤコ　そうですよ。メールやラインで足りるんだから民法改正も望まれていました。「デンは急げ」ってね。……コホン、とにかく、改正によって承諾期間内に到達すべき承諾の延着を定める民法522条も削除されました。

はじめ　メールによる承諾を意識した、いわゆる電子消費者契約法（注1）旧4条は、これら民法上の発信主義を修正するための到達主義の規定だったけれど、それも不要になるので削除だな。

ミヤコ　申込みの撤回通知の延着が承諾

注1　電子消費者契約及び電子承諾通知に関する民法の特例に関する法律。平成29年より「電子消費者契約に関する民法の特例に関する法律」に変更。

の発信後にあった場合の旧527条も受験生泣かせだったけれど、スッキリ削除ね！

ユミ　おぉ！　さすが受験生は削除の方向となると、カンパチ入れず、ね。

スシ夫　先生、間髪《かんぱつ》と魚の間八《かんぱち》を掛けたんですね。高級魚をさりげなく要求するなんて憎いなあ。

「契約自由の原則」や「意思表示解釈の準則」が明文化された

ミヤコ　議論の激しかった箇所はあるんでしょうか？

ユミ　そうね、前に研究室で話題になった「債務不履行の場面に過失責任主義を採用しない案」があるわね（注2）。

ミヤコ　あぁ、ある日時に貨物を納入する契約で、道路が混んでいて到着が遅れた場合、「混雑を避け得たのにそうしなかったという過失があったか」を見るのではなく「道路事情も視野に入れてその日時に納入する契約内容であったか」を見る、つまり契約の解釈の問題としてしまうんでしたね。

はじめ　今回の大改正は「契約自由の原則」や「意思表示解釈の準則」もきちんと明文化しようとしたものと聞いています。……だとすると、債務不履行の判断も契約の解釈の問題として処理する方がスッキリしますね（民415条1項但書）。

ユミ　そうね。今の納入契約の例のような「与える債務」だとそれでいいのかもしれないわ。でも、医者の治療や取締役の経営といった「為《な》す債務」だと心配かもね。

はじめ　確かに、手を尽くして難病を治

注2　日記①（13頁）参照。

そうとなると、契約内容なんてはっきりしませんよね。

ミヤコ　風邪の治療でも、軽い風邪引きから新型インフルエンザの治療までいろいろだし……う〜ん、難しいわね。

はじめ　契約の解釈が強調されるとすると、「損害賠償の範囲」にも影響してきますよね。

ユミ　そう。従来のように「行為」と「損害」との（相当）因果関係の問題ではなく、契約に基づいて損害リスクを予見すべきであった（民416条2項）かどうかが問われるわね。

ミヤコ　「契約の拘束力」が強められることになりますね。今後は、長い詳細な契約書が交わされる？

はじめ　売買契約の売主の担保責任でも、ポイントは目的物に隠れた瑕疵があったかどうかではなく、契約内容に適合するかどうかにかかることとなったね。

ミヤコ　商品が物なら562〜564条、権利なら565条、法定責任説でなく、契約責任説を採用することが明らかになったわ。

ユミ　売買だけに長年の学説の対立ともバイバイさよならというわけね。おっと、イカがなめらかすぎてダジャレもすべってしまったわ……。ところで、債権者代位権（民423条）の方は、強制執行法が整備されている現在、廃止しても良さそうなんだけど、債務名義なしに事実上の優先弁済ができる便利な制度なので、存続となったわね。

はじめ　所有権移転登記請求権も代位行使できてさらに便利ですよ（民423条の7）。一方、それまでの判例の結論を改めて、債務者は自分で取立てや処分ができると明記されましたね（民423条の5）。

ユミ　債権者代位権はあくまで、債務者の責任財産を保全するための制度だからね。

ミヤコ　責任財産の保全といえば、同じ趣旨の制度である詐害行為取消権の規定も、かなり整備されましたね。ここでも判例の結論を改めて、転得者の転得者も悪意でないとダメとしたわ（民424条の5）。

ユミ　この他にも、貸借型、役務提供型の各契約がかなり整備されているわ。

はじめ　受験生としては、サバサバした気分でのぞむ方がよさそうだな。スシ夫君、鯖《さば》を頼むよ。おや、先生のクセが移ってしまったぞ。

スシ夫　へ～い、鯖一丁！

ミヤコ　先生、もっと議論の行方を教えてください。改正が受験に影響しないよう心からイナリタイ気持ちだわ。

スシ夫　いなりに鯛《たい》も一丁ずつ！　先生、ここでまた勉強会をしましょうよ。

ユミ　ふむ、皆のためにコハダ、いや、一肌脱ぐかな。

スシ夫　コハダも一丁～！

はじめ　寿司屋で勉強会をするのは、よした方がいいと思うな……。

索引

INDEX

キーワード索引

あ

か

木俣由美（きまた・ゆみ）

京都産業大学法学部教授。愛知県出身。大阪大学法学部卒業後、新聞社勤務を経て、1999年、京都大学大学院法学研究科博士後期課程修了。2008年～2009年カリフォルニア大学バークレー・ロースクールに客員研究員として在籍。日本私法学会理事、日本笑い学会理事。わかりにくい会社法やビジネス法の勉強を楽しく苦しまずに学んでもらおうと、大学の授業や実務家講座などで、日々、「苦しんで」いる。主な著書に『アタック会社法』（中央経済社）、『楽しく使う会社法　第３版』（自由国民社）、『ゼロからはじめる法学入門』（法律文化社）、『論点体系　会社法１　第２版』（第一法規、共著）、『新版・法律用語を学ぶ人のために』（世界思想社）など多数。

【改訂版】民法がわかると会社法はもっと面白い！
～ユミ先生のオフィスアワー日記～民法改正対応

2018年10月５日　初版発行
2020年３月15日　第２刷発行

著　者　　木　俣　由　美
発行者　　田　中　英　弥
発行所　　第一法規株式会社
〒107-8560　東京都港区南青山2-11-17
ホームページ　https://www.daiichihoki.co.jp/

ユミ先生改　ISBN978-4-474-06477-5　C3032（4）